やさしく学ぶ
子どもの保健ハンドブック

田村美由紀

萌文書林
Houbunshorin

はじめに

　保育園や幼稚園、認定こども園は、子どもたちが日常の一つとして過ごす場であり、育ち、学び、社会性を育むなどの重要な場となっています。子どもたちが健康かつ安全に過ごすことができるのは、現場の職員の方々が適切に見守り、支えているからです。専門的な医療機関とは異なり、人員や設備が完全ではない中で、その場面に対してどのようにしたらよいか、現場の職員はその判断を常に求められています。例えば、応急処置を施すにしても医療機関へ搬送するにしても、その判断の根拠は、目の前にいる子どもの健康状態に何が起こっているのかを見極める力によるものです。

　一方で、2015（平成27）年度から「子ども・子育て支援制度」が実施され、すべての子どもや子育て家庭を社会全体で支援する仕組みが整いつつあります。また、「保育所保育指針」「幼保連携型認定こども園教育・保育要領」においては、第3章「健康及び安全」に「4　災害への備え」の項目が新たに設けられ、幼い子どもたちを守るための防災設備、緊急時の対応、保護者への連絡、そして避難訓練の重要性について明記されました。

　本書は、子どもの健康と安全を守るために必要な項目を3月から翌年2月までという構成にまとめました。これは、単に「子どもの保健」や「子どもの健康と安全」を学ぶためのテキストで終わるのではなく、保育園で日々行っている保健活動について、いつ何をしたらよいかがすぐに理解でき、実践できるようにと考えたからです。さらに本書では、今後、子どもの保健の中で重点的に教授しなければならないと思われる、防災に関する内容を充実させました。

　子どもたちの健やかな成長を祈りながら、多くの学生や職員の方々のお役に立ってくれることを心より願っております。

　　　　　　　　　　　　　　　　　　　　　　田村美由紀

5　月

夏

6　月

7　月

秋

9 月

10 月

11 月

冬

課題

資料

春

3〜5月

3 月

年間保健計画と総括

新年度の年間保育計画を作成するために、これまでの1年間における保健の総括を行います。表を作成したり、グラフにまとめたりしていきます。問題点が見つかったら、新年度の課題とし、計画に取り入れます。この1年間、力を入れて取り組んだものをまとめて、評価や反省を行います。

次に、新年度の保健目標と4月から3月までの年間保健計画を立てます。各月または数か月毎に、目標、保健行事、保健活動、健康教育、家庭との連携、子どもの年齢別配慮、職員との連携、地域や関係医療機関との連携など、園に合わせた項目を設定し、作成します。看護職の職員が中心となって作成しますが、保育者も内容を把握しながら日々の保育に努めなければなりません。

総括すべき項目の一例

☐ **欠席数と内訳（昨年度も含む）**
　欠席とその理由、入院日数などを記入します。

☐ **感染症発生数**
　月別に分類し、症状の経過や対応内容などを記入します。

☐ **与薬件数**
　月別にまとめておくと良いでしょう。

- [ ] 各種健康診断結果（定期健康診断、内科・耳鼻科・眼科・歯科健診など）
- [ ] 保健室利用状況

  消耗した備品は補充しておきます。
- [ ] 保健指導・健康教育の内容

  月別に分けて、各クラスに実施した指導内容などを記入します。

新入園児の健康診断・面接・説明会

1. 新入園児の健康診断

　新入園児の健康状態を知るために保護者に記入してもらう書類を準備します。出産歴・兄弟の有無、妊娠中や分娩時の経過、発育・発達状況、運動発達・言語・認知、既往歴・入院歴・健診状況、かかりつけ医・慢性疾患の対応・病状の経過、予防接種の接種状況、体質・家族歴・遺伝性疾患・アレルギー等個別配慮事項、その他（入園に対する不安など）の項目に分け、保護者に丁寧に記入してもらうよう依頼しましょう。また、母子健康手帳のコピー等を提出してもらい、厳重に保管し必要に応じて活用している園もあります。健康診断の実施においては、身体測定、内科健診、歯科健診などを実施している園があります。

2. 新入園児の面接

　健康診断の際に提出してもらった書類（入園児健康調査票）をもとに、看護職またはその他の職員が、保護者や子どもと話しながら確認を進めていきます。特に食物アレルギーがある場合には、「保育所におけるアレルギー疾患生活管理指導表」の提出を依頼します。この指導表・指示書をもとにさらに面談を行い、除去食などの対応について相互に確認しましょう。その他、医療的なケアや特別な配慮が必要な子どもについては、医師からの

指示について保護者に確認してもらい、その後、園での対応を協議します。

3. 新入園児説明会

保護者が初めて集まる場で、健康管理について以下のことを説明しておくと、園での生活が円滑に始められます。説明会は時間が限られているため、詳しい内容については案内用紙を配布したり入園後すぐに保健だよりを発行し、詳細を保護者へ発信するようにしましょう。

説明しておくこと

- 感染症にかかったときの対応と登園基準について
- 保健指導や健康教育などの保健行事について
- 保育所での薬の取り扱いについて
- けがの対応について

耳の日の健康教育

3月3日というと、ひな祭りのイメージがあるかと思いますが、「耳の日」でもあります。「耳の日」は、難聴と言語障害をもつ人々の悩みを少しでも解決したいという、社会福祉への願いから始められたもので、日本耳鼻咽喉科学会の提案により、昭和31年に制定されました。

1. 耳のはたらき

耳をすませてみるといろいろな音が聴こえてきます。目をつぶっていても、その人の声を聴くだけで誰か分かったり、どこにいるか、どのくらい

離れているかが分かります。また、何をしているのか何が動いている音なのかを探ったりします。耳をふさいでみると、音が聴こえにくくなります。さらに目をつぶってみると、少し不安な気持ちになったりします。このように、耳は私たちにとってとても大切な体の一部です。

耳についての本や、ヘレンケラーのお話などさまざまな教材を活用してみましょう。年長児などでは、点字や手話への理解を深めるなどの工夫もできます。また、目をつぶって不思議な音を聴き何かを当てるゲームや、音がどこから聴こえてくるのかを探し当てるゲームなどで、子どもの耳への関心を高めるのもよいでしょう。

2. 耳を大切にするためには

耳は口や鼻、のど、目につながっています。鼻水が出てかぜをひくと耳が痛くなることがあります。これは鼻水が耳に流れていくために、中耳炎にかかるからです。鼻水のなかにはバイ菌がたくさん入っているので、きちんと鼻をかむように指導しましょう。耳を大切にするために気をつけることは、耳掃除は大人の人にしてもらうこと、耳の中に物を入れてはいけないこと、耳の近くで大きな声を出さない・叩かないことです。子どもの年齢に合わせて、教材を工夫しながら指導しましょう。特に、耳の中に異物（砂、ガラス、小石など）を入れてしまう子どもがよくいますので、しっかり指導し、自分で自分の耳を守る意識につなげることが大切です。細長いもので耳を突いてしまうなどの事故、糊が溶け込んでいるプラスチック素材のビーズなどにも注意しましょう。

からだのしくみ

3・4・5歳児それぞれの段階で、子どもの個性も考慮しつつ、必要な生活習慣を育むことが大切です。その中で、なぜ手洗いが必要なのか、どうして朝ごはんを食べた方がよいのか、その理由を知ること、すなわち

「からだのしくみ」を知ることで、子どもの自分で生活習慣を身につける意欲を育むことができます。

1. からだのしくみとはたらき

① 脳

体全体をコントロールしています。考える、見る、聞く、呼吸する、運動する、感じるなどさまざまな働きがあります。

② 目

見る働きをもっています。長時間目を使っていると疲れてしまいます。時々目を休ませる時間を作りましょう。テレビやゲームのしすぎには注意するよう指導します。目が痛い、赤い、かゆいときは大人へ教えるようにします。

③ 鼻

吸い込んだ空気からにおいを感じることができます。くしゃみは、ウイルスやごみが体の中に入らないようにするためのしくみで、鼻水は鼻の中のバイ菌を外に出したり、鼻の中をきれいにするためのしくみです。鼻が痛くなったり、血が出てきたら大人へ知らせること、鼻をほじりすぎないよう指導しましょう。

④ 口・のど

口は食べものをたべたりおいしいと感じるためのしくみを持っています。また、息を吸ったり吐いたり、呼吸という働きを持っています。口の中には食べ物が通る道（食道）と空気が通る道（気管）があります。口の中にある舌は、いろいろな味を感じます。おいしい味だけではなく、苦みや酸味なども感じることができます。

⑤ 皮　膚

触ったり触られたりする感じ、ちくっとする痛み、冷たさ、温かさを感じることができます。汗を流して体の温度を調節します。毛が生えていることで肌を守っています。太陽の光で日焼けをしたりします。ブツブツができたり、かゆくなったり赤くなったりしたときには大人に伝えましょう。

⑥ 心　臓

　心臓には4つの部屋があり、体中に血液を送っています。約50秒で体を一周します。体がドキドキするのは、心臓が血液を送っているために起こっています。

⑦ 血　液

　血液は体中に栄養を送るしくみをもっています。他に、体の中に入ってきたウイルスなどと戦ったり、けがをして血が出たときに止めることができます。

⑧ 肺

　口と鼻から入った空気は気管を通って肺に入ります。生きるためのエネルギーを作るために、空気に含まれている酸素が絶対に必要で、酸素をたくさん体の中に入れるために肺があります。

⑨ 肝　臓

　人の体で最も大きい臓器です。脂肪を分解するための胆汁を分泌します。私たちの体に必要な栄養素を分解したり毒を中和する働きをもっています。

⑩ 腎　臓

　おしっこ（尿）を作っています。膀胱を通って排泄されます。

⑪ 胃

　食べたものをどろどろにして吸収しやすくする「消化」という働きをもっています。よく噛んで食べることで胃の働きを助けることができます。

⑫ 小　腸

　体の中で一番長い臓器です。胃で消化された食べ物をさらに分解することができます。

⑬ 大　腸

　うんち（便）を作ってためています。うんちがやわらかくなったり水っぽくなったりすると「下痢」、かたいうんちがポロポロとしか出ない、うんちが出ないことを「便秘」といいます。

⑭ 骨

　人間の体の骨は全部でだいたい200個もあります。骨は体を支えて立てるようにしています。他には、カルシウムをためたり、筋肉と協力して体

を動かしています。

幼児期の性教育

　自分と他人が違うことに気づき始めるタイミングで、命の大切さや性を尊重する意識を持つことが大切になってきます。思春期や大人になってから犯罪に巻き込まれたり、偏見を持つことから防ぐためにも、子どもの発達に応じて、適切な性教育を取り入れるとよいでしょう。

1. 性犯罪に巻き込まれないために

　水着や下着を身につけている部分は、他人には見えない場所であり、大切にしなければいけないことを教えます。簡単に見せたり、触られたりしてはいけない場所です。「見せて・触らせて」と要求されたら、「いやだ」といって断ってよいこと、断らなければいけないことをしっかり伝えましょう。また、声に出して「いやだ」と伝える練習も有効です。知らない人と話すときには、両手いっぱいに広げたくらい離れること、いやだと感じたらすぐに大声を出して逃げることなども性犯罪防止のために教えるとよいでしょう。教材なども活用して、自分の体に置き換えて考えられる工夫も効果的です。

2. 性別と自尊心

　保育者が子どもに対して「○○ちゃんは、女の子だけど中身は男の子みたいだね」といった言葉を放ってしまうと、子どもは自分の性別を拒絶されたと受け止め、自尊心が損なわれてしまいます。自尊心とは自分を好きになる気持ちであり、自尊心が育つと他人を認め、尊敬し、信じることができるようになります。自分も周りの人たちも大切に思うようになります。
　また、男の子と女の子が同じではないことを知ると共に、互いに尊重し

合えるよう、導くことも大切です。お互いかけがえのない命を持ち、その命の大切さは同じであることを学びます。小動物や生き物を飼育し、実際にそのお世話をすることによって、命を身近に感じ、学ぶこともできます。

応急処置

保育所や認定こども園などでの応急処置は、原則として看護師や養護教諭が行います。しかしながら、不在のときも対応できるようにしておくことが大切です。けがをした場合は、「どこを、どのようにけがをしたのか」について、子ども本人、周りで見ていた子どもや職員に聞いて情報を集めます。その後、適切な応急処置を行い、必要な場合には病院へ直接搬送したり、救急車を要請します。出血している場合には、血液による感染を防ぐために感染予防グローブをつけましょう。

1. 切り傷・刺し傷・擦り傷

① 基本は流水できれいに洗って様子を見る

② 乾燥させずに治す

傷口を保護する場合には、キズパッドなどを使用します。ラップなど医療用品以外のものは使用しないようにしましょう。

③ 出血がある場合は止血する

滅菌ガーゼを傷の上にあてて圧迫し、4分ほどおさえて止血します（直接圧迫止血）。それでも出血が止まらない場合や傷が深い場合は、患部を心臓より高くし、ガーゼを重ねて圧迫したまま病院を受診します。

2. 骨折・打撲（ねんざ、脱臼）

① 冷やす・動かさない

骨が折れると「骨折」、筋肉が損傷すると「打撲」、関節をつなぐ靭帯が

損傷すると「ねんざ」、骨が関節からはずれると「脱臼」となります。痛みのある部位を氷・氷水などで10〜15分程度冷やします。ただし、骨折や脱臼は、関節が柔らかい子どもの場合、痛がらないこともあります。副木などでの患部の固定に自信がない場合は、動かさないように手を添えて病院を受診します。

② 救急車を呼ぶ（保護者へ連絡する）場合

出血量が多い、2か所以上に腫れや内出血が疑われる、骨が皮膚をやぶって飛び出している、胸を打って呼吸困難になっている場合は、救急車を要請し、保護者へ連絡します。

③ 継続して見守る・振り返る

数時間あるいは数日たってから症状がでることもあります。保護者へは何か異変があれば病院で受診するよう伝えます。また後日、園内では職員体制や環境整備を振り返っておきましょう。

④ 肘内障について適切に対処する

腕を強く引っ張られたり、手をついたり、寝返りをしたときに、ひじの脱臼を起こすことがあります。腕をダラーンとして動かさなくなりますが、痛みを伴わないことがあります。三角巾で固定し安静にします。一度起こすと、再発しやすくなりますので注意しましょう。

3. 頭部打撲（転倒・転落などによる）

子どもは遊具から転落したり、人や物にぶつかったり、つまずいて転んだりすることで、頭を打つことがよくあります。出血・内出血といった外傷だけではなく、脳しんとうを起こしたり、脳や脊髄を傷つけて命にかかわることがあります。脳しんとうは、脳がゆれたことで気持ち悪くなったり、意識がなくなったりします。頭部を強打すると、脳挫傷や脊髄が損傷します。頭痛、おう吐、運動麻痺、感覚障害、言語障害などが起こり、後遺症が残ります。また、意識障害やけいれん発作が起こり、死に至ることもあります。

① 意識と反応があるか確認する

　倒れた子どもが泣いているか、呼吸をしているか、意識があるか、呼びかけて反応があるか、ぐったりしていないかを確認します。このとき、子どもを動かしてしまうと脳や脊髄を傷つけてしまうことがあるので、動かさず安静な状態のまま、けがはないか、脳しんとうの可能性はないか、などについて落ち着いて観察し、冷静に判断しましょう。意識や反応がない、反応が鈍い、体を動かすことができない、大きなけがをしている場合はすぐに救急車を要請します。

② たんこぶの応急処置

　水でぬらしたタオルなどを当てて冷やします。出血があるときは、滅菌ガーゼを当ててその上から圧迫止血をしましょう。

③ 意識があり体が動く場合は、鎖骨、腹部、股関節などにやさしく触れて、痛みがないか確認する

④ 48時間は安静にする

　脳しんとうでは、頭を打ってから48時間以内に問題が起こりやすいことが分かっています。保護者に対して、48時間は安静にし、様子を見守り、何か異変があればすぐに病院へ連れて行くように伝えましょう。

4. 咬　傷（かみあと・かみつかれた）

① 流水できれいに洗う・冷やす

　感染症に対処するため、出血がない場合も流水でしっかり洗い、冷やします。かまれたときには目立たないかみあとも、あとから内出血となることがあるため、すぐに冷やします。ガーゼの上にタオルをあてて、その上から冷やしますが、氷水などを入れた氷のうを使った方が、保冷材よりも均等に冷却できます。

② 動物にかみつかれた場合の対処

　動物が近くにいる場合は、動物を興奮させないよう安全を確保しながら子どもへ対処します。この際、保育者ひとりではなく、なるべく複数で対処する方が安全です。園で飼育している動物であっても、傷口を流水でよ

く洗ったあと消毒をして、必ず病院を受診します。傷口を縫うことになったり、大きな問題になった場合には、保健所に連絡し対処することもあります。

5. 鼻出血

① 座らせる

　保育者は処置をする前に、必ず感染予防グローブをつけ、子どもを座らせて前かがみにします。

② 直接圧迫止血をする

　出血している側の鼻の付け根を5〜10分圧迫します。このとき、圧迫中に途中で確認することなく続け、呼吸は口呼吸を促します。さらに冷やすことで、鼻血が止まりやすくなり、ぶつけた場合にはその痛みを和らげることができます。

③ ガーゼをつめる

　止血に時間がかかる、じっとしていられないなど、場合に応じてガーゼを詰めて、内側から圧迫止血をします。ガーゼにワセリンを塗布してから詰めると、刺激をおさえられます。また、奥まで詰めすぎないようにしましょう。出血が止まらない、何度も出血する場合は受診します。

6. 目に砂が入った

　目はこすらないようにします。水道水でよく洗い流しますが、しみて痛がることがあるので、可能であれば生理食塩水や蒸留水を使用します。小さな異物であれば、静かに目をつぶり、出てくる涙と一緒に流れ出ることがあります。異物が取れない場合や、目の痛みが激しい場合は眼科を受診しましょう。

7. 目の刺し傷

可能であれば水道水で洗います。刺さったものは抜かず、清潔なガーゼで目を覆い、触らないようにします。紙コップなどで患部を覆う方法も有効です。必ず受診します。

8. 歯と口のけが

① 口の中やくちびるの処置

口をゆすいできれいにして、患部を特定しやすい状態にします。どこをけがしたのかを特定し、ガーゼで傷口を圧迫して止血します。はれている場合は冷やします。

② 歯が折れた・抜けた場合の処置

止血して冷やすと同時に、歯を保存します。歯科にかかるまで2時間以内が、歯を元に戻せる（再植固定）目安となります。歯は、根本を触らないようにして歯牙保存液や牛乳に入れて浸します。歯を乾燥させないように注意して歯科を受診します。

血液の取り扱い

保育園の職員は、「保育所における感染症対策ガイドライン」（厚生労働省）に従って血液を取り扱う必要があります。HIVやB型肝炎に代表される血液を媒介する感染症予防のため、取り扱いには十分注意し、他人の血液に触れる可能性のある場合は、必ず使い捨ての感染予防グローブをつける必要があります。また、血液が付着したものはビニール袋に入れて口を結び破棄します。皮膚への保湿剤など、軟膏を塗布する場合にも感染予防グローブを着用します。血液が付着した衣類などは、感染予防グローブを着用し、ビニール袋に入れて持ち帰ってもらいます。

保育園では、けがをしたり、皮膚炎の処置をしたりとさまざまな出血の

処置対応をとることとなります。血液によって感染症にかかる可能性があることを全職員が理解し、感染予防を図ることが大切です。感染予防対策ができていないと、職員から子どもへ集団感染が発生してしまうこととなります。また、自分の血液や体液が他人に付着しないように注意すること、黄色い浸出液からも感染する可能性があるため、血液と同じ取扱いをすることを把握しておきましょう。

保育における子どもの食と栄養について

1. 授　乳

授乳の前におむつ交換は済ませておきます。授乳にかかわる職員は手を洗い、消毒済みの哺乳瓶と乳首を使用し、使用後は適切な方法で消毒をしましょう。消毒方法は、煮沸消毒、電子レンジ消毒、薬液消毒、殺菌庫使用など、さまざまな方法があります。調乳室に入るときには、三角巾を着用し、必ず石けんで手を洗い、清潔なエプロンを着用します。

① 育児用ミルク

母乳が十分に分泌されていないなどの場合、育児用ミルクによって栄養を補います。哺乳瓶に出来上がり量の半分のお湯（一度沸騰させてから70℃くらいに冷ましたもの）を入れ、必要量の粉乳を入れます。泡立てないように哺乳瓶を振り、混ざったら規定量までお湯を足します。人肌の温度（37～38℃）まで冷まします。子どもに語りかけながら、目と目を合わせて授乳します。授乳の途中や終わりに、排気をしながら飲むだけ与え、飲み残しは破棄します。

② 母　乳

母乳は消化吸収が良く、感染防御因子を含んでいるため、積極的に冷凍母乳を預かる保育園があります。母乳パックを預かる場合には、名前、日時、冷凍状態を確認し冷凍庫で保管します。解凍は授乳直前に行い、水または流水でゆっくり解凍します。哺乳瓶に注いだあと、40℃前後のお湯で

温め、育児用ミルクと同じように授乳します。解凍に熱湯や電子レンジを使用してしまうと、免疫が破壊されてしまうため使用しないようにしましょう。また、母乳は血液から作られているため、血液と同様の取り扱いとし、感染症の予防に努めましょう。また、他の子どもに与えてしまうことのないよう厳重に取り扱いましょう。万が一、間違えて飲ませてしまった場合は、医療機関を受診し感染症の有無を確認することが必要です。また、母親の健康管理を呼びかけ、乳房などに異常がないか、発熱・下痢などの症状がないか、薬を飲んでいないかなどをチェックし、当てはまる場合には職員へ伝え、相談するように促します。冷凍母乳の提供方法などを示したプリントなどを配布するのも効果的です。

2. 離乳食・幼児食

① 離　乳

離乳とは、母乳または人工栄養等の乳汁利用から幼児食へ移行するまでをいいます。この間に、子どもの「食べる力」を育むための支援も進めていきましょう。離乳の開始は、生後5～6か月頃で、開始後約1か月間は、1日1回とし、離乳食を飲み込むこと、舌触りや味に慣れることを目的として進めましょう。母乳や育児用ミルクは、欲しがる分だけ与えます。

離乳を開始して1か月を過ぎた頃から、1日2回に進めていきます。母乳または育児用ミルクは離乳食後に与えるようにします。離乳食とは別に欲しがる分だけ与えますが、育児用ミルクは1日3回を目安にしましょう。初回の離乳食は、食物アレルギーの心配が少ない「おかゆ（米）」を1さじから始めます。新しい食品を始めるときには、必ず1さじずつ与え、子どもの様子をみます。生後7～8か月頃からは、舌でつぶせる固さの離乳食を用意します。

生後9か月頃からは1日3回にし、歯ぐきでつぶせる固さのものを与えましょう。子どもの食欲に合わせて、離乳食の量を増やしていきます。母乳または育児用ミルクは離乳食後に与えるようにします。離乳食とは別に欲しがる分だけ与えますが、育児用ミルクは1日2回を目安にしましょう。

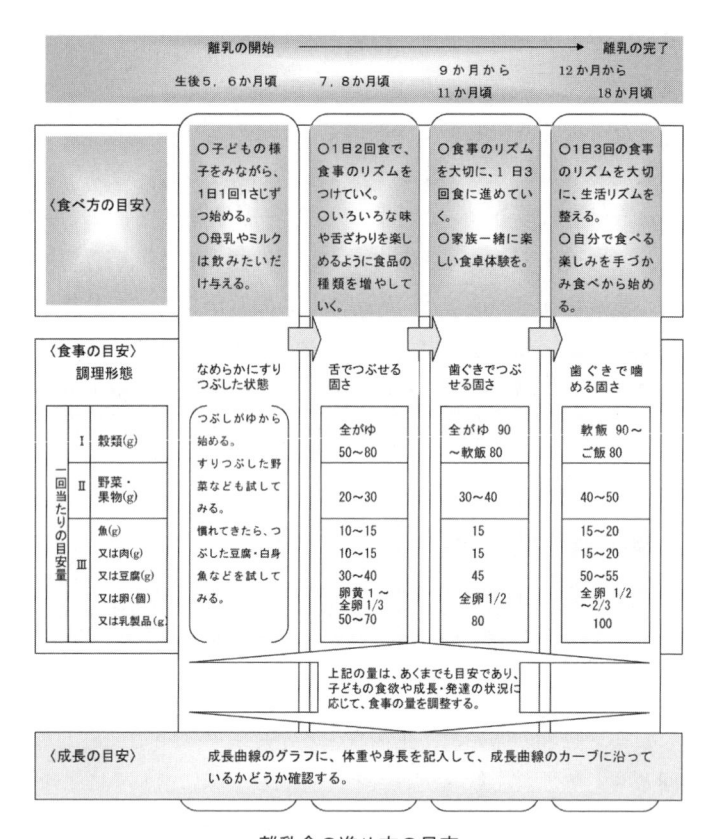

離乳食の進め方の目安

厚生労働省ホームページ▶http://www.mhlw.go.jp/shingi/2007/03/dl/s0314-10_21.pdf

　また、鉄分が不足しないよう、十分配慮します。手指の発達を促すために、積極的に手づかみ食べの食材を用意している保育園もあります。

　離乳の完了は、形のある食べ物をかめるようになり、エネルギーや栄養素の大部分を離乳食からとれるようになった状態をいいます。生後12〜18か月頃に完了します。離乳の完了は、母乳または育児用ミルクを飲んでいない状態という意味ではありません。

② 幼 児 食

　幼児期は、発育も進んで運動量も増え、エネルギー消費も多くなります。また、歯の本数に合わせて噛むことが上手になる一方で、遊び食べや好き

嫌いが増えてきます。保育者は、子どもを見守り、応援しつつも発達に合わせた援助を進め、食の自立を促す必要があります。スプーンや箸などの道具に触れ、使いたいという意欲を誘い、運動機能の発達や子どもの個性に合わせて援助を進めます。

3. 間 食

間食は、補食とも呼ばれるように、3回の食事では必要な栄養素が足りないために補うものです。おおよそ、2歳児クラスまでは1日2回、3〜5歳児では1日1回であることが多く、子どもがとても楽しみにしている時間です。そのため、食育を進めるにはよいタイミングであることも覚えておきましょう。地域の方々との交流や保護者と共に過ごすイベントなどのお楽しみ要素を取り入れたり、簡単なお手伝いから食べる意欲につなげたり、食事では味わうことのできない食感で子どもを刺激するなど、さまざまに工夫できます。

職員等の予防接種歴や感染症の記録

子どもだけではなく、従事している職員や実習生の予防接種歴を母子健康手帳などで確認します。その結果、受けていない場合には抗体検査か予防接種を勧奨します。母子健康手帳のコピーを提出する場合には、個人情報保護に努め、退職・休職・実習終了等のタイミングで直接本人へ返却しましょう。また、調乳・調理および食事介助を行う職員と臨時職員は、便の細菌検査を行い、サルモネラ菌・赤痢菌・腸管出血性大腸菌について調べます。秋から冬にかけてはノロウイルスの検査も含めることがあります。細菌検査の結果、陽性となった場合には保健所へ報告し、対応を確認すると同時に、職員は速やかに医療機関を受診します。出勤の有無については、医師の指示に基づきます。治療後、再検査の結果が陰性となるまでは、食事介助等も含め、食事に関わる業務は行わないようにしましょう。

4 月

子どもの健康状態を把握する

　子どもの保健の目的は、子どもの健康を守り、増進させ、健全な発育を保障することです。そのため、子どもたちが心身ともに「健康」に過ごすことのできるよう、健康状態の把握をすることが大切になります。たとえば、保育所・認定こども園など集団生活の場では、一人の子どもが感染症にかかると、ほかの多くの子どもに感染が拡大することになってしまいます。日常の健康観察によって子ども一人ひとりの日々の様子を観察し、健康な状態を把握することで、異常の早期発見につながります。また、感染症の疑いや地域の感染症発生状況を知っておくことで、予防に役立てることができます。

日々の健康観察

① 毎日の健康観察を看護師・養護教諭等と連携して進める

　朝の受け入れ時には必ず視診を行います。子どもの顔や身体全体をみて、傷の有無や昨日と変化はないか、細かく確認します。

② 子どもの元気なときの「平熱」を知っておき、症状の変化に気付く

③ 欠席理由を確認する

④ 連絡帳を確認する

　特に、乳児の連絡帳は24時間の流れを記入しているので、家庭での様子

を詳しく確認することができます。食事内容や睡眠時間など、生活の様子を保護者に記入してもらいます。

⑤ 健康観察の結果、気になる子どもについて職員全体で情報を共有する

⑥ 子どもだけではなく職員の健康状態を記録する

⑦ 子どもからのいつもと違うサインに気づく

⑧ 降園時の安全管理を保護者に周知する

　保護者同士の立ち話、保育者のいない状態での園庭の遊具利用、駐車場で子どもから目を離してしまう、など安全管理上必要なルールを伝え、子どもの安全に努めましょう。

入園時と新年度の健康調査票の作成と管理

1. 健康調査票

　新入園児に対して、集団生活が始まる前に健康調査票を作成してもらい、入園前の健康状態や家庭での生活状況、発育・発達に関する健康状態を把握します。また、慢性疾患やアレルギーの有無、障害・発達の遅れなどについては、経過観察の状況や治療の継続有無などを把握し、今後の園生活について医療機関や発達支援センターなどと連携しながら、保護者と十分に対応を話し合っておきましょう。

　進級する子どもについては、予防接種歴や既往歴などの情報更新を行います。各種健診結果の記録、アレルギー対応・診断経過の記録、けがや入院、手術などの状況の記録を作成・管理し、感染症流行時などに活用します。保育者は担任となるクラスの健康状態の一覧表を作成するなど、確実に対応できるように準備しておきます。

2. 母子健康手帳の活用

　母子健康手帳には、妊娠期から乳幼児期までの健康に関する重要な情報が管理されています。健康の記録を必要に応じて医療関係者が記載・参照し、また保護者も各自記載して管理できるよう工夫されています。各種健康診査などの母子保健サービスを受けた記録や予防接種の接種状況が記録されています。ただし、母子健康手帳には個人情報が記載されているので、活用の際には保護者の同意が必要ですし、情報漏洩のないよう厳重に管理します。

3. 新年度の子どもへの配慮

　4月は、新入園の子どもだけではなく、進級する子どもたちも担任が替わるなどの環境の変化に対して、不安になったり、興奮することがあります。落ち着きもなく、子ども同士のトラブルも増え、けがや事故が発生しやすい時期です。安全管理と環境整備によって予防に努めます。また、子ども自身も疲れやすい時期なので、こころの変化や情緒の安定を図るとともに、体調の変化にも注意しましょう。

園外保育　散歩や遠足でのけがや事故の対応

　子どもたちは園外での活動が大好きです。散歩や遠足では、新しい発見に出会い、子どもなりの冒険を体験し、何かに挑戦する機会も豊富にあります。しかしながら、安全に整備された園内にはない、さまざまな危険が伴うことを忘れないようにします。予防のためには、子どもはけがをして当たり前、という意識を変えて、園全体で予防策を考える必要があります。

1. 起こりやすいけが

子どもは好奇心が旺盛で、周囲のさまざまなものに興味を持ち、活発に探索活動を行います。その反面、経験不足から、危険に対する予測や身体能力が未熟なため、思わぬけがや事故が起こります。起こりやすいけがは、①切り傷・刺し傷・擦り傷、②骨折・脱臼、③捻挫、④打撲、⑤鼻出血、⑥虫刺され・咬傷、⑦熱中症、⑧誤飲です。けがや事故が発生した場合には、発生後すぐ（緊急時）、もしくは降園時に職員が保護者へ「口頭で」詳細を報告するようにします。

2. ハザードマップを作り、共有する

重大事故の防止のために、ヒヤリハット（事故の可能性があると気づいた出来事）や事故を目に見える形で絵や図に描きます。保育者が下見をしたり、地域の方々からの情報を集めて作成します。園外活動の際にも、移動中、集合場所、活動場所などに分けて作成します（p. 33参照）。完成したハザードマップは縮小コピーをして携帯します。災害時の避難場所も記しておくと、いざというときに便利です。

3. 散歩や園外保育に備えておく持ちものリスト

消毒液、殺菌消毒アルコール剤、絆創膏、三角巾、氷嚢、ウエットティッシュ、滅菌ガーゼ（大中小）、固定テープ、感染予防グローブ、ビニール袋、はさみ、ピンセット、体温計、水の入ったペットボトル、ハザードマップ、その他、包帯、ペンライト、歯牙保存液、虫よけスプレーやジェルなど必要に応じて準備します。

保育現場での救命救急の基本

　子どもが長期入院となってしまったり、死亡してしまったりするような重大事故を起こさないために、保育者は救命救急の基本を習得することが大切です。また、小さなことが思わぬけがにつながります。環境整備や遊具の点検など、安全対策とともに事故発生時の対応は全職員が対応できるよう、日常的に準備しておくことが重要です。

1. 保育中のけがや事故で医療機関を受診する場合

　保護者に対して、現場にいた保育者から事故の状況を正しく説明し、看護職から現在の子どもの状態とこれからの対応について説明をしてもらいます。状態によっては保護者にも病院へ来てもらいます。保育者は病院へ付き添い、園に報告連絡をします。翌日以降の大まかな予定も相談し、情報を共有します。重大な事故の場合は、事故を見ていた保育者と看護職が医療機関へ連れていきます。園で保管している各種情報書類（健康調査票や緊急時対応カードなど）、現金、携帯電話、タオル、ティッシュ、おむつ等を持参します。

2. 救急車の呼び方

　電話機の近くに、救急車を呼ぶ際に伝えなければならない情報を掲示し、あわてていて何も思い出せない状態でも対応できるようにしておきましょう。また、職員間で役割分担を決めておきましょう。

（掲示用の例）

　①119番に電話をする

　②「救急」です

　③○○区○○1－2－3　　○○保育園です

　④○○駅　　○○交差点の近くです

⑤ 具体的に症状を伝える

（役割分担の例）

- 救急車の要請と救急車・救急隊の誘導
- 保護者への連絡
- 受診に必要なものの準備
- 子どもの救護
- 病院への付き添い
- その他の子どもの保育

3. 会 計

　現金で支払います。健康保険適応範囲内で医療費総額が5,000円以上の場合、日本スポーツ振興センターの災害共済給付の手続きをします。その他の場合は後日、保護者か職員が保険証・乳幼児医療証を病院へ持参し、精算します。

4. 保護者への連絡

　保護者が医療機関へ付き添えなかった場合、電話連絡を行い、治療内容と医師からの指示、子どもの様子について詳しく説明します。また、お迎えの際には園長、担任保育者、看護職から事故の状況について詳しく説明し、謝罪をします。謝罪にあたっては、事故が起こった背景、けがの対処方法などの客観的事実を、落ち着いた状態で伝えましょ

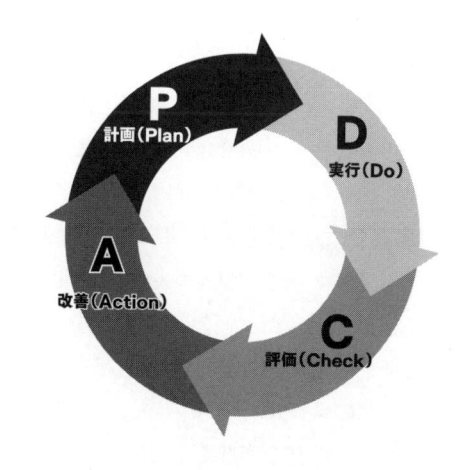

PDCAサイクル

う。謝るばかりではなく、事態をしっかり説明することが求められます。

5. 事故後の対策

どうして事故が起こってしまったのか、どうすれば事故が起こらないのかを園内で話し合い、保育体制の改善や対策を図りましょう。その内容を保護者へ連絡帳やおたよりなどで伝えましょう。事故の詳細については、記録表や事故報告書などに詳細を記入するとともに保護者とのやり取りについても記録しておきます。内容の再確認だけではなく、情報の共有をはかることで引継ぎや複数担任での保育に役立ちます。

6. 事故を予防するために

① ヒヤリハットの事例を収集する

園庭、保育室、その他お散歩コースなどでの職員が体験したヒヤリハットや事故のリストを作成します。さらに保育現場で起こった過去の事故、他の園で起こった事例など、さまざまな情報を集めます。実際に起こった事故内容や保護者とのやり取りの詳細は、記録表などを作成して残しておきます。

② ハザードマップを作成する

園外保育だけではなく、園庭、保育室などについて、それぞれ集めた情報を付箋紙などで貼り付けていきます。時間帯や季節なども加えると、いつ発生しやすいのかが予測できるようになります。

③ 職員間で共有し、保育体制を改善する

ハザードマップを見やすい場所に貼り、すぐに職員が記入して貼れるようにします。また、朝の時間や担任会議などで情報を発信し、職員同士で問題点を浮き彫りにします。問題点が認識できたら、改善方法を検討し、どこをどのように見直すのか、どのように変更するのかを指導計画の中に反映させ、保育を実施します。

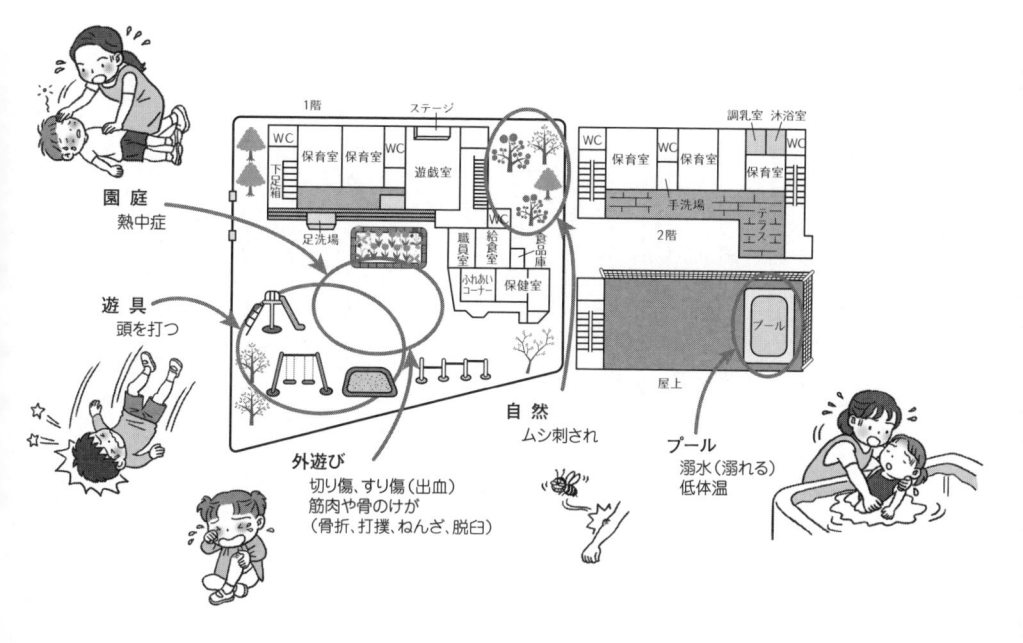

ハザードマップの一例

7. 自治体への報告

　死亡事故や治療に要する期間が30日以上の場合など、重大事故については、「教育・保育施設等　事故報告様式」によって、管轄の自治体への報告が必要です。

身体計測

　身体計測は、子どもの身体発育、栄養状態を客観的に評価するものです。子どもの発育には個人差があるため、一度の測定結果で判断するのではなく、継続観察しながらこれまでどのような成長発達をしてきたのかを評価します。また、計測と同時に全身状態の観察を行いましょう。虐待の兆候やその他の疾患の有無を発見することにつながります。計測は、毎回同じ時間帯に測りますが、保育園などでは降園時間にばらつきがあるため、な

【別紙1】

特定教育・保育施設等　事故報告様式（記載例）

平成○年○月○日／第○報

認可	施設・事業種類	保育所	地域型子ども・子育て支援事業別	一時預かり		
自治体名		○○県○○市		施設名		○○保育園
所在地		○○市○○1-1-1		開設（認可）年月日		昭和○○年○月○日
設置者		○○法人○○会		代表者名		○○○○
在籍子ども数	0歳	1歳	2歳	3歳	4歳以上	計
教育・保育従事者数		○○名	うち保育教諭・幼稚園教諭・保育士			○○名
うち常勤教育・保育従事者		○○名	うち常勤保育教諭・幼稚園教諭・保育士			○○名
保育室等の面積	乳児室	○○㎡	ほふく室	○○㎡	遊戯室	○○㎡
		○○㎡		○○㎡		○○㎡
事故対応マニュアルの状況	無		事故予防に関する研修の直近の実施日		実施していない	
事故発生日時		平成○○年○月○日	15時30分頃			
子どもの年齢・性別	1歳5ヶ月　男児		入園・入所年月日		平成○○年○月○日	
病状・死因等（既往症）	窒息による低酸素性脳症により死亡					
	既往症：なし		病院名		○○病院	
発生時の体制	1歳児　3名		教育・保育従事者		2名	うち保育教諭・幼稚園教諭・保育士 2名
発生場所	1歳児クラスのほふく室					

発見時の子どもの様子	おやつを食べている最中に、本児が急に泣き出した。保育士が口内のものを出そうとしたが、繊がっていた。保育士が口内に指を入れて、かき出していたが本児の顔が青くなったことに気がついた。背中を強く叩いたが、何も出てこず、段々、泣き声が弱くなってきた。

発生状況	時間	内容
（当日登園時からの健康状況、発生後の処置を含め、可能な限り詳細に記入。なお、第1報においては、可能な範囲で記入。）	7:30	登園。検温して度。本児は普段と変わらない様子で過ごす。
	14:26	本児ほか2児が寝ている。
	15:10	午睡から目覚め、おやつを食べる準備をする。
	15:20	本児はケーキ（○○製某×ケーキ（縦2㎝、横2㎝、厚さ2㎝））をほおばりながら食べるという食べ方をしていた。2つ目に手を伸ばして、食べていた。この時、担任保育士は少し離れた場所で他児の世話をしていた。ケーキを食べた本児がびっくりした表情になった。椅子に腰掛けていて、苦しそうな様子になった。その後、急に声を出して泣き出した。保育士が口内のものを出そうとしたが、繊がっていた。本児の顔が青くなったことに気がついた。背中を強く叩いたが、何も出てこず、段々、泣き声が弱くなった。
	15:26	看護師を部屋に呼んだ後、救急車を要請した。本児を入れ替かせた。背中を強く叩いたが、何も出てこない。泣き声が次第にかすれていき、体が硬直してきた。状態である。チアノーゼの症状が見られ、呼吸困難で意識もなくなってきた。本児がぐったりとし、瞳孔が拡大している。本児がぐったりとし、顔が冷たいのを確認し、心臓マッサージを行う。
	15:33	救急車が到着し、心肺蘇生等を実施し、病院へ搬送。
	15:45	病院到着。意識不明であり、入院。
	○月○日	意識が回復しないまま死亡。

当該事故に特徴的な事項	普段は0歳児クラスで保育していたが、この日は1歳児クラスと合同で保育していた。

発生後の対応（報道発表を行った（行った）場合にはその予定（実績）を含む。）	・園の対応　○/○　保育園において児童の保護者と面談　○/○　保育園で保護者説明会　○/○　臨時全体保護者説明会　○/○　記者クラブへ概要を説明

※1　第1報は太枠色部分について記入してください。
※2　第1報は原則事故発生当日（遅くとも事故発生翌日）、第2報は原則1か月以内程度に行うとともに、状況の変化に応じて追加報告してください。また、事故発生の要因分析や検証等の結果については、でき次第報告してください。
※3　発生状況欄は適宜記入してください。
※4　近くの指導監査の状況等を添付してください。
※5　発生時の状況図（写真等を含む。）を添付してください。なお、遊具等の器具により発生した場合には、当該器具のメーカー名、製品名、型式、構造についても記載してください。

【データベース掲載用】

事故の概要

15:20　本児はケーキ（縦2㎝、横2㎝、厚さ2㎝）をほおばりながら食べるという食べ方をしていた。2つ目に手を伸ばして、食べていた。この時、担任保育士は少し離れた場所で他児の世話をしていた。ケーキを食べた本児が急に声を出して泣き出した。保育士が口内に指を入れて、かき出していたが本児の顔が青くなったことに気がついた。

15:26　看護師を部屋に呼んだ後、救急車を要請。口に手を入れ開かせた。背中を強く叩いたが、何も出てこない。泣き声が次第にかすれていき、体が硬直してきた。看護師が脈をとるとかなり微弱で、瞳孔が拡大している状態であると確認した。呼吸困難で、手は脱力した状態であると確認した。本児がぐったりとし、顔が冷たいのを確認し、心臓を確認すると、止まっている感じに感じ、心臓マッサージを行う。

15:33　救急車が到着し、心肺蘇生等を実施し、病院へ搬送。
15:45　病院到着。意識不明であり、入院。
○月○日　意識が回復しないまま死亡。

※　個人情報に配慮の上、事故の背景が見えるように概要を記載してください。

事故発生の要因分析

要因	分析	再発防止のための改善策
ソフト面（マニュアル、研修、職員配置等）	・保育場面の移行期に留意がされておらず、事故防止マニュアルの整備ができていなかった。	・事故防止マニュアルを整備し、研修の実施により職員に周知を行う。
ハード面（施設、設備等）	・面積基準として、ほふく室の基準3.3㎡に満たしていなかった。	・2歳未満児の1人あたりの面積を3.3㎡以上確保する。
環境面（教育・保育の状況等）	・おやつは担当保育士が選んでいたが、おやつを選ぶ明確な基準がなかった。	・おやつ選定におけるチェック体制を強化する。・適切な大きさに切り分けて提供するなどの配慮が必要な食材であることなど、職員間での必要な情報の共有を行う。
人的面（担当保育教諭・幼稚園教諭・保育士の状況）	・おやつの際、担当保育士の見守りが十分ではなかった。	・保育が食事の際の危険性を再認識し、見守りを怠らないように配慮する。
その他	・事故が起こった後に、事実関係の記録が行われていなかった。	・事故が起きた場合には、記憶が鮮明なうちにその経緯を早期に把握し、特定の記録者が管理し、時系列でわかるように整理する。

事故発生の要因分析に係る自治体コメント

身近な事故に対する防止マニュアルを整備してこなかったことから、今回の事件を受けて、事故防止マニュアルの作成をし、市内の全認定こども園、幼稚園、保育所に配布する。

※国に報告をする際に、施設・事業者の要因分析に加え、必要な事項等があれば記載してください

事故報告様式送付先：内閣府子ども・子育て支援新制度施行準備室
　（FAX：03-3581-2521）
　＜園の教育活動中の事故について＞
　文部科学省初等中等教育局児童教育課
　　スポーツ・青少年局参事官（体育・青少年スポーツ担当）付
　（FAX：03-6734-3736　E-mail：youji@mext.go.jp）
　＜その他、通園中の事故に関する製品に関する事故、園の安全管理に関する課＞
　文部科学省スポーツ・青少年局学校健康教育課
　（FAX：03-6734-3794　E-mail：anzen@mext.go.jp）
　厚生労働省雇用均等・児童家庭局保育課
　（FAX：03-3595-2674　E-mail：hoikuanzen@mhlw.go.jp）
　消費者庁消費者安全課
　（FAX：03-3507-9290　E-mail：i.syouhisya.anzen@caa.go.jp）

（左欄・縦書き）特定教育・保育施設等における事故の報告等について（「特定教育・保育施設等における事故の報告等について」別紙1）内閣府子ども・子育て支援新制度施行準備室

特定教育・保育施設等　事故報告様式（記載例）

るべく午前中の計測が望ましいです。計測に使用する器材は事前に点検・調整しておきましょう。泣いているなど機嫌が悪いときには無理せず、別の機会に測定します。また、年長児などに対してはカーテンを使用するなど、プライバシーに配慮しましょう。

1. 体　重

感度10 g 単位以下のものを使用します。乳児では、授乳・食事の前に測定し、オムツや着衣の場合はその重量を差し引きます。体重計は平らで水平な場所に置き、仰向けまたは座った状態で測ります。じっとしていられないときには、大人が抱っこをして一般用体重計に乗り、あとで大人の体重を差し引きます。2歳以上の子どもは、一般用体重計で大人と同じように測ります。

2. 身　長

2歳未満の子どもは、仰向けで台の上に寝かせて計測します。2人一組で、頭頂部を固定板につけ、足底を移動板にあて、㎜単位まで読みます。両足を固定する際に力を加えすぎると、股関節脱臼を起こすことがあるため、注意しましょう。2歳以上の子どもは、大人と同じように立位で計測します。顎をやや引いた状態で、後頭部・背部・臀部・かかとを尺柱につけ、頭頂部を押し付けないよう軽く触れたところの目盛りを読みます。

3. 胸　囲

2歳未満の子どもは仰向けで、2歳以上の子どもは立位で計測します。両腕を軽く横に広げ、巻尺を背面からまわし、左右の乳頭点を通るようにし、自然呼吸の呼気と吸気の中間で読みます。

4. 頭　囲

　2歳未満の子どもは仰向けで、2歳以上の子どもは立位で計測します。後頭部の一番出ている部分（後頭結節）から眉の真上を通るようにし、眉間で読みます。

発育の評価

1. 評　価

　乳幼児の発育評価には、パーセンタイル値で示された、身体発育曲線を用います。また、体重と身長から栄養状態などを知るために、カウプ指数が用いられています。カウプ指数は、体重〔kg〕／（身長〔m〕）^{2} として計算し、やせているか肥満かを評価します。また、肥満度は身長体重曲線で評価する方法もあります。学童期（小学校入学後）以降はローレル指数を用います。

2. 観察や指導

　乳児の発育は出生体重や出生週数、子どもの状態によって変化し、個人差があります。そのため、総合的にみて評価を行い、必要に応じて保健指導や栄養指導を行っています。幼児期の発育は、食生活の状態や栄養バランス、運動や生活リズムの状態、精神的ストレス、親の育児状況からの影響を受けています。親からの遺伝的要因、何らかの疾患、愛情の遮断などさまざまな可能性があります。体重・身長の発育がみられない、パーセンタイル値をかなり下回っている場合などでは、医療機関と連携し、指示を受けるようにしましょう。

男の子　乳児身体発育曲線

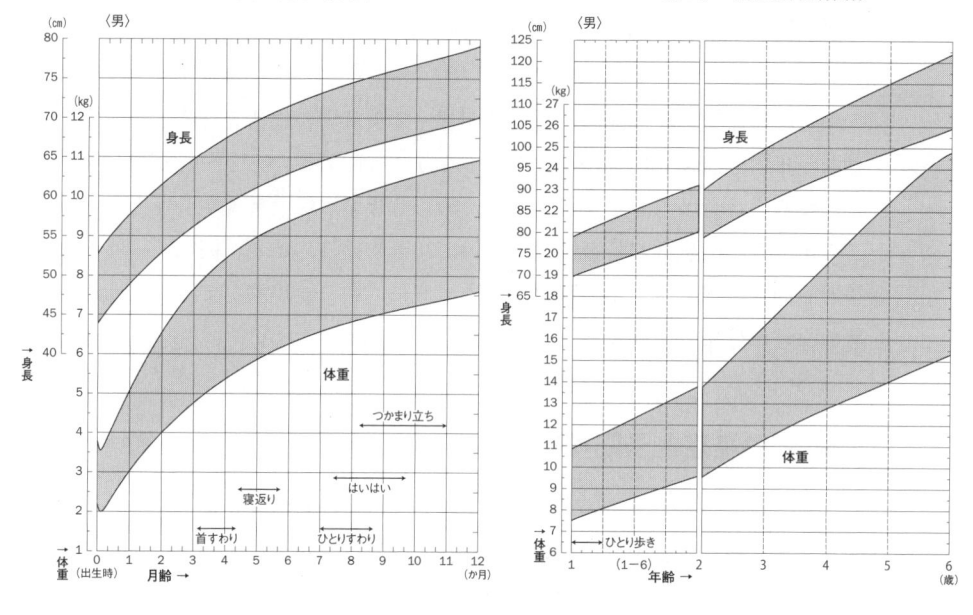

男の子　幼児身体発育曲線

女の子　乳児身体発育曲線

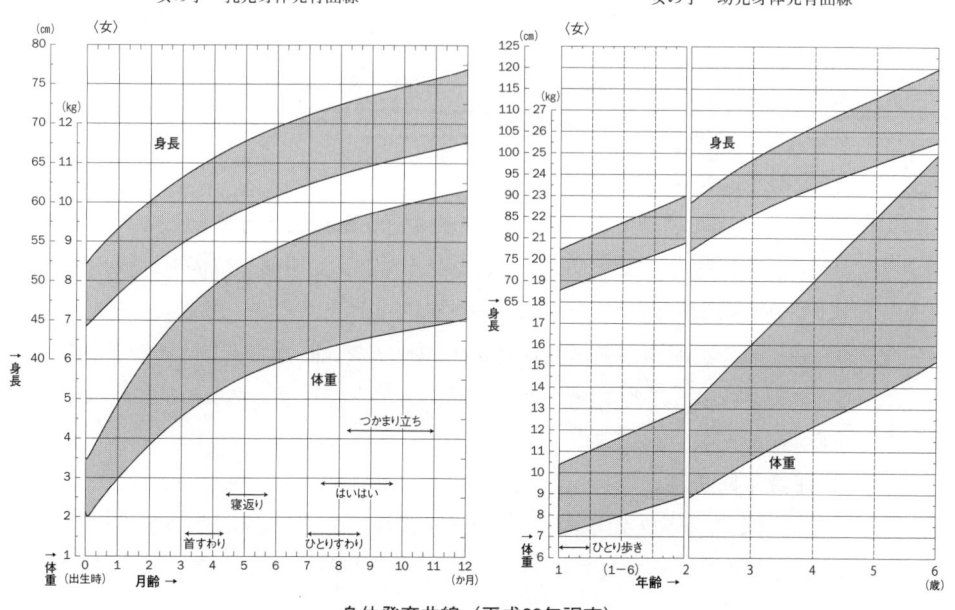

女の子　幼児身体発育曲線

身体発育曲線（平成22年調査）

集団生活について（保護者会を通じて）

保育園や認定こども園は、乳幼児が集団で長時間の生活を送っている場となります。感染症にもかかりやすくなり、入園してから1～2年は病気にかかることも多くなります。そのため、0歳児の保護者説明会などでは、このような集団生活の特徴や病気の対応、予防接種のこと、園のルール、子ども同士のトラブルへの理解などを丁寧に説明し、理解してもらうよう努めなければなりません。

1. 感染症と予防接種

子どもは生まれてすぐから、成長発達とともに免疫機能を獲得していきます。生後数か月までは、母親から移行した抗体を得ているため、感染症にかかりにくくなっています。しかしながら保育園で生活を始める生後数か月頃には、さまざまな感染症にかかりやすくなっており、予防接種を受けて感染症にかかりにくくしたり、重症化を予防することが望ましいといえます。計画的に予防接種を受けて、予防に努めてほしいことを保護者へも伝えておきましょう。

① 定期予防接種

インフルエンザ菌b型（Hib）ワクチン、小児肺炎球菌結合型ワクチン（PCV）、B型肝炎（HB）ワクチン、ジフテリア・百日咳・破傷風・ポリオ（DPT–IPV）四種混合ワクチン、麻疹（はしか）ワクチン、風疹（三日はしか）ワクチン、麻疹・風疹混合（MR）ワクチン、日本脳炎ワクチン、BCGワクチン、水痘（水ぼうそう）ワクチン、ヒトパピローマウイルス（HPV、子宮頸がん予防）ワクチン

② 任意予防接種

インフルエンザワクチン、ロタウイルスワクチン、流行性耳下腺炎（おたふくかぜ）ワクチン

2. 集団保育による生活と感染症

　子どもがかかりやすい感染症としては、ウイルス性の呼吸器感染症や消化器感染症などであり、症状としては発熱、鼻水、咳、おう吐、下痢、発疹、口内炎、結膜炎などをよく経験します。インフルエンザ、RSウイルス感染症、手足口病、ヘルパンギーナ、咽頭結膜熱、感染性胃腸炎（ロタウイルス、ノロウイルスによるもの）が有名です。また、細菌による感染症としては、中耳炎、気管支炎、肺炎、伝染性膿痂疹（とびひ）などがあります。感染症の中には、大人と子どもでは症状が異なったり、重症化したり、深刻な合併症を起こすこともあります。妊娠中の女性が感染すると、胎児に影響を及ぼしてしまうこともあります。子どもだけでなく、家族が感染症にかかったことがあるか、予防接種を受けているかを把握し、必要に応じて保護者も予防接種を受けておくとよいことを伝えましょう。

3. 日常の感染症対策

　子どもの感染症歴と予防接種状況の把握に協力してもらいます。また、登園時に健康観察を行っていることを伝え、朝の体温や家庭での様子、食欲などについて連絡してもらえるよう、協力を依頼します。明らかな症状がみられなくても、いつもより元気がない、顔色が悪い、機嫌が悪い、食欲がない、水分が摂れていない、おう吐した、下痢をしたときなど、前日降園してから登園までの子どもの体調について、連絡帳などを通じて知らせてもらうようお願いします。保育園での生活にあたって伝えておきたいことも連絡帳へ記載してもらいます。差支えない範囲で、家族内のおう吐、下痢、発熱などの症状についても連絡してもらえると助かること、また、園からは感染症発生状況を情報として保護者へ提供していることを伝えます。

4. 感染症の疑いのある子どもへの対応について

　一定以上の発熱が出ている子どもを保育することはできないこと、また

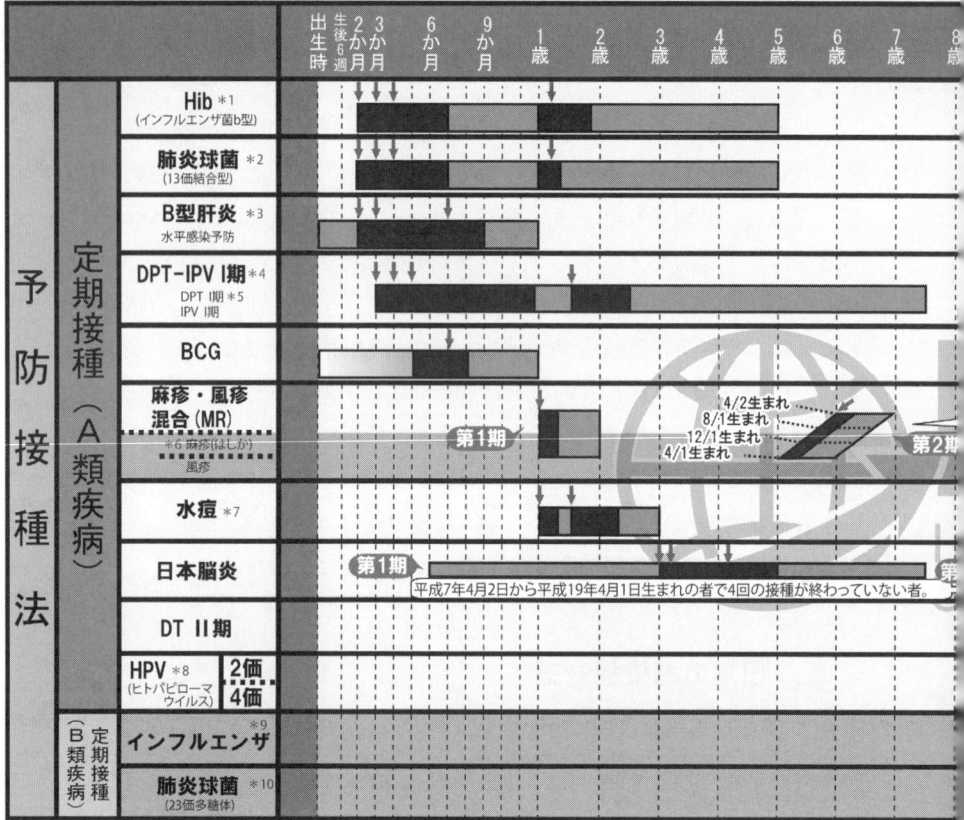

日本の定期予防接種スケジュール

* 1　2008年12月19日から国内での接種開始。生後２か月以上５歳未満の間にある者に行うが、標準として生後２か月以上７か月未満で接種を開始すること。接種方法は、通常、生後12か月に至るまでの間に27日以上の間隔で３回皮下接種（医師が必要と認めた場合には20日間隔で接種可能）。接種開始が生後７か月以上12か月未満の場合は、通常、生後12か月に至るまでの間に27日以上の間隔で２回皮下接種（医師が必要と認めた場合には20日間隔で接種可能）初回接種から７か月以上あけて、１回皮下接種（追加）。接種開始が１歳以上５歳未満の場合、通常、１回皮下接種。
* 2　2013年11月１日から７価結合型に替わって定期接種に導入。生後２か月以上７か月未満で開始し、27日以上の間隔で３回接種。追加免疫は通常、生後12～15か月に１回接種の合計４回接種。接種もれ者には、次のようなスケジュールで接種。接種開始が生後７か月以上12か月未満の場合：27日以上の間隔で２回接種したのち、60日以上あけてかつ１歳以降に１回追加接種。１歳：60日間以上の間隔で２回接種。２歳以上５歳未満：１回接種。
* 3　2016年10月１日から定期接種導入。2016年４月１日以降に生まれた者が対象。母子感染予防はHBグロブリンと併用して定期接種ではなく健康保険で受ける。
* 4　D：ジフテリア、P：百日咳、T：破傷風、IPV：不活化ポリオを表す。IPVは2012年９月１日から、DPT-IPV混合ワクチンは2012年11月１日から定期接種に導入。

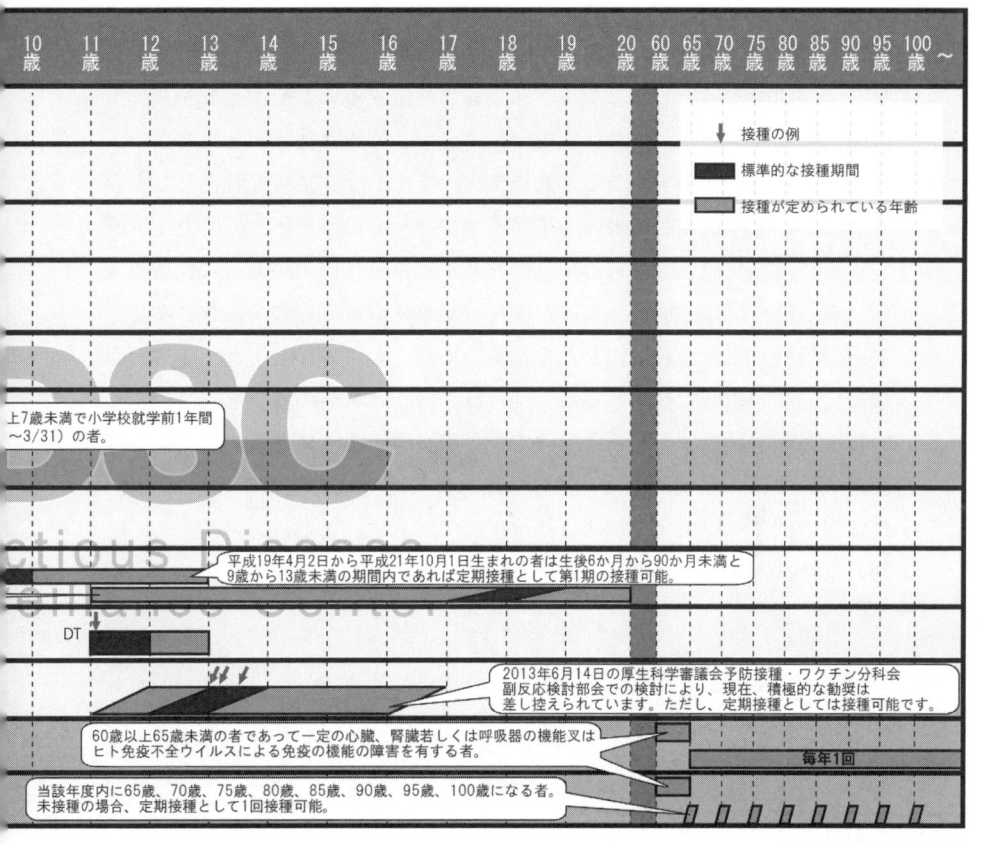

| 10歳 | 11歳 | 12歳 | 13歳 | 14歳 | 15歳 | 16歳 | 17歳 | 18歳 | 19歳 | 20歳 | 60歳 | 65歳 | 70歳 | 75歳 | 80歳 | 85歳 | 90歳 | 95歳 | 100歳 | ～ |

↓ 接種の例

■ 標準的な接種期間

■ 接種が定められている年齢

上7歳未満で小学校就学前1年間（～3/31）の者。

平成19年4月2日から平成21年10月1日生まれの者は生後6か月から90か月未満と9歳から13歳未満の期間内であれば定期接種として第1期の接種可能。

DT

2013年6月14日の厚生科学審議会予防接種・ワクチン分科会副反応検討部会での検討により、現在、積極的な勧奨は差し控えられています。ただし、定期接種としては接種可能です。

60歳以上65歳未満の者であって一定の心臓、腎臓若しくは呼吸器の機能又はヒト免疫不全ウイルスによる免疫の機能の障害を有する者。

毎年1回

当該年度内に65歳、70歳、75歳、80歳、85歳、90歳、95歳、100歳になる者。未接種の場合、定期接種として1回接種可能。

2018年4月1日現在

回数は4回接種だが、OPV(生ポリオワクチン)を1回接種している場合は、IPVをあと3回接種。OPVは2012年9月1日以降定期接種としては使用できなくなった。

2015年12月9日から、野生株ポリオウイルスを不活化したIPV（ソークワクチン）を混合したDPT-cIPVワクチンの接種開始。従来のDPT-IPVワクチンは、生ポリオワクチン株であるセービン株を不活化したIPVを混合したDPT-sIPVワクチン。

＊5　2018年1月29日から再び使用可能となった。

＊6　原則としてMRワクチンを接種。なお、同じ期内で麻疹ワクチンまたは風疹ワクチンのいずれか一方を受けた者、あるいは特に単抗原ワクチンの接種を希望する者は単抗原ワクチンの選択可能。

＊7　2014年10月1日から定期接種導入。3か月以上（標準的には6～12か月）の間隔をあけて2回接種。

＊8　互換性に関するデータがないため、同一のワクチンを3回続けて筋肉内に接種。接種間隔はワクチンによって異なる。

＊9　定期接種は毎年1回。

＊10　2014年10月1日から定期接種導入。年度内に65・70・75・80・85・90・95・100歳になる者が対象。定期接種として1回接種可能。

出所：国立感染症研究所「定期予防接種スケジュール（2018年4月1日～）」
▶ https://www.niid.go.jp/niid/images/vaccine/schedule/2018/JP20180401_01.gif

保育中に発熱・発疹などの症状がみられた場合には、他の子どもに感染しないよう別室で様子をみながら、保護者へ連絡することを伝えます。医療機関への受診が必要と思われる場合には、できる限り迎えにきてもらい、その日のうちに受診することを勧めます。また、受診結果を報告してもらうことと、その情報が将来の予防対策へつながることを伝え、協力を依頼します。発熱や病気等があるが、保護者が仕事を休めず、近くに頼める人がいない場合には、病児・病後児保育や緊急サポート等の情報を提供し、事前に登録しておく必要性などを説明しておくとよいでしょう。病気が回復していない状態で登園することは、ほかの子どもへの感染を拡げてしまいます。登園可能との診断を受けてから登園するようにお願いします。登園のめやすは、保育所では「保育所における感染症対策ガイドライン」、幼稚園では「学校保健安全法」に示されています。また、必要に応じて医師の意見書あるいは登園届の提出を依頼しましょう。

5. 子どもの事故について

　子どもの事故には、発達段階に応じた特徴があります。乳児では窒息が多く、成長発達とともに交通事故が増加していきます。子どもは運動機能と精神機能の発達途上であることから、身体のバランスが不安定であったり、危険を素早く回避できなかったり、危険を感じることができなかったり、感じても適切な行動がとれないことがあります。また、事故は慣らし保育から通常の保育に移行する時期である5〜7月に多いため、保護者との連携のもと、家庭でも園でも事故が起こらないよう、子どもたちの安全を守るための教育や管理を徹底しましょう。

6. 生活リズムを大切に（基本的生活習慣の確立）

　基本的生活習慣には、食事、排泄、着衣・脱衣、清潔、睡眠があります。子どもが丈夫で健康な身体に育つためには、家庭と園が連携して適切な生活リズムと環境を作っていくことが大切です。

保育所や認定こども園などでは、以下のような配慮点をもって保育を行っていることを伝えましょう。

- 活動しやすい衣服で過ごします。気温や体調をみて衣服を調節します。
- 食後はお茶を飲んだり、年齢に応じてうがいや歯みがきをします。
- 外遊びの後は、季節によってシャワーや沐浴をします。
- 手洗いやうがい、歯みがきなど、清潔への習慣づけを援助します。
- 年齢に応じた生活リズムを心がけ、小学校へつなげるための健康指導・健康教育を行っています。

7. 与薬について

　本来、子どもが服用する薬は保護者が責任をもって管理することが望ましいのですが、必要に応じて薬を預かり、与薬することがあります。ただし、医師が処方した薬のみで、現在かかっている病気に対して処方されたものに限ります。また、処方の条件が○○のときに、といった保育者の判断を要するものは与えることができません。また、解熱剤や下痢止めは預かりません。数日間継続する必要がある塗り薬は、まとめて数日分預かることがあります。原則として、薬は1回分を与薬依頼書と処方された薬の説明書とともに、必ず担当者へ手渡しすることとしています。このような、薬の取り扱いについては、入園のしおりや入園児面接で事前に知らせておくことが大切ですが、改めて保護者会でも説明しておくとよいでしょう。

睡眠中の事故と乳幼児突然死症候群 (SIDS) について

　乳児をうつぶせで寝かせると、窒息事故や突然死のリスクがあると知っておくことが大事です。特に、寝返りを始めたばかりの乳児は、うつぶせ寝になると窒息の危険があるため、注意が必要です。寝返りができても、もとに戻れなかったり、顔にかかったものを手ではらいのけることができないことを理解し、予防のための対策をとりましょう。

1. 乳幼児突然死症候群（SIDS）とは

　2012年10月に作成された「乳幼児突然死症候群（SIDS）診断ガイドライン（第2版）」によると、乳幼児突然死症候群とは、「それまでの健康状態および既往歴からその死亡が予測できず、しかも死亡状況調査および解剖検査によってもその原因が同定されない、原則として1歳未満の児に突然の死をもたらした症候群」と定義されています。日本での発症頻度は出生6000〜7000人に1人と推定され、生後2か月から6か月に多く、まれに1歳以上で発症することがあります。2015年には96名がSIDSによって死亡しており、乳児期の死亡原因の第3位となっています。

　症状としては、一見ごく健康に育っているように見える乳幼児が、何の前触れもなく睡眠中に突然呼吸を停止し死亡します。通常は苦しんだ様子も見られません。原因は不明ですが、厚生労働省から発症率を低くする3つのポイントが示されています。

① 1歳になるまでは、寝かせるときはあおむけに寝かせましょう

　SIDSは、うつぶせ、あおむけのどちらでも発症しますが、寝かせるときにうつぶせに寝かせたときの方がSIDSの発症率が高いということが研究者の調査からわかっています。睡眠中の窒息事故を防ぐ上でも有効です。

② できるだけ母乳で育てましょう

　母乳育児が赤ちゃんにとっていろいろな点で良いことはよく知られています。母乳で育てられている赤ちゃんの方がSIDSの発症率が低いということが研究者の調査からわかっています。

③ たばこをやめましょう

　たばこはSIDS発症の大きな危険因子です。妊娠中の喫煙はおなかの赤ちゃんの体重が増えにくくなりますし、呼吸中枢にも明らかによくない影響を及ぼします。妊婦自身の喫煙はもちろんのこと、妊婦や赤ちゃんのそばでの喫煙はやめましょう。これは、身近な人の理解も大切ですので、日頃から喫煙者に協力を求めましょう。

　保育園や認定こども園などでは、そのほかにさまざまな予防対策をとっています。

- やわらかすぎる布団は使用せず、固めの敷布団を使用し、枕を使用しない
- 顔や布団の周囲に物を置かない
- よだれかけは必ず外して寝かせる
- 換気をこまめに行い、湿度に注意する
- 室内の照明は、顔色など子どもの様子が確認できる明るさにする
- 温めすぎないよう、暖房の使用には注意する
- 保育者から子どもの顔が見えるような午睡の環境を整える
- 寝返りをしてうつぶせになったときは、目が覚めてしまったとしてもあおむけに寝かせる
- 保護者にこれらの予防対策を伝え、家庭でもあおむけに寝るように協力を依頼する
- 子どもが寝ているときは、職員が必ず1名以上付き添う

2. 睡眠時のチェック方法

　必ず触れて呼吸を確認します。そばにいても気付かないほど静かに、子どもの様子が急変することがあります。そのため、見た目にはよく眠れているようでも、たとえそれがあおむけで寝ていたとしても、おなか、胸、背中などの動きを見て、触れて反応をみるようにしましょう。また、呼吸が弱くないか、荒くないか、顔色や体温なども触れて、聴いて、感じて確認することが大切です。チェックの結果は、うつぶせ寝をあおむけに直したことなどもあわせて表に記入しておきます。一見、呼吸をしているようにみえる「死戦期呼吸」にも注意しましょう。

3. 呼吸が弱い・呼吸をしていない

　すぐにその子の背中をたたきながら、名前を呼びかけます。大声で他の職員を呼び、119番に通報し救急車を要請します。あわせて保護者へも連絡を依頼します。口腔内の異物を確認し、気道を確保した後、直ちに心肺

蘇生法を開始します。他の子どもへも配慮をしながら、職員全員で協力して救護にあたることが大切です。

4. 予防のためにできること

　発生時の職員の対応を決めておき、事前に研修などでロールプレイを行っておくことが有効です。年度初めの会議等で確認し合い、あらかじめ緊急時の役割分担を決めておきましょう。職員はいつでも、どこでも心肺蘇生法が行えるよう、講習を受けておくべきです。

アレルギー反応とアナフィラキシーへの対応

　アレルギー反応は、カビやほこり、花粉、食品、薬品、虫さされといったアレルゲン（抗原）に対する拒絶反応のことです。ごくまれに、この拒絶反応が強く出る、アナフィラキシーショックが起こることがあります。気道が腫れて窒息するなど、命にかかわることもある症状で細心の注意が必要です。園児がかかる主なアレルギー疾患には、乳児期から問題となるアトピー性皮膚炎、食物アレルギー、さらに幼児期から次第に増えるアレルギー性鼻炎、アレルギー性結膜炎および気管支喘息などがあります。この中で、食物アレルギーに関しては、誤食の事故を引き起こしてしまう危険性があり、乳幼児の生命を守るためには慎重な対応をしなければなりません。

1. 食物アレルギーの原因食

　乳幼児では、鶏卵、牛乳、小麦、大豆およびナッツ類が多く、その他、甲殻類や魚介類などもあります。

2. 食物アレルギーの症状

① 皮膚粘膜症状

かゆみ、じんましん、むくみ、赤み、湿疹、顔面の腫れ、目のかゆみや充血、まぶたの腫れ、涙、口の中の違和感、唇の腫れ、のどのつまり

② 消化器症状

腹痛、気持ちが悪くなる、おう吐、下痢、血便

③ 呼吸器症状

くしゃみ、鼻水、鼻づまり、呼吸困難、咳、「ゼーゼー」「ヒューヒュー」と音がする（喘鳴）、声がかすれる、犬が吠えるような咳、のどや胸が締め付けられる

④ 全身性症状

元気がなくなる、脈が速くなる、脈が触れにくい、ぐったりする、意識がなくなる、意識がもうろうとしている、血圧が低下する、尿や便を漏らす、唇や爪が青白い

3. アレルギー症状への対応の手順

● アレルギー症状がある（食物の関与が疑われる）
● 原因食物を食べた（可能性を含む）
● 原因食物に触れた（可能性を含む）

発見者は子どもから目を離さずに助けを呼び、職員を集めます。呼ばれた職員は、マニュアル、エピペン、AED、預かっている内服薬などを準備し、これらの使用または介助にあたります。さらにもう一人の職員は必要に応じて救急車を要請する、園長など管理者を呼ぶ、保護者へ連絡をする、さらに人を集める、などの連絡係となります。他の職員に対しては、記録（観察を開始した時刻、エピペンを使用した時刻など）や他の子どもへの対応、救急車の誘導、エピペンやAED・心肺蘇生の使用または介助などに柔軟に対応します。

緊急性の判断と対応にあたっては、アレルギー症状から5分以内に判断

するようにしましょう。迷ったらエピペンを打つ、119番通報をすることを念頭に置いて対応します。また、以下のような症状がみられた場合には、緊急性が高いと判断しましょう。

［**緊急性が高いアレルギー症状**］

- 全身の症状：ぐったり・意識もうろう・尿や便を漏らす・脈が触れにくいまたは不規則・唇や爪が青白い
- 呼吸器の症状：のどや胸が締め付けられる・声がかすれる・犬が吠えるような咳・息がしにくい・持続する強い咳き込み・ゼーゼーする呼吸
- 消化器の症状：持続する強い（がまんできない）お腹の痛み・繰り返し吐き続ける

4. 緊急性が高いアレルギー症状への対応

① ただちにエピペンを使用する

エピペンを使用し、10〜15分後に症状の改善が見られない場合は、次のエピペンを使用します。

② 救急車を要請する（119番通報）

③ その場で安静にする

反応がなく、呼吸がなければ心肺蘇生法を行います。

④ その場で救急隊を待つ

⑤ 可能であれば内服薬を飲ませる

5. エピペンの使い方

アナフィラキシーショックが起こったとき、アドレナリン（エピネフリン）というホルモンの注射を打つことで、気道の腫れを防ぐなど、症状の進行を一時的に緩和できます。30分以内に投与することが生死を分けるといわれています。薬の効果は5分以内に認められ、持続時間は10分程度です。この間に、救急車で医療機関へ搬送することが大切です。使用にあたっては、それぞれの動作を声にだし、確認しながら行いましょう。

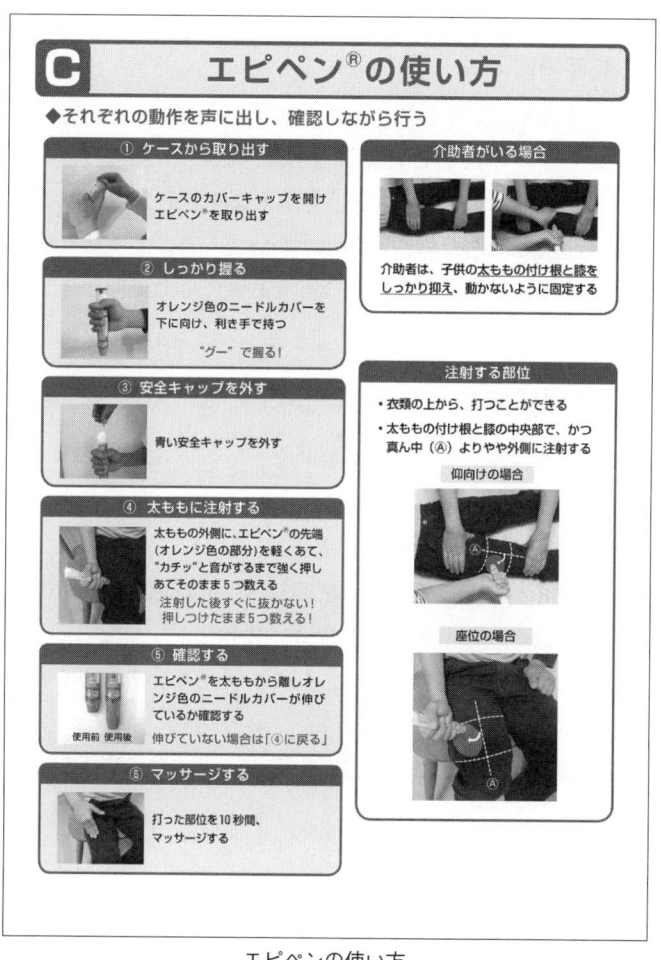

エピペンの使い方

出所：東京都「食物アレルギー緊急時対応マニュアル」2013年

6. 救急要請（119番通報）のポイント

あわてず、ゆっくり、正確に情報を伝えます。

① 救急であることを伝える

② 救急車に来てほしい住所を伝える

　住所、施設名をあらかじめ記載しておきましょう。

③ 「いつ、だれが、どうして、現在どのような状態なのか」を
わかる範囲で伝える

エピペンの処方やエピペンの使用の有無を伝えましょう。

④ 通報している人の氏名と連絡先を伝える

119番通報後も連絡可能な電話番号を伝えます。向かっている救急隊から、その後の状況確認のために電話がかかってくることがあります。救急隊が到着するまでの応急手当の方法などを必要に応じて聞きましょう。

7. 緊急時に備えるために

- 食物アレルギー対応委員会を設置しましょう
- 研修計画を立てて行政等が実施する研修を受講し、施設内でも各種ガイドラインを活用して研修を実施しましょう
- 緊急対応が必要となる子どもを把握し、生活管理指導表を確認し、保護者や主治医からの情報を職員全員で共有しましょう
- 緊急時に適切に対応できるよう、マニュアル等を活用して職員の役割分担や流れを決めておきましょう
- 緊急時に使用する内服薬やエピペンの管理方法を決めましょう

8. 誤食の予防対策

- 除去食は、食器やトレイ、テーブル拭きなどを色分けして分かるようにしておく
- 除去食対応の子どものテーブルとイスを専用にしたり、座席を定位置にする
- 担任、栄養士など複数の職員で翌月の献立を確認する
- 給食室では毎朝、全職員で除去食の献立を確認する
- 保育室では配膳の前後に2名以上の職員で声を出して確認し合う
- アレルギーについて職員教育として研修を行い、発生時の対応は全職員ができるようにする

- 除去食を解除する際には、複数回食べても症状が誘発されないことを保護者に書類で提出してもらう

けいれん（ひきつけ）の対応

　一般的に、けいれんは突然発作が起き、体がひきつったり呼吸が止まったように見えたりします。けいれんには全く心配のないものから感染症や脳に異常がみられるものまで、多くの種類があります。例としては、熱性けいれん、髄膜炎、てんかん等があります。受診歴や既往歴を把握しておくことも大切です。あわてることなく、冷静に対処するため、深呼吸をして落ち着いて応急処置を行いましょう。

1. けいれんが起こったときの手順

① 発作が起こったまたは起こったと思われる時間（時刻）を確認する

　けいれんが始まった時刻からどの程度けいれんが続くのか、時間を確認します。5〜10分以上けいれんが続いている場合には、119番通報をして、保護者へ連絡をしましょう。長引くけいれんは、熱性けいれんと判断せずに救急車を待って病院へ搬送します。

② 子どもにけががないかを見る

　頭を打った可能性があれば、119番通報および保護者への連絡対応となります。また発作中にけがをした場合も同様の対応をとりますが、発見した際、すぐに周囲にぶつかりそうなものや危険なものがないか確認し、あれば取り除くようにしましょう。

③ 心理的な影響を考慮する

　他の保育者に、周りの子どもたちを別の保育室へ移動させるなどの依頼をします。

2. けいれんの対処

① 発作を起こした子どもが楽に呼吸ができるよう衣服をゆるめる

　発作中は体をひきつらせていても、おさえつけないようにしましょう。歯をくいしばったり、舌をかみそうに見えることがあっても、口の中に指や割りばし、丸めたガーゼを入れないようにしましょう。かまれたり、口の中を傷つけたり、おう吐物がつまったりする危険があります。おう吐物をつまらせないように、顔を横に向けるか、体ごと横向きにします。体をゆすったり、抱きしめたり、大声を出したり、たたいたりしてはいけません。

② けいれんがおさまるまで、無理に体にふれずに症状の観察に集中する

　意識があるか、激しく泣いているか、おう吐はあるか、けいれんが間代性（両手足をがくがくさせる）か強直性（体をぐっとつっぱる）か、体のどこから始まったか、眼球が左右に揺れ動いていないか（眼振）、けいれんに左右差があるか、全身性か部分性かなどをみます。その他、気になる症状も確認しておきましょう（顔色、くちびるの色、発作がおさまったあとの様子など）。

③ 1〜2分でおさまったか、時間を確認し、呼吸の様子に注意する

　呼吸が弱くなったら気道確保をしながら、子どもから離れることなく経過観察を続けます。呼吸が止まった（迷った場合も）、また、様子をみていて呼びかけにいつものような反応がないなど、意識障害がある（疑われる）場合には心肺蘇生を直ちに行い、119番通報と保護者への連絡をします。

④ 発作がおさまったら、熱を測る

　けいれん後も熱があれば、保護者へ連絡をして、病院を受診しましょう。また、意識が完全に回復するまでは飲食物を与えないようにしましょう。

3. 熱性けいれんについて

　生後半年から6歳くらいまでの子どもは、発熱時に熱性けいれんを起こすことがあります。間代性または強直性のけいれんが多く、意識を消失して

いることも多いけいれんです。おおよそ5分以内で自然におさまることがほとんどです。初回の熱性けいれんによって、予防接種を受けるために経過観察期間を必要とすることがあるので、保護者が受診した際の情報を共有しておくとよいでしょう。日本小児神経学会の「熱性けいれん診療ガイドライン2015」などを読んでおくと、より詳しい情報を得ることができます。

4. てんかんについて

てんかんは発作的に、けいれん、意識障害などを反復して起こすもので、さまざまな原因で起こる慢性の脳疾患です。1回限りではなく、繰り返し起こるという特徴があります。意識がなくなる発作を繰り返す、意識が回復せず再度発作が起きる、発作後5分もたたないうちにまた発作が起こる（重複発作）、長時間続く場合には、医療機関の受診が必要となります。差別やいじめにつながらないように、特別扱いはせず、多くはふつうに生活していることを理解してもらうことが大切です。そのため、てんかん発作の既往について保護者から保育所へ事前に伝えるよう協力を依頼しておくとよいでしょう。薬を服用する、経過観察時など、けいれんがおさえられていれば、日常生活での制限も必要ありません。

環境衛生管理について

保育所や施設の設備は、児童福祉施設最低基準に定められています。また、消毒については、学校環境衛生基準、感染症新法（感染症の予防及び感染症の患者に対する医療に関する法律）や学校保健安全法施行規則などに定められています。

1. 保育所における消毒方法

• 消毒薬の種類として、次亜塩素酸ナトリウム、逆性石けん、消毒用ア

ルコールがある

- 遊具の衛生管理方法には、清潔方法と消毒方法とがある
- 手指の消毒は、通常は流水と石けんで洗う。感染症の疑い（下痢やおう吐）または感染症発生時には、十分洗ったあと消毒を行う必要がある。おう吐物やおむつ交換の際には、感染予防グローブを使用し、グローブを外した後も十分手を洗い、消毒することが必要となる。

2. 設備の衛生管理の実際

（1）保育室

- 温度・湿度：冬季は室温17〜22℃、湿度40〜60％、夏季は外気温との差が5℃以内とし、湿度は45〜65％
- 採光・騒音：部屋の中は均一な明るさとし、騒音は50デシベル以下が望ましい
- 換気：1時間に2回以上の換気が望ましい

（2）設備等の衛生・安全

- 手洗い場：1日1回以上、次亜塩素酸ナトリウムで消毒する
- 子どもや職員の歯ブラシ・コップ・タオル：毎日持参し個別管理を徹底し、共用しない
- トイレ：トイレ用洗剤で便器を洗い、外回りは1日1回以上消毒する
- 砂場：定期的に掘り起こし、日光消毒する、動物の糞尿からの感染予防のためシートをかける、糞尿があれば消毒する、落ち葉やゴミを取り除く、定期的に砂を交換する
- 園庭：樹木や雑草の管理、害虫駆除、水たまりの除去を行う
- 小動物の飼育施設：衛生管理と飼育活動後の手洗いと消毒を徹底する

5 月

子どもの健康診断（内科）

· ·

　新生児期、生後1か月健診は、医療機関を中心に任意で行われています。母子保健法が定めているものは、3〜4か月、1歳6か月、3歳児健康診査（健診）で、保健センターなどにおいて集団で実施されることもあります。主に小児科医による健診のほか、歯科健診、栄養相談、保健師による相談活動なども行われています。

　保育園などでは、子どもの発育・発達状態の確認（発育測定）を、異常の発見や健康状態（栄養、骨格、内臓など）をみるために実施しています。園によって、また年齢によって月1回や年2回など決まった回数で実施しています。同時に、保護者からの健康相談活動も行っています。

1. 準　備

　日常の健康観察情報から健康状況などを把握しておきます。必要な書類なども準備します。使用物品は、聴診器、ペンライト、舌圧子、消毒用アルコールなどです。また名簿を用意し、出欠の確認に使用します。

2. 事後処理

　結果を保護者に連絡します。何らかの所見があった場合には、個別に詳しく説明して受診を勧めます。健診結果に基づいて、保育内容を検討しま

すが、子ども自身で生活を送ることができるように支援することを第一に考え、保護者とも連携してケアができるようにしましょう。

保育者の健康とセルフケア

保育者は子どもを抱き上げる機会が多く、腰痛・肩こりが慢性化します。普段からの予防対策が大切です。腰を落とすときには膝も曲げ、前かがみにならないようにしましょう。また、自身のストレスマネジメントも大切です。休みのときには大いにリフレッシュをはかり、仕事における悩みや不安は自分の中にためこまず、適切な人に積極的に相談することを心がけましょう。

春の健康教育

1. 手洗い

手についた細菌やウイルスなどの病原体が、目や鼻、口に入ることによって感染症を引き起こします。そのため、感染症予防のための「手洗い」は最も重要な予防法です。すべての職員が正しい手洗いの方法を身につけ、その上で子どもの年齢に応じて手洗いの援助を行ったり、適切な方法を指導することが大切です。

正しい手洗いの方法（30秒以上流水で洗う）

① 液体石けんを泡立てて、手のひらをよく洗う

② 手の甲をのばすように洗う

③ 指先とつめの間を念入りに洗う

④ 両手の指の間をこすりあわせてよく洗う

⑤ 親指をねじるように洗う

⑥ 手首を洗い、流水で10秒以上すすぎ、よく乾燥させる

⑦ 清潔なタオルで拭く

［注意点］
- タオルは共用せず、ペーパータオルの使用が望ましい
- 石けんは固形よりも1回ずつ個別に使用できる液体石けんが望ましい
- アルコールによる消毒は必ず手を乾燥させてから使用する

2. 手洗いの援助と指導

① 0・1歳児

保育者が主体となり、言葉をかけながら援助して洗います。食事の前、外遊びの後など、袖を肘まで上げて洗います。

② 2歳児

歌などに合わせて、実際に保育者がやって見せます。保育者は見守りながら、自分でできるように言葉をかけ、できないところは援助します。「ゴシゴシ」「パッパッ」などと分かりやすい言葉を用いて指導します。トイレトレーニングも進んできますので、排泄後にも手を洗います。

③ 3歳児

絵本・紙芝居・エプロンシアター・パネルシアターを活用して、わかりやすい病気や細菌・ウイルスの話を取り入れると手洗いへの意欲につながります。言葉をかけるだけで自分でできるようになるので、手洗いで気を付けなければいけないことを指導します。例えば、石けんをしっかり泡立てること、10秒以上洗い流すこと、きれいなタオルで拭くことなどを丁寧に伝えましょう。手洗いのタイミングは食事の前、外遊びの後、排泄後、動物と触れ合った後であることも指導しましょう。

④ 4・5歳児

手洗いチェッカー（専用ライトに当てると洗い残しがわかる機器）や細菌やウイルスの写真を見せるなど、実際にやってみる・やってみせる指導を行いましょう。どんなときに手を洗うのか、どうして手を洗うのか、病気が汚れた手から感染することやどんな病気があるのかなど、子どもの意欲を引き出しながら話しましょう。5歳児へは就学へ向けて、ハンカチを持参することや、その使い方なども指導に取り入れていきます。

3. うがい

　手洗いとともに指導します。ブクブクうがいは、歯みがきの後などに行い、口腔内を清潔に保ちます。ガラガラうがいは、のどの奥まで水分を送ることで乾燥を防ぎます。「ブクブクペッ」「ガラガラペッ」などという分かりやすい言葉を使って子どもへ指導します。3歳児以降では、どうしてうがいをするのかを伝えて意欲につなげましょう。うがいは2〜3回繰り返して行います。

4. 鼻のかみ方

　鼻汁（鼻水）は、鼻に入った異物（花粉やほこり、細菌やウイルスなど）を外に出そうとして起こります。鼻水がたまったままにしておくと、中耳炎を引き起こすことがあります。鼻水をすするのではなく、正しい鼻のかみ方を指導しましょう。

鼻にやさしいかみ方

　① 片方の鼻をしっかりおさえて、片方ずつかむ

　② 鼻をかむときには、口から息を吸う

　③ ゆっくりこまめにやさしくかむ（口を閉じているか確認する）

　強くかむと、鼻血が出たり耳が痛くなります。両方一度に鼻をかむと、副鼻腔炎や中耳炎につながる危険性があります。鼻をほじっている子どもに対しては、粘膜を傷つけて出血したり、細菌が入り込むことがあるので、やさしく声をかけて止めるようにしましょう。

　言葉だけで伝えるのではなく、実際にティッシュをあててかむよう促します。ティッシュがゆれているかをみて、実際に鼻水を出そうとしているか確認します。なかなかうまくできない子どもには、実際に保育者が鼻水を出してみせると「フンッ」と力を入れる方法を理解しやすくなります。

排泄とトレーニング

・・・

排泄したいときに自分でトイレへ行き、正しい方法でトイレを使用し、処理と手洗いなどがきちんと行えることが目標であり、そのための指導をします。排泄が自立するまでは、保育者がこまめにおむつ交換をし、清潔で気持ちの良い感覚を育てておくことも大切です。

1. 1・2歳児

自立歩行ができ、言葉がいくつか話せるようになった頃、神経も発達し尿意が知覚できるようになってきます。2歳頃から自分の意思で排泄できるようになります。トイレやおまるへ保育者が誘導してみましょう。午睡後のおむつが濡れていないタイミングなどをとらえて働きかけてみるとよいでしょう。失敗しても、叱ったり、愚痴をこぼしながら後始末をしてはいけません。排泄が成功したら、その都度「気持ちよかったね」「えらかったね」と言葉をかけて達成感を持つような言葉を掛けましょう。

トイレットペーパーは、保育者が1回分ずつ切って用意しておきます。女の子は排尿後、自分でポンポンと抑えるように拭くことを指導します。男の子は「ピッピッ」を尿を落とすよう伝えるとよいでしょう。トイレが怖い場所にならないような、環境の工夫も大切です。壁面をアレンジしたり、照明を明るくしたり、色彩を豊富にするなど、子どもが行きたくなるようなトイレ作りも考えてみましょう。

2. 3歳児

言葉が上手になってきたら、自分のうんちに何か起こったときに知らせられるような指導が大切になってきます。尿や便は子どもの健康状態を知るための重要な手がかりとなるので、必ず保育者か子ども自身が確かめてから処理しなければなりません。

排尿時には、尿の回数、量、色、においなどをみます。色が濃い場合や回数が少ない場合、子どもの水分摂取量が少ない可能性が考えられます。排便時には、ふつう、やわらかい、水っぽいなどを区別します。子どもがうまく伝えることは難しいので、ふつうの健康で元気なうんちは「バナナうんち」、元気がないうんちは「ポロポロうんち」「ツブツブうんち」「ドロドロうんち」など、分かりやすい言葉で保育者に伝えられるよう指導します。また、便の色を見ることも大切です、通常は乳児の場合黄色、緑色、茶色です。発達にともなって茶色になります。黒、灰色、白、血がまざったうんちには注意しましょう。また、尿と同じように量、回数、におい、混入物の有無などをチェックします。

指導の際の注意

トイレットペーパーのちぎり方、たたみ方、ふき方の練習を援助していきますが、子どもが拭き取ったあとは、保育者が確認をしましょう。また、子どもが自分で拭き取った場合は手に汚れが付着することもあるので、必ず石けんで手を洗います。トイレトレーニングは個人差が大きく、子どもの意欲だけではなく、家庭での考え方、季節、兄弟姉妹からの影響を受けることをしっかり押さえておきましょう。また、遊びに夢中になっていると尿意を忘れてしまうことがよくあります。保育者が誘うなどして、「あまり出る感じじゃないけれど、トイレへ行っておこうかな」という意識につなげていきましょう。

3. 4・5歳児

3歳児からでも良いので、エプロンシアターやパネルシアター、紙芝居、絵本などを活用し、排泄のトレーニングを丁寧に進めていくとよいでしょう。少しずつではありますが、排便の処理ができるようになってきます。排泄後の手洗いも、保育者の声掛けのみでしっかりできるように指導しましょう。また、マナーについても指導しなければなりません。トイレの清潔な使い方、次に使う人への思いやりの気持ちをもつことなども意識させ、正しい使い方をみんなで考え、実践できるような指導を進めましょう。

衣服や靴の選び方

　衣服は、皮膚を保護し汗を吸い取り、自らの体温を調節する役割があります。子どもの衣服は、体を動かしやすい、伸縮性のあるものがよいでしょう。乳児では、保温性・吸湿性・通気性にすぐれた綿で、洗濯に対して丈夫で乾きやすいものを選びましょう。幼児では、自分で着脱がしやすく、扱いやすいものを選びます。排泄が自立していく時期では、パンツやおむつも着脱が簡単なものを選びましょう。ボタンやスナップは子どもの発達に応じて、自分で留めるかを見きわめて援助しましょう。園生活においては、紐や飾りのついたもの、フードのついたものは事故につながるため、控えています。また、衣服の色ですが濃い色は汚れが目立たない反面、出血などのけがに気づきにくい面があることを周知しておきましょう。どろんこ遊びや芋ほりなど、行事によって衣服に配慮が必要な場合は、事前に保護者へ知らせ、汚れてもよいもので登園してもらうようにしましょう。

　靴を選ぶ際の最も大切なポイントは、転倒しにくい靴であることです。すぐに大きくなってしまうからといって、大きめの靴を選ばないようにしましょう。靴の中で足がぐらぐらして、上手に歩いたり動いたりできなくなってしまいます。靴のかかとに足を合わせたとき、つま先に指1本（5mm〜1cm程度）の余裕があるものを選びます。この余裕は歩いたり走ったりするときの足が伸びる分のスペースとなります。靴底も固すぎないもので、マジックベルトで着脱しやすいもの、かかとをしっかり包み込んで、つま先は少し上がったものがよいでしょう。

　子どもは、靴がきついなどを自分で訴えることができません。靴を履かせるときに保育者がチェックしましょう。足のサイズを測る場合には、座ってではなく立って測りましょう。上履きもこのポイントをおさえたものを選びましょう。

夏

6～8月

6　月

耳鼻科健診・眼科健診

6月までに耳鼻科健診と眼科健診を済ませます。3～5歳児を対象に実施される園が多く、プールが始まる前に健診を行い、異常があった場合には受診をすすめ、必要な治療を行います。プールに入ったために症状が悪化したりしないよう、そして感染症拡大を防ぐことが目的ですが、一人でも多くの子どもがプール遊びを楽しめるように年間保健計画を立てて対応している側面もあります。

ポイント

- 任意で実施している園や自治体からの指示によって行われています
- 配慮を要する子どもは事前に医師に伝えると共に保護者と対応を確認しておきます
- 予診票がある場合は配布し、事前に回収して内容をチェックします
- 必要な器具をあらかじめ準備しますが、医師によってさまざまなので事前に確認しておきます
- 器具は消毒したものを使用します
- 健診前日の会場づくりを手伝い、全職員で当日の健診の流れについて会議を行い、把握しておきます
- 保育者は健診の介助をすることが多いので、子どもを落ち着かせ、不安を取り除くよう援助します

1. 耳鼻科健診

両耳、鼻、咽喉頭（のど）を診察します。滲出性中耳炎、耳垢栓塞、アレルギー性鼻炎、副鼻腔炎、扁桃肥大などをみます。

2. 眼科健診

両目を診察します。感染性結膜炎、アレルギー性結膜炎、眼瞼炎、麦粒腫、霰粒腫、眼瞼内反症、斜位、斜視などをみます。

3. 健診後の流れ

耳鼻科健診、眼科健診とも、健診後すみやかに結果を保護者へ通知します。何らかの所見がある場合には、耳鼻咽喉科または眼科を受診して適切な治療を行うよう依頼し、あわせてプールや水遊びの判断をしてもらいます。結果や治療完了については書面にて保護者または医師（病院）が記入したものを提出してもらいます。

歯科健康診断

1. 歯科健康診断とは

母子保健対策事業として行われている1歳6か月児健診と3歳児健診では、内科以外に歯科の診察を行っています。同時にフッ化物塗布などの処置をとることも多くなっています。歯数や歯並び、う蝕の有無や予防法、食生活状況から口腔環境をチェックし、必要に応じてその後の受診をすすめます。噛み合わせや歯並びについては、3歳児健診の際に改善している場合があるため、1歳6か月健診では経過を注意深く観察するようにしています。

保育所での歯科健康診断は、これに加えて永久歯への移行状況の把握や、歯みがきによる口腔衛生状態のチェックを行い、歯科への受診を促したり、園での健康教育に役立てます。ポイントとなる項目については、耳鼻科健診・眼科健診と同様です。

2. 歯科健康診断の進め方

　健診時、乳児の場合は歯科医師と保育者が向かい合って座り、膝の上に子どもを寝かせた姿勢で健診を行う方法があります。幼児の場合は、正面に立ってもらうか、幼児用の椅子を用意して座った状態でみます。保育者は子どもの後ろから頭を動かないように優しく支えるなど、必要に応じて介助を行います。

3. 歯科健康診断終了後

　健診後、すみやかに結果を保護者へ通知します。何らかの所見がある場合は歯科への受診を勧め、その結果を確認します。噛み合わせやその他、所見で気になったことは、歯科医師への相談を勧めます。むし歯予防のプリントなどを作成して結果と共に配布したり、集計結果を元に歯みがき時の声掛けや健康教育につなげていきます。う歯が重症である子どもの場合、背景として、親や子どもになんらかの障害がある、貧困や虐待などの要因が考えられます。その場合は、地域の保健センターや市役所等の行政機関と連携をとる必要があります。

4. 日本小児歯科学会による 「子ども虐待防止対応ガイドライン」より

　保護者が子どもの世話をあまりしない場合、十分な食事を与えず、歯みがきもしないため、多くのむし歯や歯周病があれば、ネグレクトを疑う要因となります。虐待を受けている子どものむし歯は、一般の子どもよりも

2〜3倍高いという報告があります。そのため、保育者は健診結果と合わせて、全身状態、皮膚・口腔症状、行動・心理特性、保護者や家庭環境の特徴を観察し、周囲へも十分な配慮を行い、園で会議などにより検討を重ねます。その結果、虐待が疑われると判断されたものは児童相談所へ通告することとなります。

乳児の口腔ケアと幼児の歯みがき

1. 乳児の口腔ケア

乳児期には歯ブラシに慣れることと、食後に口腔内を清潔にしておく感覚を経験する目的で口腔ケアを行います。歯が生え始めたら（おおよそ生後6〜8か月）、離乳食後や寝る前に白湯や麦茶を飲ませます。ガーゼなどで歯を拭く際には、上の歯は唾液で洗浄されにくいため、念入りに拭きます。歯ブラシに慣れるために、噛んでみたり、軽く歯にあてて磨いてみましょう。幼児期後半までは、寝かせて子どもの頭が保育者の腹部に当たるようにし、口の中がよく見え、頭が固定されていることを確認してみがきましょう。

2. 幼児の歯みがき

自分でできるみがき方を覚え、習慣化することが大切です。そのためには、歯みがきに興味を持たせ、なぜ歯みがきが必要なのかを理解するような指導を行います。また、正しい歯ブラシの持ち方と正しいみがき方を丁寧に伝えましょう。

Point!
歯みがき指導のポイント（指導対象は3〜5歳児）
- 3歳児の始めには食事の後に「ブクブクうがい」の指導を行うとよいでしょう。

- 紙芝居や絵本など教材を活用してむし歯予防の大切さを伝えましょう。
- うがいだけでは落とせない歯の汚れをきれいにするために歯ブラシの使用を開始します
- 歯ブラシは毛先の広がっていないものを使用します
- 3歳児では握り持ちでも良いですが、次第に鉛筆持ちへと切り替えましょう
- 磨きたい面に垂直に当てて、小さく細かく「コチョコチョみがき」で動かしましょう
- 歯ブラシを縦にすると歯と歯の間を磨きやすくなります
- 6歳臼歯（第一大臼歯）は奥に生える永久歯で大事にしなければならないことを伝えます
- 6歳臼歯は他のどの歯よりもむし歯になる可能性が高い歯であることを伝えます
- 6歳臼歯のみがき方は、その歯だけをねらってみがくこと、横からみがく方法を指導します
- 大人が仕上げみがきをし、みがき残しをチェックしてもらうよう指導します
- みがき残しチェックの教材として歯垢染色液を用いる方法があります

3. 歯の健康教育

　歯と口の健康づくりとして、年長児を対象とした健康教育の一例です。歯垢を染め出しして、実際に歯垢を落とす歯みがきの練習をします。各自治体の歯科医師会・歯科衛生士会等の支援プログラムを活用して健康教育を実践する方法もあります。

［園で準備するもの］
　マイク、カセットデッキ、机1個、ホワイトボードなど

［子どもが準備するもの］
　歯ブラシ、コップ、エプロン、タオル・手鏡

［流れ］
① あいさつ・手遊び
② パネルシアターやクイズ：6歳臼歯の大切さやむし歯予防について楽
　 しく学びます
③ 染め出し：染め出しを行い、歯垢がどこについているか鏡を見ながら
　 観察します
④ 歯みがき指導：歯ブラシの持ち方や動かし方を説明し、音楽に合わせ
　 て歯みがきをします
⑤ まとめ・お約束

4. 歯ブラシによる子どもの事故

　歯ブラシを口に入れたまま転倒すると、歯ブラシが上あごや頬に突き刺さる等の重大事故につながる可能性があります。箸、スプーン、歯ブラシで受傷する事故の多くは食事中や歯みがき中に遊んでいたり歩き回っていたりしていたことが原因で、1～2歳児を中心として救急搬送されているケースが多く報告されています。必ず椅子に座る、保育者の膝の上などで歯ブラシを使用するようにしましょう。歯みがき以外のときには歯ブラシを持たせないようにし、保育者は絶対に目を離さないこと、歯ブラシは子どもの手の届かないところに保管することが重要です。

5. 災害・避難所生活における口腔衛生

　保育所では、災害発生に備えてさまざまな準備や訓練を実施しています。これまで、災害時や避難所生活において口腔衛生が重要視されなかったために、避難所に甘いお菓子があふれていた環境のもと、子どものむし歯が増加したことがありました。災害時や避難所生活では、水が不足するために歯みがきやうがいが不十分となり、口の中の細菌は増殖し続けることになります。そのため、非常用持ち出し袋や防災袋にデンタルリンスを準備しておくことも検討すると良いでしょう。

6. 乳歯・永久歯と母子健康手帳の活用

　乳歯は妊娠7週頃、永久歯は妊娠4～5か月頃から作られ始め、出生後、永久歯の石灰化が始まります。また、母子健康手帳には子どもの歯科健康診査だけではなく、母親の口腔状態をチェックするページもあります。母子という名前の通り、母親のケアと子どもの成長を記録しすることが大切です。

　生後4～7か月頃、下の前歯から乳歯がみえてきます。乳歯は1歳頃には上下4本となり、3歳頃に20本すべてそろいます。5歳頃から乳歯が抜け始め、6歳頃になると最初の永久歯（6歳臼歯、第一大臼歯）が生えてきます。15歳頃、28本の噛み合わせが完成します。最後の永久歯（親しらず）が生えそろうと32本となります。

食 中 毒

　6月頃から細菌が活動しやすい時期となります。この時期、カンピロバクター、サルモネラ、腸管出血性大腸菌感染症（O157、O111など）の細菌が増殖し、食中毒が多く発生しています。保育園では集団感染を引き起こすおそれがあるので、食中毒の予防対策をとる必要があります。食中毒を引き起こす主な原因として、カンピロバクターは鶏肉、サルモネラは鶏卵・鶏肉・動物や害虫、腸管出血性大腸菌は牛肉などであると考えられています。保育園では生肉や生卵などが食事で提供されることはありませんが、家庭での食事から感染する可能性があります。子どもは大人よりも重症化しやすく、ときには危険な状態となってしまいます。そのため、家庭でも食中毒を予防するために「保健だより」などを活用して保護者へも予防対策を促すことが大切です。

　食中毒予防の3原則は、「つけない」「増やさない」「やっつける」です。以下のチェックポイントを参考に、予防対策を心がけましょう。

　① 食品は十分に加熱しましょう

② 生肉を触った後は、手をよく洗い消毒しましょう

③ 生肉に使用した調理器具は熱湯などで消毒しましょう

④ 生肉に触れる箸やトングと口にいれる箸を分けましょう

⑤ 生肉を冷蔵庫で保存する際は汁が漏れないようにしましょう

⑥ 購入した卵は水などで濡れないようにしましょう

⑦ 水道水以外の水は飲まないようにしましょう

⑧ 動物たちと触れ合った後は、よく手洗いをして消毒をしましょう

⑨ 下痢をしている子どもがいる場合、シャワーや沐浴は一番最後に済ませるようにしましょう

⑩ 症状がおさまった後も糞便中に細菌が排出されているため、プールや水遊びは控えましょう

　食中毒が発生してしまった場合、感染拡大を防ぐために「保育所における感染症ガイドライン」を元に対応を進めます。同時に複数名から発生した場合は、重症化や二次感染を防止するために速やかに受診します。集団食中毒の発生が疑われる場合は、速やかに保健センター・保健所へ届け出て、指示に従い、園医へ報告します。自己判断で下痢止めや抗菌剤を飲むことは絶対にしてはいけません。

1. カンピロバクター感染症

　カンピロバクターを病原体とし、潜伏期間は2〜5日です。下痢、腹痛、おう吐、頭痛等の症状が出ます。重症化すると急速に脱水症状に至る場合があります。ほとんどの場合、自然に治癒します。重症な場合には抗菌剤などが処方されます。

2. サルモネラ感染症

　原因菌はサルモネラ菌で、潜伏期間は通常12〜36時間です。発熱、おう吐から始まり、腹痛、下痢を起こします。症状が治まった後も、長期間にわたって菌が便中に排泄されることがあります。症状がなくなると登園可

能となるため、手洗いをこまめに行い、接触感染での拡大を防ぎましょう。

3. 腸管出血性大腸菌感染症（O157等）

病原体は、ベロ毒素を産生する大腸菌（O157、O26、O111など）です。潜伏期間は3〜5日で、その後激しい腹痛を伴った下痢から血便へと移行することがあります。発熱は軽度ですが、血便は徐々に血液の量が増えていきます。出血を伴う腸炎から溶血性尿毒症症候群という合併症を引き起こすことがあり、致死率は5％程度と報告されています。医療機関での管理を必要とします。流行の起こりやすい時期は、6〜10月ですが、冬季にも発生することがあります。

7　月

夏のスキンケア

　子どもの皮膚は薄く、新陳代謝が活発です。汗をたくさんかいた後そのままにしておくと、汗疹（あせも）や肌荒れ、おむつかぶれなどを起こしてしまいます。皮膚がかゆくなり、そこをかきむしることで、症状が悪化することもあります。夏季の高温多湿な環境で過ごしている子どものスキンケアを適切に行い、気持ちよく過ごせるようにしましょう。

1. シャワー・沐浴の目的

　身体を清潔にし、感染防止を図ります。血液の循環を活発にし、新陳代謝を高めます。快適な気持ちを味わい、清潔な生活習慣を養います。保育者はこの間に全身の健康状態を観察します。

2. 保育園でのシャワーや入浴介助の方法

- 浴室の温度、湯の温度（38～40℃）を確認します。排泄を済ませておき、着替えを準備しておきます。
- 子どもの衣服を脱ぎます。このときに全身に傷や何らかの異常がないかを観察します。
- お湯をかけ、汚れを軽く落としてから浴槽に入れます。
- 家でどのように洗っているかを確認しながら、自分で洗えるところは

洗い、必要に応じて援助します。

- 石けんなどをしっかり洗い流してから、浴槽に再度入り、身体を温めます。
- バスタオルで水分をしっかり拭いて新しい衣服に着替えます。
- 水分補給をします。

3. 沐浴の方法

- 沐浴槽に38〜40℃のお湯を入れます。石けんやガーゼを使いやすい位置において、上がり湯を準備しておきます。室温は25℃前後とし、風通しがあまりないようにします。
- 着替えを広げておき、その上にバスタオルを敷いておきます。その上に子どもを寝かせ、衣服を脱がせます。子どもに声を掛けながら、肘を曲げて片方ずつ腕を抜いて脱がせます。
- ガーゼやタオルを子どもの身体にかけて、やさしく横抱きにし、足から静かに湯の中に入れます。
- ガーゼを絞り、目のまわり、額、頬、顎の順に顔を優しく拭きます。
- ガーゼで頭を濡らし、シャンプーで優しく洗います。
- 首のくびれ、肩、胸、お腹の順に石けんをつけた手で洗います。
- わきの下を支え、身体を返し、背中とお尻を洗います。
- 上がり湯をかけて、バスタオルの上にのせ、優しく丁寧に水分を拭き取ります。
- 新しいおむつをつけ、袖口から手を入れて子どもの手首を受け取りながら袖を通します。
- 衣服を整えて、水分補給をします。

ポイント

- 連絡帳や出欠簿などで、保護者から沐浴やシャワーの希望や登園時の体温を確認しておきます
- シャワー・沐浴の前に、子どもの健康状態を観察し、場合によっては

中止しましょう。

- 保護者へシャワーや沐浴があっても、毎日家で入浴し清潔を保つよう伝えましょう。

- 沐浴は、授乳前後や空腹時を避け、時間は3〜5分を目安にしましょう。

- 事故のないよう、周りに物を置かない、子どもを絶対に一人にしない、保育者はその場を離れない。

園外保育・お泊まり保育

お泊まり保育は、4・5歳児を対象としていることが多く、実施していない園もあります。場所も、園舎内外さまざまであり、保育者は子どもの安全と事故防止に努め、保護者から依頼されたケアを行うこととなります。看護職員がいる場合は、医療的ケアの業務を担っていますが、子どもへの声掛けや人手不足の際には、保育者も協力して子どもの対応にあたります。体調不良やけが、事故があった場合には、保護者への連絡、病院への受診の付き添い、場合によっては救急搬送することもあります。適切な対応を心がけ、事前に体制を確認し合うようにしましょう。

1. 事前準備

年間計画として年度初めに保護者へ通知します

聞いていない、知らないなどのトラブルを避けるために年度初めだけではなく、数回通知し、直接保護者へ声掛けをしたり、懇談会を通じて口頭で知らせておくようにしましょう。1か月くらい前には、行事用の健康調査票を配布し、保護者に記入してもらいます。喘息やアトピー性皮膚炎への対応、常用している薬があるか、食物アレルギーの有無についても再度確認し、除去食についての対応を決めておきます。その他、バスを利用する場合には、車酔いへの対応、宿泊を伴う場合には夜尿（おねしょ）など、

保護者が抱える不安について事前によく話し合っておきましょう。

- 1週間くらい前から、子どもの健康状態について園生活の様子を通して確認します。発熱、体調、機嫌や気になる症状など、他の保育者とも連携しましょう。対応が必要な場合には、保護者と対応を確認し、参加の有無などを協議します。
- 園内で流行中の感染症がある場合は、行事の際にも発生することがあります。発生した場合の対応についてマニュアルなどを参考に全職員が対応できるよう確認しておきましょう。
- 宿泊を伴う場合は、宿泊先の近隣にある医療機関を調べ、診察曜日・時間をチェックし、そこへ受診する場合のタクシー利用などを想定して、電話番号や住所、実際の場所への所要時間などを地図で確認しておきましょう。
- 各種医療証、健康保険証のコピーを保護者から提出してもらい、預かります。個人情報保護の点から、実費で支払った後に手続きを進める場合もあります。
- 与薬を依頼された場合には、与薬依頼書などを提出してもらいます。また、医師の指示書なども必要に応じて提出してもらいます。
- 経管栄養や鼻腔・口腔吸引など、保育者が援助できない医療的ケアが必要な場合は、看護職が対応可能であるか、保護者とよく協議してから参加の有無を判断するようにしましょう。参加を希望している場合、可能な限り対応できるよう試みますが、どうしても難しい場合には保護者も付き添うなどを検討します。保育園では複数の看護職が在籍している園は少なく、一人で全ての子どもに対して業務を進めなければいけないことを考慮し、計画に無理のないよう園長や医療機関とも連携し、保護者へ対応していくこととなります。喘息の吸入器の利用も含め、医療的配慮が必要な病気などについては、参加の可否と参加した場合の注意点を主治医から書面で提出してもらうと良いでしょう。
- 保護者への説明事項は、懇談会やプリントを通じて知らせます。宿泊の場合、何かあった際には保護者にお迎えをお願いする場合があるこ

と、そのために遠方へ行くことを控えてもらい、何かあった際に必ず
連絡が取れる連絡先を教えて頂くよう伝えておきます。

2. 当日以降のポイント

- 子どもの健康状態を把握します。発熱や気になる症状がある場合は、
  関連職員と保護者を交えて話し合い、対応します。
- 依頼されていた医療的ケアや与薬については、実施したことを保護者
  へ報告します。気になった子どもの様子については、保護者へ口頭で
  伝えておきましょう。
- 行事の後、子どもの体調が変化することがあるので、数日間は園で慎
  重に健康状態を確認しましょう。
- けがや事故があった場合には、保護者へそのときの状態と対応、今後
  必要な手続き等について誠意をもって対応しましょう。

熱 中 症

1. 応急処置

　直射日光や高温多湿な環境の中で、体調不良の訴えや様子がみられたと
きは、熱中症の可能性を疑います。適切な処置を行い、子どもの命を守る
ことが重要です。意識障害やけいれん、手足の運動障害、高体温がある場
合は、重症度・緊急度が高く、救急車を要請します。立ちくらみやめまい、
頭痛、吐き気などの場合は、必要な応急処置をとります。まずは、直射日
光を避け、風通しのよい涼しい場所やクーラーの効いた部屋へ運びます。
その後、衣服を脱がせるかゆるめて寝かせます。救急車を要請しており、
救急隊が到着する場合は、それまで身体に水をかけて、風を当てるなどし
て身体を冷やし、できるだけ迅速に体温を下げることで救命率を上げるこ
とができます。同時にビニール袋に氷を入れたものを用意してもらい、わ

きの下や足の付け根などの血管を冷やします。冷たい水を飲ませたり、多量の発汗がみられる場合には、経口補水液を飲ませます。経口補水液が入手できない場合には、食塩水（1ℓの水に1〜2gの食塩を加えたもの）やスポーツドリンクを飲ませます。100mℓ中40〜80mgのナトリウムがあれば、0.1〜0.2％の食塩水に相当します。このような水分を自力で摂取できない場合は、必ず医療機関へ搬送しましょう。

［熱中症のサイン］

めまい、顔面紅潮、たちくらみ、筋肉痛、暑いのに汗が出ない、頭痛、吐き気、嘔吐、倦怠感、虚脱感、尿量減少、皮膚が乾く、ぐったりする、元気がない、ぐずる、などがある。症状が進行すると、急激な体温上昇(40℃以上)、けいれん、意識障害（呼びかけに反応しない、言葉に違和感がある)、チアノーゼ、不規則な呼吸などがある。

 予防のポイント

室内の温度、湿度をこまめに確認し、調整する。外遊びは午前中など時間を選び、日陰を活用する。フラップ付きの帽子を着用する、黒い色の服装を避ける、通気性のよい服を着る。活動の前後、活動中はこまめに水分を補給する。のどが渇いていなくても水分を補給する。急に暑くなった日には健康観察を十分に行い、保育中も熱中症の可能性を考えながら業務を進める。

2. 健康教育

① 体は水でつくられている

夏の暑い日に、帽子をかぶらず、水も飲まない状態でいると、たくさんの汗が出ていってしまい、体の水がなくなっていきます。体から水がなくなってくると、気持ち悪くなったり、くらくらしたり、頭が痛くなったり、熱くなってきます。このような病気を「熱中症」といいます。ひどくなると、救急車を呼ぶことになり、命にかかわることを子どもたちへ教えておきましょう。「なんだかおかしいな？」と感じたらすぐに大人に報告する

ように指導しましょう。くらくらしたり、ぼ〜っとなっているのに、がまんして遊びを続けることは絶対にしてはいけないと伝えましょう。

② 熱中症にならないためには？

外へ出かけたり、外で遊ぶときには必ず帽子をかぶりましょう。なるべく日の当たらない場所で遊び、水や麦茶などの水分を少しずつ何回も飲むようにしましょう。気持ちが悪くなったり、いつもとちがうなと感じたらすぐに大人に知らせましょう。外だけではなく、部屋の中にいても熱中症になることがあります。このときも、おかしいと感じたらすぐに知らせましょう。

プールと水遊び

1. 事前準備

必ず全園児が健康診断を受けるようにします。定期健康診断をプール前の時期、事後の治療期間なども配慮した時期に実施するとよいでしょう。また、眼科・耳鼻科検診を行う園もあります。これらの結果によって、受診をすすめ、必要に応じてプールの可否について医療機関で聞いてもらうよう依頼します。

プールに備えて、必要物品を揃えます。消毒薬（塩素剤）、遊離残留塩素濃度を測定する機器や薬品、水温計、日誌などを準備します。また、保護者へは園だよりや保健だよりなどで、プール・水遊びにあたっての準備（水着やラッシュガード、日焼け止めの使用ルールについて、登園時の準備、体調管理など）について詳しく知らせるようにしましょう。

当日のプール参加について、保護者にあらかじめ体調管理を依頼しておきます。朝食を摂ること、睡眠を十分とっていること、爪を短くしていることなどのチェックポイントについて、図などを活用して知らせましょう。登園時には、名簿などに体温と当日のプールの可否について○×などで記入してもらいましょう。プールに入れない子どもに対して、シャワーなど

を実施している園もあります。発熱、下痢・腹痛、外傷、感染症、皮膚・目・耳・鼻の異常、睡眠不足・食欲不振・疲労など、職員の判断によって、プールに入れない場合があることを事前に理解してもらいましょう。

2. プール利用の条件と水質管理

利用条件は、水温24℃以上または外気温と水温の和が50℃以上と定められていますが、もう少し高い水温・外気温でなければ、子どもは寒いと感じます。地域性などに応じた条件を定めてもよいでしょう。感染症が発生しており、感染のリスクがある場合や光化学スモッグ注意報が発令されたときなど、状況に応じて中止することも必要です。

プール利用の際には、消毒薬の濃度管理が大切です。遊離残留塩素濃度0.4mg/ℓ以上でプールは使用できますが、紫外線や水温の上昇、時間経過によって濃度は低下するので、1.0mg/ℓまで濃度を上げてから使用しましょう。消毒薬には錠剤や顆粒剤の塩素化イソシアヌル酸（ネオクロール、ハイライトエースG）、次亜塩素酸カルシウム（ハイクロン、トヨクロン）と液体の次亜塩素酸ナトリウム（ピューラックス、バイゲンラックス）を使用します。定期的に濃度を測定しますが、水質検査を実施する自治体もあります。消毒薬は、子どもの手の届くところには置かないこと、全職員が薬品の場所と名前、見た目を周知しておくようにしましょう。また、プール日誌に、日時、天候、水温・気温、利用したクラス名、利用した人数、利用した時間、その間の遊離残留塩素濃度、塩素剤投入の有無、記入者名などを記録し、情報として残しておきます。

3. プールを楽しむための約束

プールで守らなければならないルールについて、各年齢に合わせて分かりやすく丁寧に伝えましょう。保育中に元気がなくなったりしたときには、周りの大人にすぐに知らせること、プールに入る前にトイレを済ませること、けがをしないために体操をすること、体やお尻の汚れを落としてから

プールへ入ること、走り回るなどけがをしたりおぼれたりしないよう気をつけること、トイレに行きたくなったら先生にすぐ知らせること、プールの中で排泄をしてはいけないこと、プールからあがったらシャワーで顔と体を流すこと、タオルでしっかり体を拭くこと、着替えたら水分を補給することなどについて、保育者が実際にやって見せたり、イラストを用いて子どもたちへ伝えましょう。

4. プールや水遊び中の病気・けが・事故の予防

　職員は、プールや水遊びを通して感染する病気の予防、けがや事故の予防に努めます。マニュアルを作成し、活用することで、全職員が業務を理解し対応することができます。感染症予防のため、子どもたちの健康状態を十分把握し、水質管理についても確認を徹底します。保護者が記入したプールの可否を確認し、健康状態をみてチェック項目に該当する子どもがいた場合には、看護職や園長と相談し、中止します。中止となった場合には必ず保護者へその理由を口頭で説明します。伝染性膿痂疹（とびひ）、頭ジラミ、その他の感染症でウイルスが便に排泄されている恐れがあるもの（プール熱、ヘルパンギーナ、手足口病など）についてはプールに入れません。伝染性軟属腫（水いぼ）については、園の方針にもよりますが、タオルやおもちゃの共有を避けることによってプールへ入ってもよいという見解が発表されており、それに従っている園が増えています。

　プールへ入る前に必ずトイレを済ませます。一人ひとりお尻を洗い、全身をシャワーで洗い流します。感染予防グローブを着用しましょう。プールに入っているときには、子どもから絶対に目を離さないようにします。紫外線などにも考慮しながら、溺水や熱中症、さまざまなけがや事故に注意しましょう。子どもは暴れたり大声を出すことはなく静かに溺れます。何かあったときには音でわかるだろうという判断は絶対にしないこと。遊んだ後は、うがいをして顔と全身を洗います。できるだけ早く体を拭き、水分を補給します。プールの後、子どもの皮膚状態なども観察しておきましょう。

夏の紫外線と室内環境

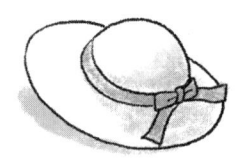

1. 紫外線対策

　紫外線の特徴を理解し、子どもの外遊びにおける適切な対策をとりましょう。一生のうちに浴びるべき紫外線のほとんどは18歳までに浴びてしまうといわれています。子どもの頃から紫外線を浴びすぎないようにすることで、将来の悪影響を抑えることができます。紫外線は、4〜9月に強く、時間帯では午前10時から午後2時の間に強くなるため、この時間帯の外遊びなどを避けると良いでしょう。フラップ付きの帽子を着用し、樹木や建物の日陰をうまく活用し、日焼け止めクリームなどを登園前に塗ってきてもらうなど、さまざまな対策をとります。

2. 日光浴と遊び

　子どもにとって、思いきり身体を動かすことのできる外遊びは大切です。身体、運動能力の発達を伸ばしたり、生き物をはじめとする自然物とのかかわりを通してさまざまな情緒の発達を促します。また、遊びを通して社会のルールを学ぶことへもつながります。夏場の遊具は熱くなりやすいので、保育者が確認をしながら対応します。滑り台のスロープなどは手で触れて確かめ、外遊びの間は子どもが安全に遊べるかどうかをこまめにチェックしましょう。また、紫外線は体内のカルシウム吸収を促す働きをもつビタミンDを活性化します。1日15分程度は日光を浴びることが望ましいといわれています。

3. 夏の室内環境

　保育室の温度・湿度について、夏季は外気温との差が5℃以内であることとされていますが、地域によってこの条件では難しい状況があります。

そのため、なるべく5℃以内とし、室温が30℃を越えた状態が継続しないように注意し、室内は28℃前後とするのが望ましいでしょう。熱中症の予防が目的ではありますが、午睡中は子どもの体が冷えすぎないように室温に注意し、子どもの生活の高さで温度を測定すること、子どもに直接風が当たらないようにすること、扇風機などを活用して室内の空気を循環させるようにしましょう。

夏の皮膚トラブル

1. 虫刺され

　外遊びの多いこの季節は、蚊や蜂、毛虫に刺されたりすることがあります。乳幼児は体温が高く、蚊に刺されやすい上に皮膚が弱いため、皮膚アレルギーの反応が強くなったり、かゆみや腫れが強く出ることがあります。蚊に刺された場合は、すぐに刺された部分を流水で洗い、清潔にして冷やします。冷やすとかゆみがやわらぎます。症状が強い場合には、受診してステロイド軟膏を処方してもらうと効果があります。蜂に刺された場合は、すぐに針が残っていないかを調べ、あれば取り除きます。傷口を流水で洗い、冷やします。腫れや痛みがひどいときは受診します。毛虫に刺された場合も蚊に刺された場合と同様に、洗って冷やし、ひどいときは受診しましょう。

　虫に刺されないようにするためには、虫が多い場所へ行かないようにします。行く場合には、可能な限り長袖、長ズボンを着用し、黒い色は避けましょう。また、かゆみによって皮膚を傷つけてしまい、症状を悪化させたりとびひ（伝染性膿痂疹）になってしまうこともあるため、爪は常に短く切っておくようにしましょう。外遊びのために、虫よけシールなどを預かっている場合もあります。また、登園する前に、日焼け止めクリームやジェルと同様に、虫よけスプレーやジェルを使用する場合もあります。

2. とびひ（伝染性膿痂疹）

　虫刺されや汗疹（あせも）、軽い擦り傷、湿疹などのひっかき傷が細菌に感染して発症するものが多く、滲出液が付着することで感染します。患部をガーゼや包帯などで覆い、登園することができますが、医師の受診を勧めて指示を出してもらうよう依頼しましょう。抗生剤の軟膏や飲み薬が処方されることが多く、効果があります。プールは、感染を拡げてしまうだけでなく、自身の症状を悪化させてしまう可能性があるため、完全に治るまでは入れません。初夏から夏にかけて流行しますが、最近は暖房が完備されているため環境条件が整い、冬に発症することもあります。

3. 水いぼ（伝染性軟属腫）

　水いぼは、治るまで半年から1年ほどかかるものの、自然治癒が可能であるため病院で治療することはほとんどありません。また、直接肌と肌が触れ合ったり、タオルやビート版などの共用で感染する可能性があるものの、プールの水は塩素消毒をしているため感染しません。そのため、許可を出している園が多くなってきました。ラッシュガードなどの着用も感染リスクをおさえるため有効な手立てとなります。

4. 頭ジラミ

　頭や顔を近づけて遊んだり、集団でお昼寝をしているときなどに拡がります。拡がってしまった後で駆除すると時間がかかるため、定期的に頭髪をチェックすることと、子どもが頭をかゆがっていないか見ることが大切です。また、布団などの寝具や帽子などは共用しないようにしましょう。
　頭ジラミを見つけた場合、おどろいたりあわてたりして大きな声を出すことのないよう、配慮します。保育者の態度は周りの子どもに強い印象を与えます。当事者の子どもも深く傷つくこととなります。頭ジラミは誰にでも感染する虫であること、不潔だから・汚いからうつってしまうのでは

ないことをしっかりと伝えます。同時に保護者へ向けても誤解の無いよう、発生する前から伝えておくとよいでしょう。いじめの原因とならないよう慎重に配慮しましょう。子どもへの対応は「何気なく」「それとなく」「さりげなく」を意識して進めましょう。

　発生した場合、その保護者へ知らせる必要があります。かかりつけの小児科か皮膚科を受診し、診断してもらい、駆除を進めます。駆除は薬の入ったシャンプー（スミスリン入りシャンプー）を医師の指示通りに使用します。頭ジラミ用の櫛で髪をすき、駆除します。頭ジラミの有無にかかわらず、家族全員が駆除することが重要です。保育者は発生したクラスの子ども全員の頭髪チェックを行います。床、畳、じゅうたんは掃除機をかけ掃除します。午睡時は、頭ジラミのある子とそうでない子を離して寝かせます。布団は日光によく干して、可能であれば別に保管します。寝具のシーツやバスタオルは毎日持ち帰って洗濯をしてもらいます。

秋

9〜11月

9 月

小児気管支喘息

小児気管支喘息とは、小児アレルギー疾患総合ガイドライン（日本アレルギー学会）によると、「発作性に笛声喘鳴を伴う呼吸困難を繰り返す疾患であり、発生した呼吸困難は、通常は自然ないし治療により軽快、治癒するが、ごくまれには死亡することがある……」と定義されています。呼吸をするときに肩で息をしたり、胸からみぞおちにかけて陥没する部分がぺこぺことへこんだり、呼吸が速くなったり、ゼーゼー、ヒューヒューといった喘鳴が特徴として見られます。ただし、喘鳴はウイルス感染でも見られることがあります。

小児気管支喘息の多くは、室内のダニやハウスダスト、動物の毛などのアレルゲンが原因であり、アトピー型の喘息といわれています。喘息の発作は、小発作、中発作、大発作の段階があり、重症度が異なります。乳幼児は自分で喘息の症状を訴えることができないため、保育者の観察に頼ることとなります。発作時の特徴を把握し、適切な環境整備を行うことが必要です。清掃と寝具の管理、および活動や行事への配慮を徹底することが大切です。

園生活における留意点

• 清潔な寝具を使用することを基本として、防ダニシーツやカバーを使

用するなど、保護者との相談や医師の指示によって対応します。

- 食物アレルギーを合併している場合には、その管理指導表の指示を優先して対応します。
- 動物との接触については、保護者と相談して進めます。移動動物園、遠足、飼育などについてどの程度参加可能なのか、もしくは参加不可能なのか、個別対応をとります。
- お泊り保育などにおける、吸入器の取り扱いや薬の管理について、事前に保護者と対応について確認しておきます。
- 運動をすることによって、喘息発作が誘発される（運動誘発喘息）ことがあるため、発作が初めて起こった場合は、どのような状況で発生したのかを詳しく記載し、保護者へ連絡し受診を勧めます。
- 煙が多く出る花火やキャンプファイヤー、焼き芋などに参加する際の発作予防について保護者と対応を確認しておきましょう。
- 発作かなと思ったら、水分を補給し休息します。医師からの発作時の指示がある場合は、その指示に従います。
- 医師の指示に従って薬を内服後、30分以上発作が治まらない場合には受診します。

生活習慣・生活リズムに関する健康教育

乳幼児期から正しい生活リズムを身に付けておくことは、生涯にわたっての健康な生活に大切なことです。家庭での生活は環境そのものであり、生活リズムに関する指導のためには、保護者との連携も重要です。

正しい生活リズムの指導のポイント

① すっきり目覚めるために

カーテンを開けて、太陽の光を浴びましょう。体の目覚めスイッチがオンになります。朝の散歩や体操で体を動かしましょう。

② 栄養バランスのよい朝ごはんを

　食事は家族でコミュニケーションを図り、朝食を楽しみましょう。食後には歯みがきも忘れずに。

③ たくさん体を動かしましょう

　体を動かすことで、夜はぐっすり眠れますし、しっかりお腹をすかせることができます。たくさん外遊びをしましょう。

④ たっぷり・ぐっすり眠りましょう

　電気を消して暗くしましょう。静かな環境にしましょう。毎日同じ時刻に布団に入りましょう。パジャマやシーツ、布団や枕はリラックスできるものを選びましょう。

　朝ごはんを食べると、目がすっきり覚める、やる気がでる、脳が元気になる、体を元気に動かせる、うんちがしっかり出るといった分かりやすい内容をイラストにして子どもに伝えましょう。そして、朝ごはんを食べないとどうなるのか、子どもと共に考えます。外で元気に遊べなくなる、体がつかれないからぐっすりねむれない、はやくねむれなかったらはやおきできなくなる、という生活リズムのつながりに気付くような指導をしましょう。「はやね」「はやおき」「あさごはん」「うんどう」を矢印などでつなげたものを見せながら、どれか一つがなくなってしまうとこのサイクルが乱れてしまうことを丁寧に伝えましょう。

- 「はやね」をすることで、つかれがとれます。からだがおおきくなります。のうがいろいろなことをおぼえます。
- 「はやおき」をすることで、ゆっくりじゅんびができます。あさごはんをしっかりたべられます。のうがすっきりめざめます。
- 「あさごはん」をたべることで、めがすっきりさめます。やるきがでます。のうがげんきになります。からだをげんきにうごかせます。うんちがでます。
- 「うんどう」をすることで、からだがつよくなります。おひさまにあたるとほねがつよくなります。よる、ぐっすりねむくなります。しっかりおながかすきます。

その他、テレビやゲームのしすぎで目が悪くなってしまうこと、時間をたくさん使ってしまわないように、計画的に遊ぶこと、お風呂に毎日入って体をきれいにして、病気からからだを守ることなども指導するとよいでしょう。

保健だより

　保健だよりは、年間保健計画の内容をもとに月1回または季節ごとに1回発行します。内容は、主に子どもたちの健康づくりに関する情報や、日頃の園内でのコミュニケーションでは伝えきれない、健康に関するアドバイスなどです。保育園に子どもを預ける保護者は、基本的に仕事をしながら育児をしています。忙しい中でも健康に気を配れる工夫や、家庭での食育や体力づくりに関する知識などを盛り込むことで、より充実した内容の保健だよりを作ることができるでしょう。

　しかしながら、保健だよりをただ定期的に配布するだけでは、家庭で保護者や子どもに積極的に読んでもらえません。目にとまる、取っておきたくなる保健だよりを作るためには、イラストや図解などを積極的に使用し、内容を読み進めたくなるように工夫することが大切です。子どもが紙面を見て関心を持ち、保護者に質問をしたくなるような、目立つ見出しや楽しい内容にすることも、読んでもらえる保健だよりにするポイントです。ひらがなの多い、大きな文字で見出しを構成したり、子どもの好きな写真やイラストにコメントを書き添えたりしましょう。「これは何？」「何て読むの？」と自発的に質問をするような紙面をイメージすると良いでしょう。また、保育園内にいなければ分からないエピソードなどを絡めて健康情報を伝えることも大切です。情報源のみならず、園内記録としての役割も果たすつもりで、読み物として楽しく役立つ保健だよりを作成しましょう。

ほけんだよりの例

救急救命

　生死にかかわる子どもの命を救うために行われる手当、処置、治療があり、心肺蘇生法などの救命処置をしっかり学んでおく必要があります。異物の誤嚥による窒息、誤飲、意識障害、呼吸停止、心停止などの際に行われる治療と処置についてしっかり覚えましょう。

1. 異物の誤嚥（窒息）

　おもちゃやビニール袋、ボタン、食物によって気道がふさがれ激しく咳き込んだり、呼吸困難が

みられます。自分ののどを両手でつかむような動作（チョークサイン）やチアノーゼなど、窒息のサインを覚えておきましょう。窒息が疑われたら直ちに大声で助けを呼びます。声が出ない、強い咳が出せない様子が見られたら、119番通報とAEDを依頼しましょう。声が出るか強い咳をしているときには、自力で吐き出させるために、咳を続けるよう促します。乳児では液状物による窒息が多いため、吐き出したものを飲み込まないよう横向きにします。咳が長く続いたままであったり、少しでも気になれば119番通報をしましょう。

　自力で異物を吐き出せない場合は、119番通報後に乳児には背部叩打法、年長児には腹部突き上げ法（ハイムリッヒ法）を早急に行います。

- 背部叩打法は、乳児の場合、保育者が手で子どもの頭と首を固定し、前腕にまたがせます。頭が下向きになるように支えて、背中の中央を平手で4〜5回叩きます。年少・年中児には、保育者が膝を立て、うつ伏せにした子どものみぞおちを太ももで圧迫するようにし、頭を下向きになるように支えて、背中の中央を4〜5回叩きます。
- 腹部突き上げ法（ハイムリッヒ法）は、子どもを後ろから抱きかかえ、胃のあたりに握りこぶしを当て、上の方に素早く数回押し上げて圧迫します。

2. 誤　飲

　乳幼児は、手に取ったものをなんでも口に運ぶ習慣があり、誤飲を起こすことがあります。最も多いものはタバコで、直ちに吐き出させましょう。水や牛乳などを飲ませてはいけません。また、誤飲に気づいたとき、意識障害やけいれんが見られる場合、灯油・除光液など揮発性物質の誤飲、洗剤や漂白剤などの酸・アルカリ物質の誤飲、血を吐いた場合、とがったものなどけがをする可能性のある誤飲は、吐かせずにすぐに病院へ連れて行きましょう。迷った場合には、中毒110番（日本中毒情報センター）に電話し、指示をもらいましょう。

3. 一次救命処置（Basic Life Support：ＢＬＳ）

　事故や急病で子どもがぐったりしているときは、まず大声で人を呼び、手分けして処置をする必要があります。大声で助けを求める場合は、そこの黒いシャツと灰色のズボンをはいたあなたにお願いします、と具体的に声を掛けるとよいでしょう。意識があるかないかの確認は、耳元で子どもの名前を呼び、肩を叩きます。反応がないときは、呼吸と可能であれば脈（頸動脈、乳児の場合は上腕動脈）を確認し、どちらも大丈夫であれば、気道確保を優先しつつ、回復体位をとります。頸動脈、上腕動脈、鼠経動脈で確認しても分らない、慣れていない場合は子どもの体動があるか、咳をしているかで確認しましょう。循環のサインがないときは、子どもを固い床や板の上に移して、心肺蘇生法（Cardiopulmonary Resuscitation：CPR）を開始します。

（１）呼吸の確認

　呼吸の確認は、胸郭が呼吸によって動いているかをみて、口や鼻に耳を近づけ、呼吸音を聴いて、頬に呼吸の気流や温度を感じて、10秒以内に評価します。呼吸がない（呼吸停止）、あえぐような呼吸（死戦期呼吸）、不明なときは心肺蘇生法を開始します。

（２）心肺蘇生法

　ただちに胸骨圧迫を開始します。乳児は指２本で、１歳以上の子どもには片手の手のひらで行います。胸の厚さの３分の１くらい押し込むように圧迫します。圧迫のリズムは、１分間に100〜120回程度、強く、速く、救急車が到着し、救急隊員へ引き継ぐ直前まで絶え間なく繰り返します。また、子どもの救命処置では人工呼吸の有効性が明らかなため、準備ができしだい直ちに人口呼吸を取り入れます。人工呼吸は、胸骨圧迫15回に対して２回行いますが、救助者が１名の場合は30回に対して２回行います。乳

児に行う場合は、救助者の口で乳児の口と鼻を同時に覆って口対口（鼻）人工呼吸法によって呼気を吹き込みます。感染防止のため、フェイスシールドを着用します。1歳以上の子どもには、鼻をしっかり塞いで空気が漏れないように、口対口人口呼吸法を行います。1回の呼気吹き込みには1秒以上かけてゆっくり吹き込みましょう。

（3）ＡＥＤの使用

ＡＥＤの電源を入れます。小児用の電極パッドを貼りますが、なければ成人用の電極パッドを貼ります。パッド同士が重なったり触れたりしないように貼ります。解析開始のボタンを押して、胸骨圧迫をやめ、解析終了後必要に応じて除細動が行われます。終わったら、ただちに胸骨圧迫と人工呼吸に戻ります。

4. 救命講習

救命講習には大きく2種類あります。団体や個人で積極的に受講し、知識と技能を身に付けると良いでしょう。研修等の機会を設け、園内で外部講師を招き、講習会を実施していることもあります。定期的に受講し、常に最新の技術を身に付けておく必要があります。

（1）消防本部が行う応急処置技能認定講習

心肺蘇生やAEDの使い方、けがの手当など、応急手当を習得するために救命講習を開催しています。大切な人を、家族を、命を守るため、救命講習を受講して知識と技術を学ぶことができます。救命入門コース、普通救命講習、上級救命講習などがあり、それぞれ再受講やステップアップのコースなども設けられています。

（2）日本赤十字社が行う救急法等の講習

　保育者向けの講習として、救急法の基礎講習と養成講習、幼児安全法の支援員養成講習が行われています。救急法の講習では、日常生活における事故防止や手当ての基本、胸骨圧迫や人工呼吸の方法、AED（自動体外式除細動器）を用いた除細動、止血の仕方、包帯の使い方、骨折などの場合の固定、搬送、災害時の心得などについての知識と技術を習得できます。幼児安全法の講習では、子どもを大切に育てるために、乳・幼児期に起こりやすい事故の予防とその手当、かかりやすい病気と発熱・けいれんなどの症状に対する手当などの知識と技術を習得できます。

防災・避難訓練

　自然災害の発生は防ぐことができません。しかし、日ごろからの訓練や地域との連携、災害備蓄やハザードマップの作成などの準備を整えることで、被害を最小限にすることができます。防災体制を整えるためには、まず、地震や風水害など災害の特性を知り、保育園や幼稚園がどのような場所に設置されているか、どのような災害に弱いのか、そのためにどのような準備が必要なのかを全職員が理解することで、より多くの子どもの命を守ることができます。防災は、いつ起こるか分からない災害発生に備えるものです。今まで、災害によって大きな被害は出ていないと安心せず、自分たちの園にも起こりうるものと考え、準備を行いましょう。

「子どもたちを守るチカラ」をつける３つの指針

（1）［知る］あなたの園と地域は、震災に強い？　弱い？

　「自分たちの命は自分で守る（＝自助）」という考えを一人ひとり持つこ

とがとても大切です。実は、災害時にどんな危険があるか、どう動くのがよいかは状況によってちがいます。園の現状や地域の環境をあらためて考え、安全対策と防災対応力を高めましょう。

（2）［演習する］「防災訓練用対応ケース集」で シミュレーションを

いくら防災知識を身につけても、とっさによい判断と正しい行動ができるとはかぎりません。また、役割分担を決めていても、非常時にはチームワークがうまく発揮できないかもしれません。定期的に「防災訓練用対応ケース集」を用いた避難訓練を、また、「子どもたちを守る力チェックリスト」を用いた防災点検を実施しながら、チームで話し合いを深めましょう。

「防災訓練用対応ケース集」のテーマ一覧

- 地震と津波から園児の命を守る。
- 地震と火災から園児の命を守る。
- 地震から園児の命を守る。
- 豪雨による保育園の孤立という状況で園児の安全を確保する。
- 台風被害により混乱から園児の命を守る。
- 火災から園児の命を守る。

参考：「保育施設のための防災ハンドブック」経済産業省、2003年

（3）［つながる］園を救うのは、地域と保護者のつながり

災害が発生したとき、職員だけでは人手がたりずに子どもたちを守りきれないケースや保護者と連絡とれないこともあります。「近くに暮らす人々が助け合う（＝共助)」という考えで、日ごろから地域や保護者との協力関係をつくっておきましょう。

子どもたちを守る力 チェックリスト

ポイント		チェック
【身の回りの防災】		
建物・ガラス戸・園庭	建物、塀、門扉、大型遊具など、災害のときに危険があるものは専門家による耐震・耐火診断を受けましょう	
	ガラス戸には、飛散防止シートを貼るなどして、かけらでケガをしないようにしておきましょう	
出入口・避難通路	出入口や廊下、非常用すべり台などの近くにものを置かずに、避難するルートはすぐに使えるようにしておきましょう	
	避難するルートに、ケガのもとになるような危険（床板が腐っている、釘が出ている、階段のすべり止めがないなど）がないか点検しましょう	
大型機器類	ロッカー、本棚、くつ箱などは壁や床、天井面に金具などで固定し、転倒を防ぎましょう	
	テレビなどのオーディオ機器は転倒防止金具などで固定しましょう	
	ピアノやエレクトーンなどはキャスター部分を固定しましょう（アップライトピアノは底部を床に固定）	
	本棚の上など、高いところに物を置かないようにしましょう	
調理室	冷蔵庫、食器保管庫などの大きな電化製品は倒れないように固定しましょう	
	ガス栓、ガス管が壊れたり老朽化していないか確認しましょう	
	電気コード、ガスホースなどは足に引っかからないように短くまとめましょう	
	ガスを使用しないときには、こまめに元栓を閉める習慣をつけましょう	
火元	ストーブの周辺に燃えやすいものを置かないようにしましょう	
	給湯室のガス栓、ガス管が壊れたり老朽化していないか確認しましょう	
	電気コードやコンセントが壊れたり・老朽化していないか確認しましょう	
	コンセントの周囲にホコリをためないようにしましょう	
消火設備	消火器は落下・転倒しない場所に置きましょう	
	職員に消火器の設置場所と使用方法をくりかえし指導しましょう	
	消火器の使用期限が切れていないか確認しましょう	
	半年に1回、検査を受けましょう	
【防災グッズ】		
非常用持ち出し袋の準備	非常用持ち出し品をリュックにまとめておきましょう	
	各保育室の持ち出しやすい場所に非常用持ち出し袋を備え付けておきましょう	
	薬や食品は、年に1回（例：年末に）消費期限を確認し、古くなったものは交換しましょう	
備蓄できる食品・日用品の準備	園内と避難先に最低3日分の必需品を備蓄しておきましょう	
	薬や食べ物は、定期的に消費期限を確認し、古くなったものは入れかえて、補充しましょう	
	個々のアレルギーの状況を確認し、アレルギーに対応した食品等を備蓄しておきましょう	

子どもたちを守る力 チェックリスト

【地域の安全対策】		
地域安全マップ をつくる	自治体のホームページ、もしくは、窓口に直接行き、地域の災害ハザードマップを確認しましょう	
	地理的な特徴による特に危険な場所（河川の堤防決壊、がけ崩れなど）を知りましょう	
	避難場所・避難経路を自分たちの足で歩き、交通量や道幅、危険な場所（落下、倒壊、避難の障害となるもの、浸水、がけ崩れなど）を確認しておきましょう	
防災関係機関 一覧表をつくる	地域の防災関係機関の連絡先を調べ、一覧表をつくっておきましょう	
給水設備の確認	自治体のホームページなどから身近な応急給水の拠点や防災井戸を確認しておきましょう	

【避難場所・経路を決める】		
避難場所	避難場所地域の防災計画やハザードマップをひとつの参考として、2ヶ所以上の避難場所を決めておきましょう	
避難経路	避難場所まで最も短時間で、そして安全にたどりつける避難経路を2つ以上決めておきましょう	

【保護者との連携】		
連絡手段の共有	災害時は電話がつながらないことを予想してあらかじめ複数の連絡手段を決め、保護者に知らせましょう	
	すぐに情報を伝えられるように、いくつかの事態を考えた定型文を用意しておきましょう	
	保護者側からも安否状況を園に報告してもらえるように頼んでおきましょう	
避難場所や 引き渡しルールの 共有	避難場所を保護者と共有しておきましょう	
	情報を伝えることができなかったり、保護者の迎えができない場合を考え、あらかじめ保護者との間で引き渡しのルールを決めておきましょう	

【地域との協力関係】		
地域との連携	近所（例：向こう三軒両どなり）、町内会長、避難場所や消防の関係者などに、毎月園便りを配布し、ごあいさつにまわりましょう	
	自治会の会合や合同避難訓練など、地域のもよおしに積極的に参加しましょう	
	近くの園どうしでも交流していくと、よりよいでしょう	

子どもたちを守る力 チェックリスト

出所：経済産業省「想定外から子どもを守る　保育施設のための防災ハンドブック」pp. 31-32をもとに作成

1. 防災マニュアルの作成

（1）園にあった防災ハンドブックをみんなでつくる

　園まわりの環境をチェックし、職員数などの現状にあった安全対策を職員が話し合います。子どもの人数や年齢を考慮し、地域や気候に合わせた防災備品を揃えます。園がある土地周辺の環境・立地特性に合った安全対策を考え、実践します。災害など緊急時の連絡方法や引き渡しのルールを取り決め、全職員が対応できるようにします。また、ご近所や地域で関係する機関とのコミュニケーションを積極的にはかり、交流の場を設けましょう。

（2）月に1回、避難訓練と防災点検を忘れずに行う

　「防災訓練用対応ケース集」や園独自の年間避難訓練計画を元に、災害や交通事故、不審者対応などのケースを設定し、避難訓練をしましょう。繰り返し訓練することによって、災害時の対処法が身につきます。また、さまざまなケースで訓練することによって、日常では気づかない危険や問題点が見えてきます。もしものときに、あわてず、あせらず対処して、事故を未然に防ぐようにしましょう。また、毎月1回「子どもたちを守る力チェックリスト」などを活用し、職員が防災点検を行いましょう。このとき、自分たちだけで防災点検をしていると、評価が甘くなったり、見落としてしまう可能性があります。地域の他の園に協力を呼びかけ、お互いの園を評価し合うことで、お互いの安全意識を高めることができます。年に数回、ピアレビュー（相互評価）を行うとよいでしょう。

（3）避難訓練と防災点検を振り返りましょう

　避難訓練と防災点検を実施したあとは、必ず職員ミーティングを開きましょう。普段の保育では気づかない潜在的なリスクや課題を明らかにして、解決策を話し合いましょう。

　秋

（4）ハンドブックを改善して実行にうつしましょう

　職員で話し合った危険の回避や問題点の解決策を、ハンドブックの必要な部分に書き加え、園に合ったオリジナルの防災ルールとして職員全員で共有しながら実行していきましょう。

2. 防災点検

　定期的に危険な場所の安全点検をすることで、災害がおきたときの事故を防ぐことができます。また、建物のまわりにある危険を職員一人ひとりが実感できます。安全対策は時間とともにその重要性が薄れていくので、確認をした場所でも毎月1回は点検をするようにしましょう。

（1）建物・ガラス戸・園庭

　建物、塀、門扉、大型遊具など、災害のときに危険があるものは専門家による耐震・耐火診断を受けましょう。問題点があれば対策が必要です。ガラス戸には、飛散防止シートを貼るなどして、かけらでけがをしないようにしておきましょう。重い鉄扉やブロック塀は倒れる恐れがあります。危険性が高いため、専門家の点検を受け、必要に応じて改善しましょう。

（2）出入口・避難経路

　出入口や廊下、非常用すべり第などの近くにものを置かずに、避難するルートはすぐに使えるようにしておきましょう。避難するルートに、けがのもとになるような危険（床板が腐っている、釘が出ている、階段のすべり止めがない、など）がないか点検しましょう。

（3）大型機器類

　ロッカー、本棚、くつ箱などは壁や床、天井面に金具などで固定し、転倒を防ぎましょう。テレビなどのオーディオ機器は転倒防止金具などで固定しましょう。ピアノやエレクトーンなどはキャスター部分を固定しましょう（アップライトピアノは底部を床に固定しましょう）。本棚の上など、高いところに物を置かないようにしましょう。収納棚は、中のものが飛び出さないようにゴムバンドをつけるなどの対策をしましょう。また、できるだけ下の段に重いものを収納し、棚の重心を低く保つとよいでしょう。

（4）調理室

　冷蔵庫、食器保管庫などの大きな電化製品は倒れないように固定しましょう。ガス栓、ガス管が壊れたり老朽化していないか確認しましょう。電気コード、ガスホースなどは足に引っかからないように短くまとめましょう。ガスを使用しないときには、こまめに元栓をしめる習慣をつけましょう。

（5）火　元

　ストーブの周辺に燃えやすいものを置かないようにしましょう。給湯室のガス栓、ガス管が壊れたり老朽化していないか確認しましょう。電気コードやコンセントが壊れたり、老朽化していないか確認しましょう。コンセントの周囲にホコリをためないしょうにしましょう。

（6）消火設備

　消火器は落下・転倒しない場所に置きましょう。職員は消火器の設置場所と使用方法を繰り返し学んだり、指導を受けるようにしましょう。消火器の使用期限切れていないか確認しましょう。半年に1回、検査を受けましょう。

秋

3. 防災に必要な物品

地震、火山噴火、津波など自然災害はいつ起こるかわかりません。避難所での生活に最低限必要なものをいつでも持ち出せるように、非常用持ち出し袋を準備しておきましょう。また、子どもといっしょに避難するときに便利な避難グッズを準備しておけば安心です。

（1）非常用持ち出し袋の準備

非常用持ち出し品をリュックにまとめておきます。各保育室の持ち出しやすい場所に非常用持ち出し袋を備えつけておきましょう。薬や食品は、年に1回消費期限を確認し、古くなったものは交換しましょう。電源や電池不要の懐中電灯や携帯電話の充電器など、便利な防災グッズがたくさんあります。補充するときは最新グッズをチェックして、必要なものを補充するのも良いでしょう。

持ち出しグッズチェックリスト（保育室用）

□**ウエットティッシュ**：おむつ交換や食事などで活用します。断水に備えて用意しておきましょう。

□**お菓子**：非常時は、とくに幼児用の食べ物が手に入りにくくなります。保存のきくお菓子を用意しておきましょう。

□**おしりふき**：排泄時の拭き取りもきれいにできて、入浴できないときには、体の汚れ拭きにもなります。

□**おんぶひも**：乳児をおんぶしながら、両手を自由に使えます。

□**紙おむつ**：断水で洗濯などもしにくい場合には、紙おむつで子どもが不潔にならないようにしましょう。

□**着替え**：子どもの着替えは用意しておきましょう。清潔な衣類を着ることで皮膚の疾患原因を減らせます。

□**粉ミルク**：被災するとなかなか手に入らなくなります。

□**バスタオル**：子どもをくるんだり、体を拭いたりと何にでも使える便利グッズです。防寒対策、安全対策として必ず用意しましょう。

□**ビニール袋・ゴミ袋**：汚れたものを入れたり、着替えを入れたり、さまざまな場面に使えます。大小複数用意しておくとよいでしょう。

□**ホイッスルライト**：LEDライトだと明るさが長時間続きます。

□**哺乳瓶**：引き渡しがすぐにできるとは限りません。保護者が迎えにこられないときのために、哺乳瓶を準備しておきましょう。

□**ミネラルウォーター**：断水したときのために、できるだけ準備しておきます。ミルクが作れるように軟水がおすすめです。

事務室等の持ち出し物品

□**懐中電灯**：災害のあとには電気がとまってしまうことがあります。夜や暗闇の中でも行動できます。

□**ガムテープ**：マジックペンとセットで用意しておくと、簡単にメモを残せたりもできます。

□**関係機関一覧表**：緊急時に連絡する電話番号（災害対策本部、行政の保育課、保健センター、消防署、警察署、医療機関など）を一覧にし、避難したときに持ち運びができるようにしましょう。

□**救急用品**：消毒液、キズテープ、化膿止めクリーム、解熱剤、包帯、ガーゼなど中身も定期的にチェックしておきましょう。

□**軍手**：危ないところで手を使うときなどけがの防止になります。また防寒にも使えます。

□**携帯用ラジオ**：津波や地震の状況、交通情報など、情報を活用して次の行動を決めましょう。

□**名簿（緊急連絡先）**：緊急時には保護者にすぐ連絡がとれるように、緊急連絡先は名簿で一覧にしておきます。

□**ヘルメット**：火災や地震によって、何が落下してくるかわかりません。まずは頭部を守りましょう。

□**マジックペン**：油性ペンを用意しておけば、何にでも書くことができます。

□**ミネラルウォーター（軟水）**：粉ミルクにも使えるように軟水を準備します。

（2）備蓄できる食品・日用品の準備

　自衛隊員や消防隊員は、3日間あれば、どんなに孤立した地域でも救出に向かうことができるといわれています。万が一に備え、最低3日分の備蓄をしておくようにしましょう。災害時に「こんな備蓄があれば」と言われていたものを参考にしましょう。薬や食べ物は、定期的に消費期限を確認し、古くなったものは入れかえて補充しましょう。子どものアレルギー状況を確認し、対応した食品等を備蓄しておきましょう。備蓄したものが浸水によって使用できなくなることがあります。2階以上に保管したり、ビニールで防水するなどしておきましょう。

食品・日用品にあると便利なもの

□**エマージェンシーブランケット**：毛布よりも保温力があり、薄くてかさばらないので便利です。

□**オマル**：避難しているときは、トイレが使えなくなることがあります。

□**ガスコンロ**：カセットボンベも多めに備蓄するとよいでしょう。

□**防寒具**：電気がとまったとき、暖房器具は使用できなくなります。防寒具で身を守りましょう。

□**ポリタンク**：水の備蓄だけでなく、配給される生活用水の持ち運びに便利です。

□**ランタン**：ロウソクは倒れると火災につながる可能性があります。

□**アルファ米**：保存がきき、お湯か水を注ぐだけで食べられ、非常食として便利です。

□**お菓子（ビスケットなど）**：食事のかわりになり、糖分の補給ができます。

□**缶詰・レトルト食品**：保存がきき、調理しなくてもすぐに食べられるものを選びましょう。

□**ミネラルウォーター**：命をつなぐために最も大事なものです。必ず準備しましょう。

あるともっと便利なもの
□**パンクレス自転車**：移動手段として瓦礫の中で使用できます。

4. 地域の安全対策

津波被害の恐れがある海の近くや土砂災害の恐れがある山のふもとなど、地域や立地特性によって、災害時の危険具合は異なります。自治体からハザードマップを入手するとともに、自分たちの足で歩き、地域や立地特性に合った防災対策を立てましょう。

（1）地域安全マップをつくる

自治体のホームページ、もしくは窓口へ直接行き、地域の災害ハザードマップを入手し、確認しましょう。地理的な特徴による危険な場所（河川の堤防決壊、がけ崩れなど）を知りましょう。避難場所・避難経路を自分たちの足で歩き、交通量や道幅、危険な場所（落下、倒壊、避難の障害となるもの、浸水、がけ崩れなど）を確認しておきましょう。自分の足で歩き、目で確認することで、危険を予測する能力が育っていきます。お散歩マップの地域を複数の職員で歩きながら、その土地にひそむ危険を知り、それをふまえた対策を立てておきましょう。

（2）防災関係機関の一覧表をつくる

地域の防災関係機関の連絡先を調べ、一覧表をつくっておきましょう。

防災関連機関の例

○○市災害対策本部、○○市保育課、県○○行政センター、県○○健康福祉センター、県子育て支援室保育係、○○保健センター、○○土木事務所、

> ○○消防署、○○警察署、○○電力、○○ガス、水道局、○○総合病院、○○医院など

（3）給水設備の確認

　自治体のホームページなどから身近な応急給水の拠点や防災井戸を確認しておきましょう。水道局では、災害が起きたときに避難住民が集まる避難場所に給水するために、配水池や災害用地下給水タンクなどを応急給水拠点として整備しています。

5. 避難場所・避難経路を決める

　園のまわりの環境によって、それぞれ安全な避難場所とそこまでの避難経路は異なります。地域の防災計画やハザードマップを参考に、あらかじめ状況に合った避難場所と避難経路を決めておきましょう。

（1）避難場所

　地域の防災計画やハザードマップを参考として、2か所以上の避難場所を決めておきましょう。子どもの避難場所としてよい場所が見つからない場合は、高台の民家や民有地（畑や山林など）の利用を考え、所有者の理解を得ておくとよいでしょう。

（2）避難経路

　避難場所まで最も短時間で、そして安全にたどりつける避難経路を2つ以上決めておきましょう。災害時には、あらかじめ決めておいた避難経路が使えなくなることも考えられます。状況によってすぐに安全な経路で避難できるように、その経路を自分たちの足で歩いて確認しておきましょう。

6. 保護者との連携

子どもを安全に保護者のもとに引き渡すためには、職員の努力だけでなく保護者の協力も必要です。保護者向けの説明会などを通じて、子どもの命を守るためには職員と保護者のチームワークが大切であることを伝えていきましょう。

（1）連絡手段の共有

災害時は電話がつながらないことを予想して、あらかじめ複数の連絡手段を決め、保護者に知らせましょう。また、すぐに情報を伝えられるように、いくつかの事態を考えた定型文を用意しておきましょう。保護者側からも安否状況を園に報告してもらえるように頼んでおきましょう。一斉メール配信システム、携帯電話からみられるホームページやブログ、ツイッター、スカイプ、園舎に設置した掲示板、災害伝言ダイヤルなどを活用しましょう。そして、これらの連絡手段は災害時にのみ利用しようと思っても、急に使用できるものではありません。避難訓練のときに試験的に使ったり、園と保護者の日常の連絡手段として活用しておくとよいでしょう。

（2）避難場所や引き渡しルールの共有

避難訓練などを通じて保護者と現地確認をするなど、避難場所を保護者と共有しておきましょう。情報を伝えることができなかったり、保護者の迎えができない場合を考え、あらかじめ保護者との間で引き渡しルールを決めておきましょう。災害時、安全が確認できない場合には引き渡しをしない、その場合、保護者は園に一緒にとどまるか、一緒に避難をするなどのルールを設定します。また、日常的に送迎する保護者が帰宅できない場合も考え、保護者以外で引き渡すことが予想される人（祖父母など）の名前、連絡先、本人確認用の生年月日などを聞きとっておくようにしましょう。

7. 地域との協力関係

限られた数の職員で子どもたち一人ひとりの命を守らなければならない園にとって、地域の方々の協力は大きな力となります。いざというとき、スムーズに協力をお願いできるように、日ごろから地域の方々と顔の見える関係を築き上げましょう。近所、町内会長、避難場所や消防の関係者などに、毎月園だよりを配布し、ごあいさつなどをするとよいでしょう。また、自治会の会合や合同避難訓練など、地域のイベントに積極的に参加しましょう。近くの園同士で交流しておくのもよいでしょう。災害発生時の支援について、人的支援をしてもらう一方で、園を避難所として提供するなど、文書でまとめておくとよいでしょう。

8. 警戒宣言の発令

警戒宣言とは、大規模地震対策特別措置法に基づき行われる地震予知で、異常が確認された場合、被害を最小限におさえるために発令される宣言です。宣言が発令されたら災害発生に備えて必要な対策をしましょう。保育中に警戒宣言が発令されたら、子どもたちを安全な場所に集めます。自治体や警察などの広報、ラジオ、テレビから情報を集めます。ガスやストーブなど使用中の火を消し、元栓を閉めます。バケツなどに水をくんで非常用水を確保します。非常用持ち出し袋を持ちます。状況に応じて、保護者と連絡をとり、子どもの引き渡しをします。

9. 火災が起きたら

火災は起こさないことが肝心ですが、起きてしまったら、すぐに子どもを避難させなければなりません。また、火災で発生した有毒ガスや高温の気体を吸い込むことによる呼吸困難で人命がうばわれるケースが多いため、煙の特性を理解して避難しましょう。

（1）園が火元の場合

　子どもたちを安全な場所に集め、建物の外まで誘導しましょう。ぬれたハンカチなどで鼻と口を押さえ、低い姿勢で移動しながら、子どもを静かに早足で避難させましょう。延焼を防ぐために、ドアや窓はできるだけ閉めましょう。消防署に通報しましょう。可能なら消火器による初期消火をしましょう。ただし、背丈よりも火が高く上がってしまったら初期消火をあきらめ、身の安全を優先しましょう。

（2）周辺が火災の場合

　地域の連携先などと連絡を取り合って、正確な情報をつかみましょう。状況に応じて、子どもたちを安全な場所に集め、建物の外へ誘導しましょう。風向き、火災の規模、周辺の危険な場所（工場・ガソリンスタンドなど）の有無を確認し、子どもを安全な場所に避難させましょう。

10. 地震が起きたら

　地震が起こったら、まずは落下物から身を守ることが先決です。また、地震で最も恐ろしいのは、ゆれが原因となる火災の被害です。子どもと自身の安全が確保でき、ゆれがおさまったらすぐに火の元を確認し、窓やドア類は開け放ち、避難経路を確保しましょう。

（1）保育室にいた場合

　子どもたちを、上から物が落ちてこない、横から物が倒れてこない場所に待機させましょう。窓・扉を開けて出入口を確保しましょう。火を消し、ガスの元栓を閉めましょう。防災頭巾をかぶらせ、長袖の上着を着せ、靴をはかせましょう。状況に応じて、非常用持ち出し袋を背負い、子どもを避難場所へ誘導しましょう。人員点呼・確認をし、テレビなどで正確な情

報をつかみ、次の対応に備えましょう。「窓から離れて」「頭を守って、手首は内側にして」「大丈夫よ、落ち着いて」「先生はここにいるからね」など、声をかけるようにしましょう。

（2）園庭にいた場合

すぐに園庭中央付近に子どもを集合させ、待機しましょう。人員点呼・確認をし、状況に応じて、より安全な避難場所へ子どもを誘導しましょう。園が海・河川の近く、山ぎわにある場合、津波やがけ崩れの恐れがあるため、すぐに避難しましょう。

（3）園外にいた場合

建物から十分に離れた場所へ子どもを誘導しましょう。人員点呼・確認をし、園と連絡をとり指示を受けましょう。状況に応じて、より安全な避難場所へ子どもを誘導しましょう。古い建物、建設中の建物、ブロック塀、石塀、自動販売機、切れた電線、ガスの臭いがする場所、地割れ、崖下、川岸、橋の上などは危険です。すぐに安全な場所に避難させましょう。

11. 津波が発生したら

津波はときに想像もつかない高さになる恐れがあります。また、第一波が最も高いとは限りません。わずか1ｍの高さが生死を分けるため、できるかぎり早く、高いところへ避難しましょう。一刻も早く高台へ避難しましょう。可能であれば、より高いところへ避難しましょう。やむを得ず建物に避難するときには、海岸に面する前面のビルよりも奥の建物に避難しましょう。津波が浸水をはじめたら、遠くへの避難をあきらめ、近くの建物でも、できるだけ高いところに避難しましょう。

12. 台風・水害には

台風がもたらす被害のほとんどは風水害です。台風が発生したときには台風情報を常にチェックし、接近や通過の可能性がある場合は、あらかじめ対策を立てておきましょう。

（1）保育中は

台風情報・天気予報を常にチェックし、状況に応じて保護者に連絡をとり、安全なうちに引き渡しましょう。強風で飛ばされそうなものは屋外に置いたままにせず、屋内に移動しておきましょう。停電に備え、懐中電灯や携帯ラジオの準備をしましょう。断水に備え、ポリタンクなどに飲料用の水を確保しましょう。避難に備え、非常用持ち出し袋をまとめておきましょう。浸水に備え、ぬれて困るものは高い場所に移動させましょう。

（2）避難勧告・指示が出た場合

保護者に連絡をとり、避難先や引き渡しについて伝えましょう。ブレーカーやガス、水道の元栓を閉めましょう。ドアに避難場所を掲示しておきましょう。雨具を着用し、荷物は背負えるものだけにして、両手の自由を確保しましょう。靴は水が入ると歩きにくくなる長靴より、ひもでしっかり足元を固定できる運動靴などをはきましょう。乳幼児はおんぶではなく、抱っこして身を守りましょう。子どもはしっかり手をとって一緒に行動しましょう。河川や急傾斜地に近く、危険を感じる場合は、避難勧告・指示の有無にかかわらず、自主的に避難しましょう。

13. 火山が噴火したら

もしも火山が噴火したときには、まずはテレビやラジオなどで緊急火山情報を確認しましょう。さしせまった状況になったらすぐに避難できるよ

うに準備を整えて、自治体や消防の指示に従うようにしましょう。

　保育中は、ブレーカーやガス、水道の元栓を閉めましょう。ドアに避難場所を掲示しておきましょう。荷物は背負うものだけにして、両手の自由を確保しましょう。熱風や、火山から降ってくる高熱の岩・石などから身を守るために、できるだけ肌の露出が少ないものを着て、子どもにも着せるようにしましょう。噴石に備えてヘルメットや防災頭巾をかぶらせましょう。火山灰が目や口から入らないようにゴーグルとマスクを着用したりハンカチで口を押えましょう。靴は頑丈で歩きやすいものをはきましょう。乳幼児はおんぶではなく抱っこをして、身を守りましょう。子どもはしっかりと手をとって一緒に行動しましょう。自治体の対応が遅い場合や噴火場所が近い場合、避難勧告や指示を待っている時間はありません。火砕サージや火砕流、土石流は猛スピードでやってくるので、一刻も早く安全な高台へ避難しましょう。

14. 原子力災害が発生したら

　原子力災害が発生したときは、放射性物質の量や風向きなどから放射線の量が一定のレベルをこえると予測されるときに「屋内退避」「コンクリート屋内退避」または「避難」の指示が出されます。防災行政無線、広報車などを通じて正しい情報を受けとり、落ち着いて行動しましょう。

（1）屋内退避指示の場合

　建物の外にいる子どもをすぐに建物の中（子どもたちが集まれるホール、遊戯室、体育館）へ退避させましょう。子どもの出欠を確認して、園長へ報告しましょう。エアコンや換気扇などを止め、すべての窓やカーテンを閉め、外気の侵入を防ぐことが大切です。外にいた子どもは顔や手足を洗い、うがいをさせましょう。防災行政無線、広報車、テレビ、ラジオなどから新しい情報を待ちましょう。常に子どもの健康観察をしておきましょう。少しでも気になることがあれば、園長へすぐに報告しましょう。

（2）避難指示の場合

　自治体からの指示をよく確認し、保護者に引き取りにきてもらうか、避難先で保護者に引き渡しを行います。状況によって判断しましょう。保護者へ引き渡し方法について連絡をしましょう。ブレーカーやガス、水道の元栓を閉めましょう。自治体が指定する場所へすぐ避難しましょう。避難するときはできるかぎり肌を出さないようにして（帽子、手袋、フード付の上着を着るなど）、ぬらして固くしぼったタオルや木綿のハンカチで口や鼻をおおうようにしましょう。

15. 保育の再開

　子どもが安心して遊び、みんなで一緒に育つ場所として、また、保護者の就労を助けるために、園は地域にとって欠くことのできない存在です。健康と安心の両面から対策を考えて、一日も早い保育の再開を目指します。

（1）被害状況の把握

　電話、メール、避難所を訪問するなどして、職員や子どもの被害状況を確認し、一覧表に整理しましょう。確認する内容は、本人と家族の安否、住居の被害状況、避難場所、連絡手段、出勤（登園）の可否（できない理由）などです。また、専門家（県、市町の営繕担当係など）に園・設備などの安全判定調査をしてもらいましょう。全壊・半壊などの判定によって、補助や保険が異なるため、園・設備の被害状況をカメラで撮影し、記録しておきましょう。通信手段、ライフライン（電気、ガス、水道）、食材の入手先、交通機関の復旧状況を確認しましょう。園近くの道など、周囲の安全を確認しましょう。

（2）再開へ向けた対応

　被害状況を自治体へ報告しましょう。園・設備などの安全が確認でき、使用できるときは、園内の片づけを始めましょう。保育活動の再開計画を立てて、再開へ向けて自治体と話し合い、再開日を決定します。このとき、教室と職員の確保と配置、ライフライン・トイレ・保育用品の確保、保育活動の工夫、救援物資の受け入れ、子どもの心のケアの体制などについて協議・調整しておきます。また、保護者の都合と意見を確認し、保育が再開できる日を決めて、スムーズに保育が再開できるよう配慮しましょう。

16. こころのケア

　大切な人やものを失う大きな災害を体験すると、私たちの心と体にはさまざまな反応があらわれます。こうしたストレス反応は、異常な事態への自然な反応で、安全で安心な生活を続けているうちに少しずつおさまってきます。「食べる・寝る・話す」を意識して、積極的に休息をとるように心がけましょう。

（1）職員自身のケア

　保育者はこまめに休息をとり、休めるときはしっかり休むようにしましょう。また、十分な睡眠、食事と水分をとりましょう。お酒の飲みすぎに注意し、心配や不安を感じたら相談できる人と話し合い、自分の体験や感情を分かち合うようにしましょう。1日1回はリラックスできる時間をとりましょう。

（2）子どもたちのケア

① 専門家との連携
　子どもたちの様子に変化（ストレス反応）がないか観察しましょう。ス

トレス反応が1か月以上続くようなら、保護者と話し合い、カウンセラーなどの専門家に相談しましょう。保護者が心労や緊張した精神状態にある場合、子どもに不安兆候がみられることがあります。災害後は、保護者ともコミュニケーションをとり、その兆候を見逃さないようにしましょう。

② 代表的な子どものストレス反応

落ち着きがない、食欲が出ない、はしゃぐ、集中力がない、おこりっぽくなる、自分をせめてしまう、子どもがえりをする、無気力になる、などがあります。

③ こんなときどうする？

●災害ごっこをする

不謹慎に見えますが、遊びを通して子ども自身で心の整理をつけていることがあります。「すごい地震でびっくりして、大変だったよね」などと子どもの気持ちをくみとった言葉をかけましょう。ただ、子どもがつらそうなのに、その遊びをやめられないときは、気持ちをくんだ言葉をかけつつ、別の遊びに誘いましょう。

●小さな子のようにまとわりつく

普段と同じ接し方でよいので、少し時間をかけて十分にコミュニケーションをとりましょう。甘えることで子どもの心がいやされて、少しずつ元気を取り戻していきます。

●災害の話をくり返す

何度も同じ話をされると、大人も嫌な気持ちになったり、「早く忘れなさい」と言ったりしがちですが、ゆったりと聞いてもらうことで子どもの心がいやされます。「つらいことを思い出して苦しいね」など子どもの気持ちを受けとめるようにしましょう。

●むやみにはしゃぐ、何もなかったようにする

どちらも子どもの小さな心では受け止めきれずに、どうにかしようと頑張っている姿です。「大変だったね」などと言葉をかけながら、見守りましょう。

10 月

薬の管理

　医師から処方された薬は、本来その保護者が与えるべきですが、やむを得ない事情で与えることができないとき、一定の条件の下で保護者のかわりに薬を与えることができます。保育所や幼稚園で薬を与える場合は、医師の指示に基づいた薬に限定します。その際には、保護者に病院名、医師名、薬の種類、内服方法等を具体的に記載した用紙と与薬依頼票を持参してもらいます。園によっては薬を預からない園もあります。自治体によって対応が異なることもありますので注意してください。

- 与薬については、医師に保育園等に通園していることを伝え、可能であれば与薬の回数を朝と夜の2回にしてもらうなどの対応を保護者へ依頼しておくとよいでしょう。
- 薬剤情報提供書をあわせて提出してもらい、日付を確認し、前に処方された薬は預からないようにしましょう。
- 預かる薬は1回分のみです。シロップなどの場合も、別容器に1回分を取り分けて預かると、与薬量の誤認を防ぐことができます。
- 必ず事前に保護者が与えたことのある薬のみを預かるようにしましょう。
- 解熱剤や下痢止め、咳が出始めたらなどの症状に応じて与薬する薬は預からないようにしましょう。
- 薬の袋や容器には必ず記名してもらいましょう。
- 保護者から預かった薬については、必ず直接手渡しで受け取り、他の

子どもが誤って内服することのないように施錠のできる場所に保管するなど、管理を徹底しましょう。

- 与薬に当たっては、複数の保育者で、重複与薬、人違い、与薬量の誤認、与薬忘れ等がないよう確認しましょう。与薬責任者を決めて、その職員が与薬するようにしましょう。
- 与薬後は、誰がいつ与薬したのかを記載したものと、与薬済みの袋やケースと共に保護者へ返却すると良いでしょう。

運動会

運動会は、子どもたちがとても楽しみにしている行事ですが、子どもだけではなく、親子競技などに参加した保護者も思わぬけがや事故を起こすことがあります。保護者へは事前に、けが防止のために長袖・長ズボンの着用をお願いしたり、競技に参加する前に準備体操を行ってもらうよう、連絡しておきましょう。

けがや事故が起こった場合、あわてず対応ができるよう、救急バッグを準備しておきます。打撲や捻挫を起こしやすいので、すぐに冷やせるように氷やバケツ、保冷剤等を用意しておくとよいでしょう。

保育園によっては、園庭ではなく近くの公園や小学校の校庭を借りて運動会を行う場合があります。けがや事故が起きたとき、誰がどんな対応をするか役割分担を決め、近くの病院の連絡先、場所、タクシーを呼ぶ場合の連絡先など、事前に確認しておきましょう。また開催の時期や天候により、紫外線対策や熱中症予防対策も必要になります。

視力検査

平成22年3月に文部科学省は、「児童生徒等の健康診断及び就学時の健

康診断の実施について」の中で、視力検査を学校保健安全法等に基づき、適正に実施するようにと各自治体へ通知しました。保育園においても、この法に基づき視力検査を実施することが望ましく、日本眼科医会が作成した「園児のための視力検査マニュアル」を活用し、正しい検査を実施することが大切です。

1. 視力検査の目的と意義

　視力は生まれてから発達し、何らかの要因によって発達が阻害されると弱視となります。視力が完成する6歳くらいまでに弱視を治療しなければ、生涯にわたって視力は改善しません。そのため、弱視は早期発見・早期治療が原則であり、視力が発達する保育園・幼稚園、そして就学時の視力検査が重要となります。

　視力検査では裸眼視力を測定しますが、眼鏡やコンタクトレンズを使用している場合は、裸眼視力の測定を省略することができます。これは、日常生活の中での見え方を測定することを目的としているからです。

2. 視力検査の実際

（1）準　備

① 視 力 表

　国際標準に準拠したランドルト環を用いた視力表の、0.3、0.7、1.0の単独（字ひとつ）視標を使用します。視標は、3m用のものを使用するとよいでしょう。視力表から3m離れた床にテープなどで印をつけておきます。

ランドルト環字一つ視力表

② 照　明

　明るい室内で行い、視標面の照度は500〜1000ルクスにします。

③ 測定用検眼枠、遮眼器

　手のひらでの遮蔽はせず、使用後は感染予防のためアルコールなどで消毒します。

④ 検査場所

　あまり狭くない部屋でカーテンを使用し、直射日光が入らないように注意しましょう。目移りするような掲示物は片づけ、騒音や雑音の入らない落ち着いた雰囲気で検査できるように努めます。

（2）検査の方法

　検査に対する不安や不慣れのために正確な検査結果が得られないことがあります。そのため、事前に練習をしておきましょう。0.1の視標を用いて、円の切れ目の方向を指示できるようにしておきましょう。検査の1週間前からは、家庭や園で練習を始め、測定を始める前に全員で練習を行います。検査は年少児では5人、年長児では10人ずつ実施することができます。

ポイント

- 視標から眼までの距離は3mとし、立たせるか椅子にかける。
- 眼の高さと視標の高さはほぼ等しく、視標は垂直に提示すること。
- 検査員は、二人一組とし、視標を提示する人と子どものそばにつく人とに分かれ、子どものそばで検査中に眼を細めていないか、顔を傾けていないか、横から覗き込んでいないかなどを確認します。時折、子どもに声をかけ、測定に集中するように促します。検査中に他の子どもたちが視野に入るなど、干渉が入らないようにします。
- 最初に左眼を遮閉し、右眼で眼を細めずにランドルト環の切れ目を答えてもらいます。
- はじめに0.3の視標から開始することを原則とします。上下左右のう

ち4方向を任意に見せ、視標の提示時間は約5秒間、3方向を正しく判別できれば順次0.7、1.0にうつり判定します。左眼も同様に行います。

- 字ひとつ視標の方向を変えるときは、裏返してくるりと回しながら変えます。判定はランドルト環の切れ目が上下左右のもののみとし、斜め方向での判別はしません。
- 眼鏡やコンタクトレンズ等をしている子どもには、裸眼視力の検査を省略することができます。
- 眼鏡を時々使用している子どもには、裸眼視力の検査が終わった後、眼鏡使用時の視力を検査します。

（3）判定基準

まず、すでに眼科での治療を受けている子どもに関しては、主治医への通院を続けるよう伝えます。

［眼科への受診を勧める幼児］
- 問診票で該当する項目が一つ以上
- 視力検査で左右どちらか片方でも、年長児は1.0未満、年少・年中児は0.7未満
- 視力検査中、片目をかくすと異常に嫌がる、眼を細めたり、顔を傾けたり、顔を曲げる、眼が揺れていた

眼の健康教育

眼は人間にとって重要な器官のひとつです。人間が得る情報の80％以上は、視覚から入るといわれています。自分の体の中でも特に大切にしなければならないことを、子どもたちにしっかり伝えましょう。眼をけがしないよう気をつけること、普段から眼を疲れさせないようにすること、そのために生活を改めるような意識を高める指導が必要です。視力検査の事前

指導としての視力検査の受け方や、これからの生活を見直すなどの眼を大切にする方法を指導するとよいでしょう。

指導のポイント

　眼はいつもとても働いていて疲れやすいものです。だから、長い時間テレビを見たり、ゲームをしたりするのはやめてほしいし、暗いところで物を見ないようにしてほしいことを伝えます。そして、病気やけがをしやすい眼を守ることは、眼を叩いたりつついたりしないこと、眼をごしごしこすらないことを、クイズや紙芝居を通して展開するとよいでしょう。眼を元気にするためには、外で元気に遊んだり、ごはんをきちんと食べたり、たっぷり寝るとよいことと、遠くを見るようにするとよいことを伝えましょう。そして、大切な眼が元気かどうかを調べるのが視力検査であることから事前指導につなげていきましょう。実際の検査と同じように、練習をすることで不安も取り除くことができます。視力検査を意欲的に取り組めるよう工夫してみましょう。

秋

11 月

飼育動物の衛生管理

　子どもの情緒を伸ばす意味でも、小動物の飼育はよい効果をもたらします。動物と子どもがふれあうことにより、命の尊さ、いたわる心、世話をすることによる責任感、死の悲しみ等を体験し、生命、倫理観を育む基礎を身につけます。そして、他人に対する思いやり、優しい心を育む「心の教育」の一環として動物を飼育することが提唱されています。ただし、飼育環境を衛生的に整え、獣医師の検査を受けるなど、飼育動物の健康管理をしなければなりません。また、動物と人との間には共通の感染症があります。飼育動物から子どもや職員への感染を予防することが大切です。また、動物に対するアレルギーをもっている子どももいるため、配慮が必要となります。

1. 飼育動物の衛生管理・健康管理

- 環境は常に乾燥させ、衛生的に保ちましょう。
- 動物に適したエサを与え、十分な栄養管理をしましょう。
- エサや水は、毎日新しいものに交換しましょう。
- 毎日、飼育小屋とその周辺を清掃しましょう。
- それぞれの動物の習性を理解し、その動物に適した飼育を行いましょう。
- 愛情をもって動物に接し、ストレスを与えないようにしましょう。
- 毎日動物の状態を観察し、いつもと違うところはないか記録しましょう。

- 食欲がなかったり、下痢やおう吐があったらすぐに獣医師の診察を受けましょう。
- 感染症の恐れがあるものについては早めの対応をしましょう。
- 飼育できる動物の数は限られているので、雌雄を別にして飼育するなど、繁殖を制限することが大切です。

2. 人獣共通感染症の予防

人獣共通感染症とは、WHOによって「脊椎動物と人との間に自然に移行しうるすべての病気または感染を指す」と定義されています。

Point!

予防のポイント

- 新しい動物を飼い始めるときには、2週間くらいの観察期間を設けましょう。
- 飼育小屋を掃除した後、動物に触れた後、動物の排泄物に触れた場合は必ず石けんで手を洗いましょう。
- 飼育小屋にネズミや野鳥が侵入しないように気をつけましょう。
- 動物に口移しでエサを与えたり、食器を共用しないようにしましょう。
- 動物にかまれたり、ひっかかれたりしたら、すぐに応急手当をして看護職へ報告し、その後の指示を受けましょう。
- 飼育小屋の卵などを勝手に持ち出さないようにしましょう。
- 飼育動物に異常がみられた場合は、病気が考えられるので注意しましょう。
- 異常な死に方をした場合は、獣医師に検査を依頼して原因を確かめ、適切な遺体処理を行いましょう。
- カメ等の爬虫類にはサルモネラ菌が多数ついています。触れた後は石けんで手をしっかり洗いましょう。
- 犬や猫の回虫、猫のトキソプラズマに注意しましょう。砂場の糞で子どもが感染する場合があります。

3. 動物アレルギーをもつ子どもへの注意点

子どもが飼育当番をする場合、動物アレルギーのある子どもは保護者とよく相談して、無理のない活動内容にしましょう。動物の毛や羽毛、ほこりを吸い込まないようにマスクを着用し、衣類にこれらが付着していないかも確認します。少しでもアレルギー反応が出る場合には、エサの準備などの役割にとどめ、直接のふれあいはしないようにしましょう。このとき、保育者は悲しんでいる子どもへの心のケアなどにあたるようにしましょう。

4. 飼育動物の死とその処置

園庭の片隅に小さなお墓を作って埋めるなどは、衛生管理の面から避けた方がよい場合があります。まずは、保健所や獣医師に相談して処置を進めるようにしましょう。「家畜伝染病予防法」の改正によって、従来の家畜（犬・ヤギ・ニワトリ・ウズラ・アヒル等）に加えてウサギの病気や死亡についても、獣医師へ連絡することが必要となりました。事故で死亡した場合などを除き、死亡の理由がはっきりしない場合には勝手に埋葬しないようにしましょう。

5. 砂場の衛生管理

子どもたちが安心して砂場で遊べるように、衛生環境を整える必要があります。犬や猫が糞をしないように、使用しないときはシートで覆います。犬や猫の糞がある場合には、その周囲の砂と一緒に処分します。週に1回は、深く砂を掘り起こして、乾燥させ日光消毒をしましょう。また、落ち葉やごみを取り除き、遊んでいる最中にけがや事故が起こらないようにしましょう。

かぜとインフルエンザのはなし

かぜやインフルエンザの予防には、手洗いとうがいが何よりも大切です。しかしながら、やりましょうと指導するだけでは、なかなか子どもの取り組む意欲を引き出すことはできません。なぜ、かぜやインフルエンザにかかってしまうのかを丁寧に伝えることが大切です。また、一斉の保健指導で終わるのではなく、保健だよりや掲示物などで継続して働きかけることも重要です。

1. かぜをひくしくみと予防

かぜをひくのは、たくさんのウイルスやバイキンが原因であることを伝えます。咳やくしゃみをしたり、熱が出たり、頭やおなかが痛くなってしまうのは、バイキンが体の中に入ってしまうことが原因です。バイキンを体の中に入れないことが大切だということを、イラストなどを通して伝えます。

かぜをひく原因、体とバイキンが戦う仕組み、かぜ予防のポイントなどを伝えます。かぜバイキンは見えないけれど、みんなのまわりにいること、バイキンが体の中に入ることで、いろいろな症状が出ることを伝えます。かぜバイキンと戦うのは薬だけではなく、自分の体の中にも戦う仕組みがあります。自分の体をバイキンから守るために、手洗いとうがいをがんばること、寒くても外で遊んで体を丈夫にすること、早寝早起きなど正しい生活リズムで体を整えること、好き嫌いをしないでごはんをしっかり食べることを伝えます。

かぜをひくと、咳やくしゃみ、鼻水が出ます。咳やくしゃみはのどの奥についたバイキンを外へ追い出すためにでます。かぜバイキンが外へ飛んでいくと、まわりのお友だちにかかってしまい、かぜをうつしてしまいます。咳はこのくらい、くしゃみはこのくらい飛ぶことを見せられる教材などを作り、子どもに見てもらうとよいでしょう。咳やくしゃみをするとき

は口を覆います。一番よいのはマスクをすることです。していないときは、ティッシュや手・腕を口に当てましょう。そのあとの手洗いも忘れずに行いましょう。

2. インフルエンザ

　集団発生が起こりやすい感染症の一つです。予防対策の基本は、ワクチンの接種です。子ども、職員ともに予防接種を勧奨しましょう。また、咳や鼻水があるときは、マスクを使用すること、かぜ症状のある職員は受診すること、手洗いとうがいをしっかり行うこと、タオルやハンカチを共用しないこと、罹患した職員の復帰には医師の許可を得ること、保育室等の湿度を50〜60%を目安にすること、全職員でインフルエンザにかかっている子どもを把握しておくこと、など職員がインフルエンザの感染予防のために対応できるようにしましょう。

　また、保護者対応として、かぜ症状がある場合子どもと保護者にマスクを着用してもらうよう依頼し、医療機関を受診するよう勧めましょう。保健だよりや園の掲示を通して、園内や地域の感染症発生状況を伝え、注意と協力を呼びかけましょう。感染が疑われる子どもは、医療機関を受診した後、報告してもらうよう依頼しましょう。インフルエンザにかかった子どもが登園するためには、医師の許可が必要であることを伝えましょう。

［インフルエンザ予防の注意点］
- 手洗いとうがいの励行
- 流行時期には人がたくさんいるところへ外出しない（やむを得ない場合はマスクを着用する）
- 早寝早起きで生活のリズムを整え、疲れを残さないようにする
- 栄養バランスのとれた食事を摂る
- 水分補給を心がける
- 適度な湿度と換気をする
- 予防接種を勧奨する（接種した際には報告してもらうとよいでしょう）

　子どもへ保健指導等を行う場合には、かぜと同じような症状ですが、

もっと熱が高かったり、頭や関節が痛くなること、そして感染力が強いことも伝えるとよいでしょう。また、もしかかってしまった場合には、病院へ行き、きちんと治してから園に戻ってくることも指導しましょう。かぜやインフルエンザのウイルスやバイキンが常に子どもたちをねらっていることを継続して伝えることが大切です。ポスターやおたより、教材の工夫を凝らし、一斉指導だけで終わらないようにしましょう。

子どもの秋・冬のスキンケア

1. スキンケアの基本

暑い夏が過ぎると皮膚は急に乾燥してきます。子どもの皮膚は薄く、皮膚バリア機能が未熟です。外からの刺激に弱く、水分を保持する機能も未熟な為に、特に冬は乾燥しやすくなります。健やかな皮膚を保つためのスキンケアはとても大切です。

スキンケアの基本は清潔、保湿、紫外線防御です。清潔にするといっても、皮膚を洗いすぎないこと、こすらないで洗うことがポイントです。すすぎ落ちが良い低刺激、弱酸性の洗浄剤をネットでしっかり泡立て、できるだけ細かい泡をテニスボールくらいの大きさで作り、やさしく洗いましょう。お風呂から出たら乾いた柔らかいタオルで、こすらないように皮膚の水分をとります。そして入浴後、できるだけ早く保湿することがポイントです。保湿剤をこすらないようにやさしく肌がしっとりするぐらい塗ります。化学繊維は静電気が起こりやすく、皮膚に目に見えない傷をつけるので、肌に触れる部分は、木綿の衣類をおすすめします。紫外線は一年中地上に降り注いでいます。冬は夏ほどではありませんが、長い時間戸外に出かけるときは、日焼け止めを忘れないようにしましょう。

2. アトピー性皮膚炎と乾燥肌

　アトピー性皮膚炎の原因は乾燥肌、敏感肌になりやすい皮膚バリア機能異常、発汗異常、ストレスなどの非アレルギー性と、食物、ダニなどが原因のアレルギー性があります。

　乳幼児期の指しゃぶり、離乳食が始まる時期は、頬、口の周囲が赤くただれます。よだれや食べこぼしの皮膚炎をアトピー性皮膚炎と思い、すべて食物が原因と思い込みがちですので気をつけましょう。保湿をすることで皮膚のバリアを壊さないようにして、食物抗原やダニの侵入を防ぎます。皮膚をきれいにすることとダニの少ない環境整備はアレルギー性疾患の予防にもなります。

冬

12〜2月

12 月

感染性胃腸炎

1. ノロウイルス感染症

　ノロウイルス感染症は、ノロウイルスが人に感染し、下痢やおう吐など
の症状を引き起こす病気です。保育園・幼稚園では集団感染を起こすこと
があります。原因となるノロウイルスは、感染者の便やおう吐物に含まれ
ています。気づかないうちに手に付着し、その手で口に触れたり、汚染さ
れた食品を口に運ぶことによって感染することがあります。予防接種はな
いので、まずは予防対策をとることが大切です。

　予防のためにはまず、手洗いをこまめにすることが大切です。ノロウイ
ルスは、下痢などの症状がおさまったあとも2週間程度便の中に排泄され
るので、トイレの後や食事の前は特に気をつけて手を洗いましょう。

2. ロタウイルス感染症

　ロタウイルス感染症は、ロタウイルスの感染によって起こる流行性のお
う吐下痢症です。冬から春にかけて流行しやすい感染症で、特に保育園・
幼稚園では注意が必要です。口から入ったロタウイルスは小腸で増えて下
痢を起こします。潜伏期間は1〜3日で、まずおう吐から始まり、水のよ
うな下痢が3〜8日続きます。発症後は脱水症に注意が必要です。おう吐
や下痢などの症状がおさまり、食事が食べられるようになれば登園が可能

です。感染の徴候がみられた場合は、速やかに医療機関への受診を依頼しましょう。ロタウイルスには任意予防接種があります。乳児期に飲むタイプの生ワクチンです。

3. 感染性胃腸炎の対応

（1）医療機関受診のめやす

- 元気がなく、ぐったりしている。
- おしっこの回数が少ない、または出ない。
- おう吐がある。
- 腹痛を訴える。
- 唇が乾燥している。
- 38℃以上の発熱がある。
- 血便や水様便が続いている。

（2）おう吐物の処理方法

① エプロン、使い捨てグローブ、マスクを着用します。
② 紙や新聞紙などで速やかにおう吐物をおおいます。
③ 上からまんべんなく次亜塩素酸ナトリウムの液剤をひたします。
④ おう吐物は、紙ごと静かに汚れを包みとります。
⑤ 跡をふき取り、薄めた次亜塩素酸ナトリウムの液剤でふき、最後に水ぶきをします。
⑥ ふきとったおう吐物や処理に使用した紙、手袋などはビニール袋に密閉して捨てます。

（3）感染性胃腸炎にかかったら

- 吐いたものがのどにつまらないように気をつけます。吐きそうになっ

たら起き上がるか横に向かせて吐かせるようにします。

- トイレは我慢させないようにしましょう。排泄後はトイレのふたを閉めて水を流しましょう。
- 吐いたものや便の漏れなどは、速やかに薄めた次亜塩素酸ナトリウムで消毒し処理しましょう。
- 換気を十分に行いましょう。
- 吐き気がある間の水分補給は、少しずつにしましょう。

1 月

冬のけがや事故

1. やけど（熱傷）

　暖房器具、調理器具が子どもの手の届くところにないかを確認するよう、保護者へ呼びかけることが大切です。また、低温やけどは、皮膚の深くに届いて重症になることがあります。電気毛布や使い捨てカイロ、ホットカーペット等は、低温ですが長時間同じ部位にあてていると、低温やけどの原因となります。

（1）やけどの深さと広さ

① やけどの深さ
　以下のうちⅡ度以上のやけどは、必ず医師の診察を受けましょう。

●Ⅰ度

　「皮膚の表面のみ」のやけどです。赤くなってひりひりしますが、あとを残すことなく治ります。強い日差しなどで日焼けをしたりするのもやけどです。

●Ⅱ度

　強い痛みを伴い、皮膚に水疱ができ、そこが破れて表皮がめくれることもある状態です。「赤み」や「はれ」が治まりにくく、治ってからあとが残ったり、色素が白く抜けることもあります。水疱が破れると感染を起こしやすくなりますので、感染を防ぎながらの治療を行います。

● III度

　熱が、皮膚の深いところまで届くため、血管や神経も損傷し、白っぽく固まり感覚が失われることもある状態です。

② やけどの広さ

　子どもの場合、体表の10％以上をやけどすると生命の危険があると判断します。たとえ I 度の軽いやけどでも、広範囲に及ぶときには受診しましょう。夏にひどい日焼けをした場合も、危険な状態になるおそれがあるので注意しましょう。体表の面積をはかるためには、大まかな目安が示されていますので、以下を参考にしましょう。

● 手のひらの面積を基準にして測る方法

　やけどを負った本人の手のひらは、体表面積のほぼ 1 ％に当たると考えて患部の広さを測ります。

● 体の各部位のパーセンテージから割り出す方法

　これを「 5 の法則」（大人では 9 の法則）と呼んでいます。全身とやけどの部分を見比べてその広さを知ることができます。

（2）やけどをしたときの対処・手当

　手のひらより面積が広ければ病院へ行きましょう。やけどをしたら、とにかく水で最低でも10分は冷やしましょう。服を着ていてもまず水をかけて、冷えてから衣類を脱がせましょう。病院での手当の前に、自己判断で薬を塗らないようにしましょう。また、衣服に皮膚がくっついている場合があるので、無理に服を脱がせたりすると、皮膚も一緒にはがれてしまうおそれがあります。子どもの場合、その子の手のひらより大きい範囲であれば十分大きなやけどといえるので病院で手当をしてもらいましょう。

① 軽度の小さなやけど

　ただちに冷たい水につけて冷やします。小さいやけどで軽いものなら、水道の流水で10〜20分ほど冷やすと、ある程度治まります。

9 の法則

◆成人の場合

頭部	9 %
左上肢	9 %
右上肢	9 %
体幹前面	18%
後面	18%
左下肢	18%
右下肢	18%
陰部	1 %

5 の法則

◆幼児の場合

頭部	15%
左上肢	10%
右上肢	10%
体幹前面	20%
後面	15%
左下肢	15%
右下肢	15%

◆乳児の場合

頭部	20%
左上肢	10%
右上肢	10%
体幹前面	20%
後面	20%
左下肢	10%
右下肢	10%

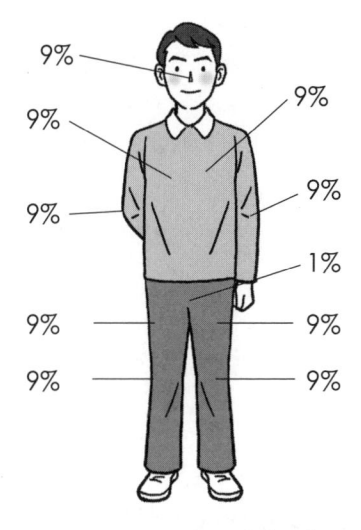

【後面】9%+9%

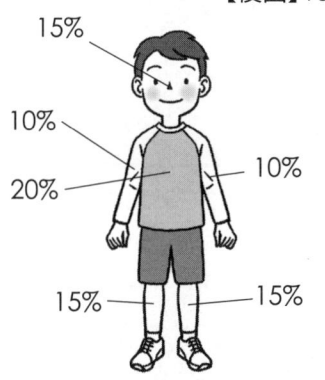

【後面】15%

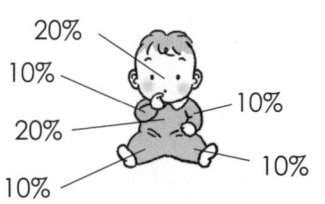

【後面】20%

② 広範囲の大きなやけど

　広範囲でⅡ度以上のやけどは、衣類をつけたまま流水をかけたり水に入れて冷やします。慌てて衣類を脱がすと表皮がむけてしまい、感染の原因になりかねません。冷やすことが先です。Ⅱ度以上のやけどでは、流水といってもあまり強い水流だとやはり皮膚がはがれてしまうおそれがあります。蛇口から直接というより、シャワーのように水圧が分散している状態の水をかけるか、桶や浴槽にそのまま入れてしまう方がよいでしょう。必ず病院での治療が必要なので、応急処置と同時に救急車を要請し保護者へ連絡をしましょう。同様に、ショックを起こしたとき、顔、特に口、鼻、のど、目に 熱傷をしたとき、高温のガスを吸い込んだときにも救急車を要請します。

2. しもやけ・あかぎれ

　しもやけができやすい子どもは、もともと皮膚の毛細血管の調節がうまくいかない傾向があります。日頃から手足の冷たい子どもには、寒くなったときにはしもやけにならないような配慮が必要です。体を鍛えるという理由から薄着や裸足保育をしているところがありますが、それぞれの子どもに合った配慮を忘れないようにします。しもやけになると、暖かいところではかゆみが増し、かくことで皮膚を傷つけやすくなります。手足が冷たくしもやけになりそうなときは「手足をもんであったかくしようね」とさすってあげましょう。乾燥しやすい肌の子どもで、手指やほほが赤く、ひび割れたようになる子もいます。水がしみたりして痛がることがあり、あかぎれとなります。しっかりと保湿をして、肌を守りましょう。

2　月

就学にむけての健康教育

1. けがの応急処置

　遊びを中心とした生活の中では、少しでも気をつけることがけがの予防につながります。また、けがの手当てを知り、自分でできることを増やしましょう。小学校には担任の先生と保健室にいる保健の先生がいます。先生への伝え方や保健室のことなども交えながら、子どもの小学校生活への意欲を育て、不安を取り除く指導をしましょう。

　教材の工夫としては、保育園や幼稚園のどんな場所で、そして体のどこをけがしたのか、ポスターなどに丸シールを貼って、子どもたち自身でけがをしやすい場所や体の部分を知る方法があります。またそのときに、どんなけがをしたのか、「すりむいた」「ぶつけた」「きれた」「ささった」「はさんだ」などのポスターも用意して、そこにも丸シールを貼るなどして、

見て分かりやすい教材があるとよいでしょう。また、園内のけがをしやすい場所の写真などを掲示して、子どもたちが廊下を通ったときに、いつでも見られる工夫をすると意識を持たせることができます。

　子どもができる応急処置です

が、クイズ形式や紙芝居などで、まず最初に何をしたらよいのかを知っておくように指導しましょう。すりむいたときには、ばんそうこうを貼るのではなく水で洗い流すこと、ぶつけたときは氷や水で濡らしたタオルで冷やすこと、指を切ってしまったら、ぎゅっと手でおさえることなど、応急手当の基本を分かりやすく伝えます。ただし、必ず守らなければならないことは、先生にすぐに伝えることです。

　小学校では、何かけがをしてしまったときには、担任の先生へ伝えます。その後、保健室でいろいろな処置をします。保健室があり、そこに看護職の職員がいる幼稚園や保育園の場合であれば、子どももすぐに理解できますが、そのような人員や設備がない場合には、絵や写真を使って説明すると良いでしょう。

2. 生活リズムについて

　小学校生活へむけて、午睡を少しずつ減らしている保育園があります。徐々に慣らしていくことが、小学校の子どもの負担を少なくします。2月頃までには、学校の生活時間がどのようになっているのかを伝え、今の生活時間とずれている場合、どのようにしたらよいかを子どもたちと話し合いましょう。学童保育を利用する場合の時間なども加え、実際の小学生がどのように過ごしているのかを具体的に伝えましょう。小学生は毎日約8～9時間の睡眠を必要とします。睡眠時間が足りなくなると、体の調子が悪くなったり、授業に集中できなくなってしまいます。生活のリズムはとても大切です。

6：30	起床　（6：00～7：00）
	朝の準備をします（朝ごはん・歯みがきと洗顔・トイレ・着替え）
8：00	登校　（7：30～8：00）
	交通事故に気をつけます（集団登校の小学校が多いでしょう）
8：25	朝の活動　読書や朝の運動、活動などさまざまです

8：40	朝の会　子どもの健康状態や出欠席と今日一日についての説明など

8：40　　　　　　朝の会　子どもの健康状態や出欠席と今日一日についての説明など

8：50～12：30　授業　（10：30～10：50　中休み）
トイレは授業の合間、休み時間に済ませましょう

12：30～13：15　給食・歯みがき
食事のマナーや正しい歯みがき方法のチェックをしましょう

13：20～13：40　掃除
雑巾をきちんとしぼれますか？　ほうきやモップを正しく使えるようにしておきましょう

13：40～14：00　昼休み
中休みもですが、20分休みではのびのびと遊んだり自由に活動できることが多いです

14：05～14：50　5時間目　最後の授業です

14：50　　　　　帰りの会
今日一日の振り返りや明日の報告などがあります

15：10　　　　　下校時刻　この時間までに学校を出ます
この後、学童へ行った場合には、おやつの時間があります。学校から出された宿題を進めたり、お友だちとリラックスした時間を過ごしたりと幼稚園や保育園と少し似た時間を過ごします。

18：00～20：00　晩ごはん・歯みがき・お風呂

20：00～21：00　明日の準備を済ませて寝ます

 指導のポイント

- 保育室にある時計を活用して、時計を見ながら過ごす習慣を増やしていきましょう。
- 早寝早起きの意識を身につけるために、保護者の協力を得ることが大切です。保健だよりを活用しましょう。

3. 和式トイレは上手に使えるように

日本には、まだ和式トイレしかないところがあります。就学のためだけではなく、園外保育の際にも必要に応じて、和式トイレの使い方を指導する必要があります。トイレの洋式化が進んではいますが、和式トイレが多い学校、併用している学校もまだたくさんあります。学校の和式トイレをいやがって体調をくずしてしまう子どももいますので、慣れておくことが大切です。

 指導のポイント

- 前を向いて、トイレをまたいで立ちます。つま先を少し外に向けるとよいでしょう。
- パンツをひざくらいまでおろします。足首までおろすとトイレについて汚れてしまいます。
- しゃがんでおしっこやうんちをします。おしりがトイレについたり、逆向きにすわらないようにしましょう。
- トイレットペーパーで拭いたあとは、ボタンやレバーを押して水を流しましょう。手洗いも忘れずに。

子どもの保健を学ぶ

健康の概念

健康の概念は、1948年の設立における世界保健機関（WHO）憲章の前文にある、以下の定義があります。

○完全な肉体的、精神的及び社会的福祉の状態であり、単に疾病又は病弱の存在しないことではない。（1951〔昭和26〕年官報掲載の日本語訳）

○Health is a state of complete physical, mental and social well-being and not merely the absence of disease or infirmity. （原文）

また、母子保健法には、次のように示されています。

（乳幼児の健康の保持増進）
第三条　乳児及び幼児は、心身ともに健全な人として成長してゆくために、その健康が保持され、かつ、増進されなければならない。

生命の保持と情緒の安定に係る保健活動の意義と目的

子どもの保健では、一人ひとりの子どもの健康の保持及び増進並びに安全を確保しつつ、全体における健康および安全の確保のための職務を学びます。また、子どもが自らの身体や健康に関心をもち、心身の機能を高めていくための保育の実践を学ぶことでもあります。保育者として、子どもの健康管理と安全管理を徹底し、子どもたちが安全に、かつ健康に毎日を楽しく過ごせる環境を提供していくことが求められています。保育者は、予防接種をまだ受けていない乳児をはじめとする、抵抗力のない子どもたちを感染症から守るための環境を提供し、日々の健康状態や発育・発達を把握し、病気やケガに対応し、健康教育を実践しながら日々の保育を行う必要があります。その中には、健康の保持及び増進のための対応と情報の提供のほかにも、安全対策として乳幼児突然死症候群（SIDS）の予防対策、園内外の環境整備、衛生管理、事故防止対策、安全教育、災害時対策も必要となります。

健康状態の把握のためには、日々の健康観察や健康診断の情報を記録し指導に役立て、次年度の年間保健計画に反映していきます。また、健康な子どもたちとともに何らかの障害のある子どもや慢性疾患のある子ども、突然アレルギー症状を起こす可能性のある子どもなど、さまざまな子どもがいます。医療機関や療育機関、発達センター、保健センターなどとの連携と嘱託医（園医）・主治医（かかりつけ医）との連携が重要となります。さまざまな子どもの発達や病気に関する報告や相談、職員の健康相談も含め、すぐに相談し対応できる関係づくりが求められています。

　さらに、子どもの病気やアレルギー等での対応が必要な場合など、保護者と関係職員との連携も大切です。面談（必要に応じて主治医も参加）を実施し、子どもの健康の保持及び増進のために、保護者に協力を依頼したり、保健だよりや掲示物を通して、情報の提供にも努めなければなりません。また、子育てが孤立することのないよう、そして子どもたちが地域とともに育っていけるよう、保育所が地域の子育て活動拠点となることも重要な役割となっています。園庭開放や育児講座、子育て相談などを定期的に開催しています。

　保育所保育指針の第3章（→「資料」〔pp. 198〜〕参照）にある健康及び安全の中には、保育所保育において、「子どもの健康及び安全の確保は、子どもの生命の保持と健やかな生活の基本であり、一人一人の子どもの健康の保持及び増進並びに安全の確保とともに、保育所全体における健康及び安全の確保に努めることが重要となる」と記されており、関連する事項に留意し、保育を行うことが求められています。

現代社会における子どもの健康に関する現状と課題

　子どもの生活リズムについては、ここ20年ずっと早寝早起きの傾向が強まってきています。また、家を出る時刻も早まり、子どもが家の外で過ごす時間が長くなっています。習い事をする子どもが増え、友だちと遊ぶ機会が減ってきています。他者への思いやりや親子のふれあい、生活習慣に力を入れる保護者が多くいる一方で、友だちと一緒に遊ぶことに力を入れ

ている保護者は減少しています。子どもの進学に期待をよせ、園にかかる教育費も増加傾向にあります。しつけや教育の情報源は、母親の友人や知人、インターネットやブログに頼る傾向があります。これらの課題に保育者として、保護者や地域と密接に連携しながら真剣に向き合うことが求められています。

　子どもの生活習慣について、決まった時間に寝ることやトイレの排泄と後始末ができる、あいさつやお礼を言える子どもが育っている一方で、好き嫌いなく食事ができる子どもや片付けができる子どもは、全体の5～6割にとどまっています。幼児期の発達状況としては、各年齢での達成率は低下しており、とくにトイレットトレーニングに関してその傾向が強くなっています（下表）。小学校では、登校時間が定まり、給食や授業に合わせた着替えなども日常的になるため、生活習慣を達成するための工夫が必要となります。

　ここ数年で新しいメディアが急速に増え、生活する上で欠かせないものになってきています。現在、乳幼児の生活には、スマートフォンに接する機会が急増しており、乳幼児がスマートフォンにほとんど毎日接している割合は、21.2％と報告されています。また、親が家事などで手がはなせないときや子どもがさわぐときに、スマートフォンを使わせている家庭が増

生活習慣に関する発達（子どもの年齢別経年比較）

	1歳児		2歳児		3歳児		4歳児		5歳児		6歳児	
	05年 (660)	15年 (614)	05年 (740)	15年 (583)	05年 (340)	15年 (626)	05年 (312)	15年 (610)	05年 (326)	15年 (671)	05年 (276)	15年 (657)
コップを手で持って飲む	69.5	75.8	98.4	94.8	98.2	96.3	98.1	93.5	97.8	94.0	96.0	92.7
スプーンを使って食べる	64.8	62.3	97.4	95.0	98.2	96.3	98.1	93.5	97.8	94.0	95.7	92.4
家族やまわりの人にあいさつする	45.9 >	35.6	83.5 >	72.6	92.5 >	87.4	93.6 >	87.3	91.8	87.9	91.7	88.0
歯をみがいて、口をすすぐ	14.8 >	9.3	73.3 >	59.1	91.6 >	84.2	95.2 >	88.0	97.5 >	91.6	95.3	91.2
おしっこをする前に知らせる	3.3	4.7	25.2 >	18.4	86.3 >	75.4	97.8 >	90.4	96.9 >	91.9	94.6	90.7
自分でパンツを脱いでおしっこをする	1.2	1.3	17.7	13.0	79.1 >	70.1	98.1 >	90.9	97.3 >	91.9	94.9	90.3
自分でうんちができる	5.6	6.4	24.4 >	18.9	78.8 >	64.4	95.2 >	85.9	96.7 >	90.4	94.6	90.3
ひとりで洋服の着脱ができる	1.4	2.4	18.4 <	23.7	62.0	64.9	92.3	87.5	96.3 >	91.0	93.8	90.7
おはしを使って食事をする	4.5	4.1	32.0	35.2	62.0	58.3	83.7 >	72.1	94.2 >	83.8	93.5	88.9
決まった時間に起床・就寝する	55.6	56.1	62.2	64.4	72.6	68.0	82.4	79.2	85.8 >	77.5	84.4 >	78.2
ひとりで遊んだあとの片付けができる	17.0	16.5	46.8	46.3	64.7	61.7	85.6 >	74.5	88.1 >	80.5	85.1	83.9
オムツをしないで寝る	0.6	1.0	6.3	3.8	45.9 >	35.0	81.1 >	66.0	84.8 >	79.0	90.2 >	83.6

出所：「第1章　幼児の生活」[「第5回幼児の生活アンケート」2016年]

えています。その反面、母親はこのような子どものメディア利用については不安を感じており、「長時間見せない」「親と一緒に使用する」「使用しない環境づくりの工夫」「使う機能の制限」などの対応をしています。今後は、一定のルールやマナーを踏まえつつ、親子のコミュニケーションを深めるツールとしてどのように取り入れたらよいのかを考えていくことが大切です。

❖引用文献

「第2回乳幼児の親子のメディア活用調査速報版」2017年10月
  ▶ http://berd.benesse.jp/up_images/research/sokuhou_2-nyuyoji_media_all.pdf

「幼児期から小学生の家庭教育調査・縦断調査速報版」2016年3月
  ▶ http://berd.benesse.jp/up_images/research/20160308_katei-chosa_sokuhou.pdf

「第5回幼児の生活アンケート」2016年
  ▶ http://berd.benesse.jp/up_images/research/sokuho_201511.pdf

（いずれもベネッセ教育総合研究所）

子ども虐待防止

1. 子ども虐待の定義

子ども虐待は以下のように4種類に分類されます。

○**身体的虐待**

殴る、蹴る、叩く、投げ落とす、激しく揺さぶる、やけどを負わせる、溺れさせる、首を絞める、縄などにより一室に拘束するなど

○**性的虐待**

子どもへの性的行為、性的行為を見せる、性器を触る又は触らせる、ポルノグラフィの被写体にするなど

○**ネグレクト**

家に閉じ込める、食事を与えない、ひどく不潔にする、自動車の中に放置する、重い病気になっても病院に連れて行かないなど

　言葉による脅し、無視、きょうだい間での差別的扱い、子どもの目の前で家族に対して暴力をふるう（ドメスティック・バイオレンス：DV）、きょうだいに虐待行為を行うなど

2. 子ども虐待の現状

　児童相談所の虐待の相談対応件数（平成26年度）は、児童虐待防止法施行前（平成11年度）の7.6倍に増加（8万8931件）し、虐待死はほとんどの年で50人を超えています。厚生労働省では、毎年11月を「児童虐待防止推進月間」と定め、家庭や学校、地域等の社会全般にわたり、児童虐待問題に対する深い関心と理解を得ることができるよう、期間中に児童虐待防止のための広報・啓発活動など種々な取組を集中的に実施しています。オレンジリボンには子ども虐待を防止するというメッセージが込められています。

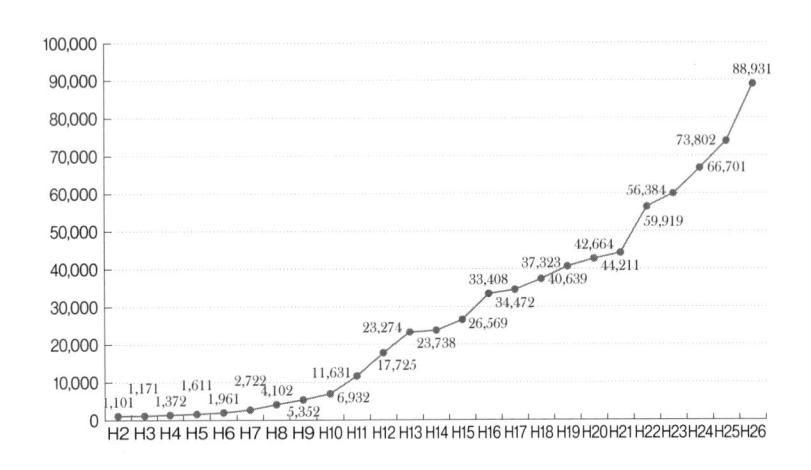

児童虐待相談の対応件数

※平成22年度は、東日本大震災の影響により、福島県を除いて集計した数値
出所：「児童虐待の現状」厚生労働省ホームページ（2015年12月22日版福祉行政報告例報道発表後）
　　　▶ http://www.mhlw.go.jp/file/06-Seisakujouhou-11900000-Koyoukintoujidoukateikyoku/0000108127.pdf

平成26年度　児童相談所における児童虐待相談対応件数の内訳

種類別

種類	身体的虐待	ネグレクト	性的虐待	心理的虐待	総数
種類	26,181 (29.4%)	22,455 (25.2%)	1,520 (1.7%)	38,775 (43.6%)	88,931 (100.0%)

心理的虐待が43.6%で最も多く、次いで身体的虐待が29.4%となっている。

虐待者別

虐待者	実父	実父 以外の父	実母	実母 以外の母	その他※	総数
虐待者	30,646 (34.5%)	5,573 (6.3%)	46,624 (52.4%)	674 (0.8%)	5,414 (6.1%)	88,931 (100.0%)

実母が52.4%と最も多く、次いで実父が34.5%となっている。
※その他には祖父母、伯父伯母等が含まれる。

虐待を受けた子どもの年齢構成別

被虐待児	0歳～3歳 未満	3歳～学齢 前	小学生	中学生	高校生等	総数
被虐待児	17,479 (19.7%)	21,186 (23.8%)	30,721 (34.5%)	12,510 (14.1%)	7,035 (7.9%)	88,931 (100.0%)

小学生が34.5%と最も多く、次いで3歳から学齢前児童が23.8%、0歳から3歳未満が19.7%である。なお、小学校入学前の子どもの合計は、43.5%となっており、高い割合を占めている。

3. 子ども虐待のシステム

　児童虐待の防止等に関する法律（児童虐待防止法）は、虐待を疑った者について、児童相談所、都道府県の設置する福祉事務所、市町村のいずれかに通告することを義務づけています。また、医師や保健師、学校の教職員、児童福祉施設の職員などは、虐待を早期に発見しやすい立場にあることを自覚して、虐待の早期発見に努めなければならないと規定しています。

　通告を受けた児童相談所等は、速やかに子どもの安全確認を行うこととされています。子どもの安全確認に保護者が非協力的な場合、児童相談所は立入調査や臨検・捜索を行うことができます。危険性・緊急性が高いと認めた場合、児童相談所は子どもを一時保護します。一時保護は保護者の意に反しても行うことができます。

　子どもの安全性を確保する観点から家庭に帰せないと判断した場合、児

童相談所は子どもを児童養護施設等に入所させたり里親に委託したりします。これらの親子分離が行われた事例では、再び子どもが家族のもとに戻るための援助（家族再統合援助）が必要であり、そのためには虐待する保護者への援助が不可欠となります。

なお、保育の実施をはじめ、地域子育て支援拠点事業、乳幼児健診、養育支援訪問事業、乳児家庭全戸訪問事業（こんにちは赤ちゃん事業）など子育て支援サービスは市町村業務として位置づけられていることから、通告のあった事例のうち、これらの支援サービスの活用によって解決が期待できるものについては、市町村が扱うことになっています。子育て支援サービスの活用だけでは解決が困難な事例については、児童相談所が担当します。

保育園は、日常的な保育活動を通じて子育て負担の軽減を図るとともに、地域で子育てを行っている親のための相談助言をはじめ、子育てサークルの育成・支援などの子育て支援を通じて、虐待防止に寄与しています。また、日々の親子の観察などを通じて虐待の早期発見が可能となります。このように、保育園は虐待対応において重要な役割を担っています。

4. 虐待を疑ったら

虐待は早期発見・早期対応が第一であり、そのためには関係者が虐待の兆候を早期に発見し、児童相談所等の専門機関に通告することが大切です。

○虐待を疑わせる兆候

不自然な傷や成長発達の問題に加え、次のような「不自然さ」に気づいたら注意が必要です。

① 親が不自然：子どもの状態に関し説明が不十分である、説明内容がよく変わる、人とのかかわりを避けようとする、子どもに会わせようとしない、挑発的態度がみられる、転居歴が多い、など

② 子どもが不自然：攻撃的・乱暴である、落ち着きがない、身体接触を極端に嫌う、節度なく甘える、表情が乏しい、など

③ 親子関係が不自然：親の子どもを見る眼が鋭い、子どもに罵声を浴びせる、視線をあわせようとしない、子どもへの態度が冷淡、など

○虐待が疑われたら

　兆候がみられたら、一人で抱え込まず周囲の者や関係機関に相談するか児童相談所に通告することが必要です。とくに、幼稚園や保育園等では、虐待が疑われる子どもについて、組織内会議を開き、情報や対応方針の共有を図るとともに、通告に備え、子どもの言動や表情、身体の様子などを文章や写真、イラストなどで記録することが有効です。

○通告について

　通告は虐待の確証がなくても可能です。通告義務は守秘義務に優先します。また、児童虐待防止法は通告者の秘密を守ることを児童相談所等に義務づけています。虐待は誰にでも起こり得ることであり、遠い世界の出来事と決めつけず、通告は親子の人生を救うきっかけであるととらえることが大切です。

子どもの保健統計と健康指標

　出生の動向をみる観察指標には、出生率と合計特殊出生率があります。出生率は、人口1000人あたり何人が１年間に出生したかをみるもので、合計特殊出生率は１人の女性が生涯にわたって何人の子どもを産むことになるかをみるものです。2016（平成28）年の出生数は97万6978人で、前年の100万5677人より２万8699人減少し、出生率は7.8で前年より低下しました。合計特殊出生率は1.44で前年の1.45より低下しました。

　2016（平成28）年の子どもの死因順位について、０歳の乳児期では、先天奇形、変形及び染色体異常や周産期に特異的な呼吸障害等が上位を占め、１〜４歳では、先天的な病態によるもののほか、悪性新生物が３位となっています。どの年代においても、不慮の事故による死亡数は上位を占め、特に１〜９歳で高くなっており、安全指導と安全管理が重要な課題となっています。

	第１位	第２位	第３位	第４位	第５位
０歳	先天奇形、変形及び染色体異常	周産期に特異的な呼吸障害等	乳幼児突然死症候群	不慮の事故	胎児及び新生児の出血性障害等
１〜４歳	先天奇形、変形及び染色体異常	不慮の事故	悪性新生物	心疾患	肺炎
５〜９歳	悪性新生物	不慮の事故	先天奇形、変形及び染色体異常	肺炎	心疾患
10〜14歳	悪性新生物	自殺	不慮の事故	先天奇形、変形及び染色体異常	心疾患
15〜19歳	自殺	不慮の事故	悪性新生物	心疾患	先天奇形、変形及び染色体異常

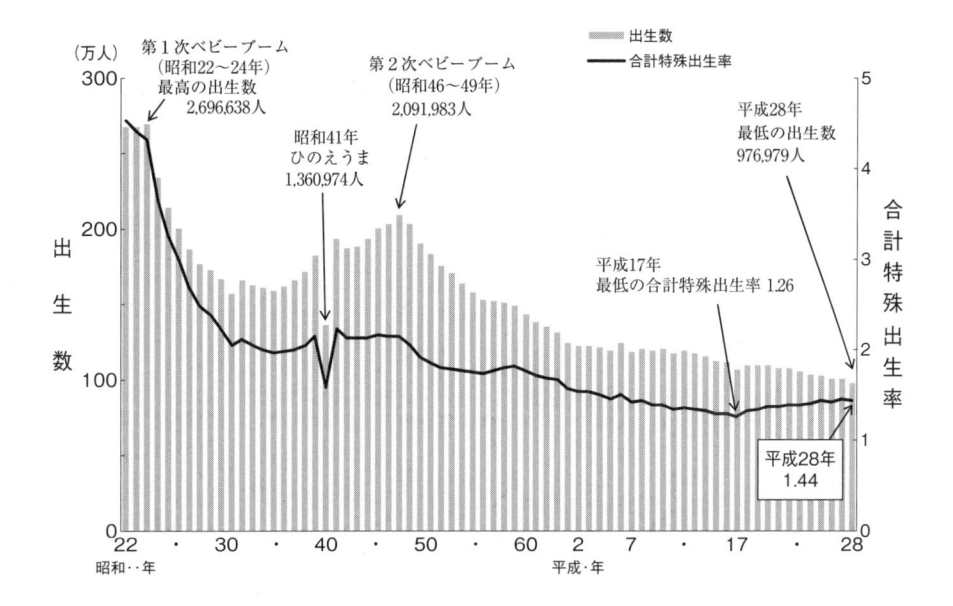

出生数及び合計特殊出生率の年次推移

出所：「平成28年人口動態統計月報年計（概数）の概況」厚生労働省
▶ http://www.mhlw.go.jp/toukei/saikin/hw/jinkou/geppo/nengai16/dl/gaikyou28.pdf

児童憲章

● ●

制定日：昭和26年5月5日

制定者：児童憲章制定会議（内閣総理大臣により招集。国民各層・各界の
　　　　代表で構成）

われらは、日本国憲法の精神にしたがい、児童に対する正しい観念を確立し、
すべての児童の幸福をはかるために、この憲章を定める。

児童は、人として尊ばれる。

児童は、社会の一員として重んぜられる。

児童は、よい環境の中で育てられる。

一　すべての児童は、心身ともに健やかにうまれ、育てられ、その生活を保障される。

二　すべての児童は、家庭で、正しい愛情と知識と技術をもつて育てられ、家庭に恵まれない児童には、これにかわる環境が与えられる。

三　すべての児童は、適当な栄養と住居と被服が与えられ、また、疾病と災害からまもられる。

四　すべての児童は、個性と能力に応じて教育され、社会の一員としての責任を自主的に果たすように、みちびかれる。

五　すべての児童は、自然を愛し、科学と芸術を尊ぶように、みちびかれ、また、道徳的心情がつちかわれる。

六　すべての児童は、就学のみちを確保され、また、十分に整つた教育の施設を用意される。

七　すべての児童は、職業指導を受ける機会が与えられる。

八　すべての児童は、その労働において、心身の発育が阻害されず、教育を受ける機会が失われず、また、児童としての生活がさまたげられないように、十分に保護される。

九　すべての児童は、よい遊び場と文化財を用意され、悪い環境からまもられる。

十　すべての児童は、虐待・酷使・放任その他不当な取扱からまもられる。あやまちをおかした児童は、適切に保護指導される。

十一　すべての児童は、身体が不自由な場合、または精神の機能が不充分な場合に、適切な治療と教育と保護が与えられる。

十二　すべての児童は、愛とまことによつて結ばれ、よい国民として人類の平和と文化に貢献するように、みちびかれる。

出所：「児童憲章」文部科学省ホームページ
　▶ http://www.mext.go.jp/b_menu/shingi/chukyo/chukyo3/004/siryo/attach/1298450.htm

154

子どもの成長発達

1. 子どもの生理機能

○体温

　子どもの体温には年齢差があり、また個人差もあります。測定は腋窩（えきか）（わきの下）で行い、わきの下の中央部を斜め下から当てて測定します。体温は、一般に朝から昼、夕方になるにつれて上昇し、夜間は安静の状態になるため低くなります。

○呼吸

　乳児は、腹式呼吸であり、鼻呼吸となります。鼻腔がつまった際に口で呼吸することができないため、鼻づまりに注意します。成長と共に胸式呼吸となります。

○脈拍

　ふつう、1分間の脈拍数をはかります。低年齢ほど脈拍数は多く、運動や発熱などによっても増加します。

○血圧

　血圧には、収縮期圧（最高血圧）と拡張期圧（最低血圧）があります。成長するにつれて血圧は上昇します。

○視覚

　生後数日以内に、凝視（一定方向を見つめ続けること）ができるようになります。生後5か月ころには、追視（目で追うこと）ができるようになります。

○聴覚

　出生直後の新生児はすでに音が聞こえています。音に対する反応を観察することで聞こえを確認します。瞬目反射（音がしたときに反射的に目をつむる動作）が観察できれば聞こえがあることを確認できます。先天性難聴など、聴覚異常の発見が遅れると、正常な言葉の発達が難しくなるため、1歳までの補聴器の使用を開始することが理想です。先天性難聴は新生児のおよそ1000人に1人といわれています。

生後6か月ころから少しずつ昼夜のリズムが見え始めます。睡眠にはサイクルがあり、浅い眠りの時間帯（レム睡眠）と深い眠りの時間帯があります。レム睡眠時にはさまざまな身体の動きがみられ、夜泣きをしたり夢を見ます。

2. スキャモンの臓器別発育曲線

子どもの成長発達は、いくつかの原則に基づいて進行していきます。成長発達が早い子どもと遅い子どもがいますが、一般的原則は同じで、遺伝的要因や環境的要因（家庭環境、社会環境、健康状態など）の影響を受け、個人差を生じます。成長発達は、頭部から足の方向へ、身体の中心部から末梢の方向へ進みます。

また、各器官によって成熟する時期や速さが異なります。スキャモンは、全身の器官をリンパ系型、中枢神経系型（脳、脊髄）、一般型（筋肉、骨格、呼吸器、消化器、循環器、血液量など）、生殖器型に分類し、各臓器の発育を図式化しています。

出生時の体重、身長、頭囲、胸囲を表に表すと以下のようになります。体重は生後3か月には出生時のおよそ2倍、1歳時には出生時のおよそ3倍になります。身長は1歳時でおよそ1.5倍となります。

乳歯は、生後6〜8か月ころに生え始め、2〜3歳で上下10本ずつ計20本が生えそろいます。乳歯は5〜6歳ころから抜け始め、同時に永久歯が生え始めます。永久歯は、第3臼歯（おやしらず）を除いて12〜13歳ころまでに計28本生えそろいます。第3臼歯がすべて生えそろうと、永久歯は計32本となります。

子どもの粗大運動や姿勢の保持は、生後1年間に急速に発達します。運動機能の発達は、首のすわり、寝返り、おすわり、つかまり立ち、一人歩きの順に進んでいくのが一般的です。ただし、発達の速度や順序には個人差があります。発達の基準は、日本版デンバー式発達スクリーニング検査や遠城寺式・乳幼児分析的発達検査などによる基準が用いられています。

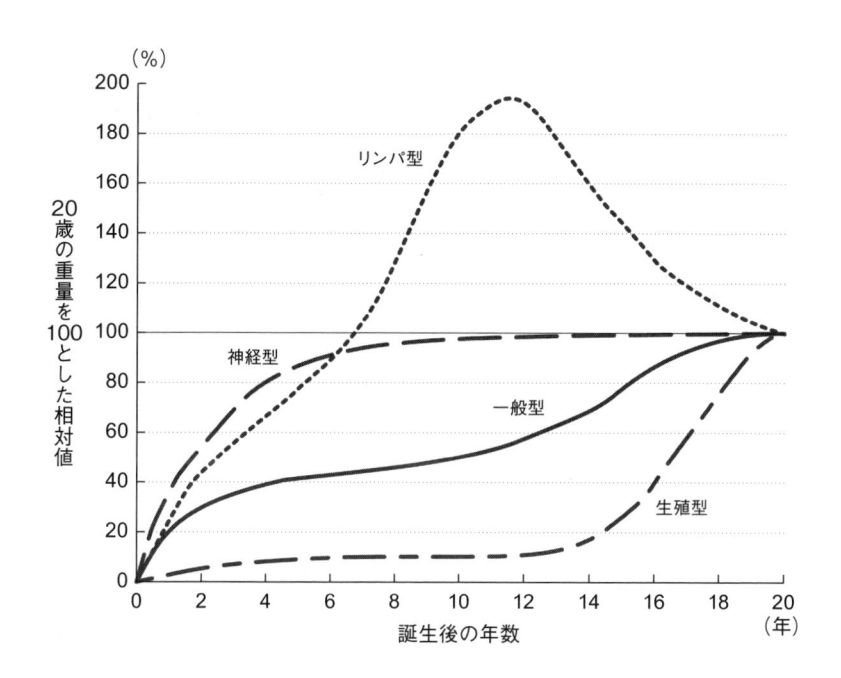

スキャモンの発育曲線

出生時の体重・身長・胸囲・頭囲の平均値（2010年）

	男	女
体重（g）	2,980	2,910
身長（cm）	48.7	48.3
胸囲（cm）	31.6	31.5
頭囲（cm）	33.5	33.1

出所：厚生労働省「平成22年乳幼児身体発育調査の概況について」2011年10月27日
▶ https://www.mhlw.go.jp/stf/houdou/0000042861.html

「遠城寺式・乳幼児分析的発達検査表（九大小児科改訂版）」

氏名			男 女	外来番号 外来番号		検査年月日	1. 年 月 日 2. 年 月 日	3. 年 月 日 4. 年 月 日

（年:月）	生年月日		年 月 日生	診 断				
4:8			スキップができる	紙飛行機を自分で折る	ひとりで着衣ができる	砂場で二人以上で協力して一つの山を作る	文章の復唱（2／3）	左右がわかる
4:4			ブランコに立ちのりしてこぐ	はずむボールをつかむ	信号を見て正しく道路をわたる	ジャンケンで勝負をきめる	四数詞の復唱（2／3）5−2−4−9 6−8−3−5 7−3−2−8	数の概念がわかる（5まで）
4:0			片足で数歩とぶ	紙を直線にそって切る	入浴後、ある程度自分で体を洗う	母親にことわって友達の家に遊びに行く	両親の姓名、住所を言う	用途による物の指（5/5）（本、鉛筆、時計、いす、電話。）
3:8			幅とび（両足をそろえて前にとぶ）	十字をかく	鼻をかむ	友達と順番にものを使う（ブランコなど）	文章の復唱（2／3）（きれいな花がさいています。）（飛行機が空をとんでいます。）（いつもお世話になっております。）	数の概念がわかる（3まで）
3:4			でんぐりがえしをする	ボタンをはめる	顔をひとりで洗う	「こうしていい？」と許可を求める	同年齢の子供と会話ができる	高い、低いがわかる
3:0			片足で2〜3秒立つ	はさみを使って紙を切る	上着を自分で脱ぐ	ままごとで役を演じることができる	二語文復唱（2／3）（小さな人形、赤いふうせん、おいしいお菓子）	赤、青、黄、緑がわかる（4／4）
2:9			立ったままくるっとまわる	まねて○をかく	靴をひとりではく	年下の子供の世話をやきたがる	二数詞の復唱（2／3）5−8 6−2	長い、短いがわかる
2:6			足を交互に出して階段をあがる	まねて直線を引く	こぼさないでひとりで食べる	友達とけんかをすると言いつけにくる	自分の姓名を言う	大きい、小さいがわかる
2:3			両足でぴょんぴょん飛ぶ	鉄棒などに両手でぶらさがる	ひとりでパンツを脱ぐ	電話ごっこをする	「きれいね」「おいしいね」などの表現ができる	鼻、髪、歯、舌、へそ、爪を指示する（4／6）
2:0			ボールを前にける	積木を横に二つ以上ならべる	排尿を予告する	親から離れて遊ぶ	二語文を話す（わんわんきた」など）	「もうひとつ」「もうすこし」がわかる
1:9			ひとりで一段ごとに足をそろえながら階段をあがる	鉛筆でぐるぐるまるをかく	ストローで飲む	友達と手をつなぐ	絵本を見て三つのものの名前を言う	目、口、耳、手、足、腹を指示する（4／6）
1:6			走る	コップからコップへ水をうつす	パンツをはかせるとき両足をひろげる	困難なことに出会うと助けを求める	絵本を見て一つのものの名前を言う	絵本を読んでもらいたがる
1:4			靴をはいて歩く	積木を二つ重ねる	自分の口もとをひとりでふこうとする	簡単な手伝いをする	3語言える	簡単な命令を実行する（「新聞を持っていらっしゃい」など。）
1:2			2〜3歩あるく	コップの中の小粒をとり出そうとする	お菓子のつつみ紙をとって食べる	ほめられると同じ動作をくり返す	2語言える	要求を理解する（3／3）（おいで、ちょうだい、ねんね）
1:0			座った位置から立ちあがる	なぐり書きをする	さじで食べようとする	父や母の後追いをする	ことばを1〜2語、正しくまねる	要求を理解する（1／3）（おいで、ちょうだい、ねんね）
0:11			つたい歩きをする	おもちゃの車を手で走らせる	コップを自分で持って飲む	人見知りをする	音声をまねようとする	「バイバイ」や「さようなら」のことばに反応する
0:10			つかまって立ちあがる	びんのふたを、あけたりしめたりする	泣かずに欲求を示す	身ぶりをまねする（オツムテンテンなど）	さかんにおしゃべりをする（喃語）	「いけません」と言うと、ちょっと手をひっこめる
0:9			ものにつかまって立っている	おもちゃのたいこをたたく	コップなどを両手で口に持っていく	おもちゃをとられると不快を示す	タ、ダ、チャなどの音声が出る	
0:8			ひとりで座って遊ぶ	親指と人さし指でつかもうとする	顔をふこうとするといやがる	鏡を見て笑いかけたり話しかけたりする	マ、バ、パなどの音声が出る	
0:7			腹ばいで体をまわす	おもちゃを一方の手から他方に持ちかえる	コップから飲む	親しみと怒った顔がわかる	おもちゃなどに向かって声を出す	親の話し方で感情をききわける（禁止など）
0:6			寝がえりをする	手を出してものをつかむ	ビスケットなどを自分で食べる	親に映った自分の顔に反応する	人に向かって声を出す	
0:5			横向きに寝かせると寝がえりをする	ガラガラを振る	おもちゃを見ると動きが活発になる	人を見ると笑いかける	キャーキャー言う	母の声と他の人の声をききわける
0:4			首がすわる	おもちゃをつかんでいる	さじから飲むことができる	あやされると声を出して笑う	声を出して笑う	
0:3			あおむけにして体をおこしたとき頭を保つ	親にふれたものを取ろうとして手を動かす	満腹になると乳首を舌でおし出したり顔をそむけたりする	人に布をかけられて不快を示す	人の声がする方に向く	泣かずに声を出す（アー、ウァ、など）	人の声でしずまる
0:2			腹ばいで頭をちょっとあげる	手を口に持っていってしゃぶる		人の顔をじいっと見つめる	いろいろな泣き声を出す	
0:1			あおむけでときどき左右に首の向きをかえる	手にふれたものをつかむ	空腹時に抱くと顔の方に向けてほしがる	泣いているとき抱きあげるとしずまる	元気な声で泣く	大きな音に反応する

	歴	移動	手の本的	基対人	対発語	発理言語	言	
（年:月）	年齢	月齢	運動	運動	習慣	関係	解理	

移動運動	手の運動	基本的習慣	対人関係	発 語	言 語 理 解
運 動		社 会 性		言 語	

「日本版ＤＤＳＴ用紙」

日本版デンバー式発達スクリーニング検査（ＪＤＤＳＴ）

検　査　日：

出生年月日：

年　齢（月）：

氏　　　名：

出所：「新潟県医師会乳幼児健康診査の手引（改訂第５版）」2014年、p. 99
▶ http://www.pref.niigata.lg.jp/HTML_Article/398/921/sannkousiryou,0.pdf

子どもの慢性の病気

○慢性腎炎

　徐々に腎臓の働きが低下していく病気です。自覚症状がなく、尿検査で気づかれることが多く、根本的な治療法はありません。治療のため、副腎皮質ステロイド薬などの投与と、生活上の制限（運動制限や食事制限など）が必要に応じて行われます。運動や食事の制限が必要な場合は、かかりつけ医からの生活管理指導表に基づいて保育が行われます。

○成長ホルモン分泌不全低身長症

　脳の下垂体から分泌される成長ホルモンが低下し、身長が伸びにくくなります。ホルモンの補充療法などが行われ、ほぼ毎日１回、自己注射で投与されることとなります。

○てんかん

　大脳の神経細胞が異常放電を起こす病気で、原因が不明なものが多く、意識の消失、けいれん、運動の異常などがみられます。日常生活では、てんかん発作をできるだけ起こさないよう、抗けいれん薬の内服などでコントロールされます。薬の効果には個人差があります。

○白血病

　白血病は、血液にある白血球のもととなる幹細胞が腫瘍化して起こる病気です。腫瘍化した幹細胞によって骨髄性白血病とリンパ性白血病に分けられます。また、病態から急性白血病と慢性白血病にも分けられます。子どもの白血病の大部分は急性白血病で、治療は主に化学療法によって行われ、長期にわたり繰り返し続けられます。入退院を繰り返すことも多く、必要に応じて放射線治療や骨髄移植が行われます。治療によって治癒したあと、再発することもあります。

○難聴

　先天性の難聴は、およそ1000人に１人の割合でみられます。完全に聞こえない例はあまりなく、補聴器を使用することで聞こえることが多いため、早期発見が重要です。言葉の発達のために、１歳までに聞こえる状態にすることが必要です。一部の医療機関では、機器を使用して新生児の聴力検

査が行われています。

○先天性心疾患

先天性心疾患とは、心臓およびそれにつながる血管の構造や形に生まれつき異常をもつ病気です。先天性心疾患の子どもは、約100人に1人の割合でみられます。心室中隔欠損症は、心室中隔に、心房中隔欠損症は心房中隔に生まれつき穴が開いている病気です。肺から戻ってきた血液が中隔の穴を通って再び肺に戻ることになり、心臓の負荷が増加した状態が続きます。先天性心疾患では、血液循環の状態を改善するため、手術が行われることがあります。その結果、日常生活上の制限がなくなることが多い一方で、機能改善が限定的で生活上の制約が必要なものもあります。病気の重症度に応じて、運動の制限、薬の内服、酸素の投与などが行われます。運動の制限が必要な場合は、かかりつけ医から生活管理指導表を提出してもらい、その指示に応じた保育を行います。

子どもの病気（白血病を除く悪性腫瘍、その他の病気）

○脳腫瘍

発生する脳の部位や、腫瘍細胞の種類によって症状や経過が異なります。頭痛、嘔吐などのほか、運動まひ、視力障害、けいれん、意識障害などが出現します。乳幼児期では頭囲の増大、頭蓋骨縫合の離開などがみられます。

○神経芽細胞腫

交感神経や副腎から発生するもので、子どもに多い悪性腫瘍の一つです。腹部の腫瘤、四肢関節痛、眼球突出などがみられます。

○腎芽腫

腎臓から発生し、3歳未満で発症することが多く、腹部膨満で発見されます。腫瘍が大きくなるまで無症状のことも多く、血尿や腹痛などの症状で発見されます。

○悪性リンパ腫

リンパ系組織から発生する悪性腫瘍です。幼児期からの発症率が高くな

ります。

○川崎病（急性熱性皮膚粘膜リンパ節症候群、MCLS）

　4歳以下の乳幼児に好発し、とくに1歳前後でみられます。主な症状は次の項目で、5つ以上の症状が認められれば、川崎病と診断します。

　①5日以上続く発熱（38℃以上）

　②両側眼球粘膜の充血

　③口唇の乾燥、発赤、いちご舌

　④化膿しない頸部リンパ節腫脹

　⑤全身の不定形の紅斑性発疹

　⑥急性期：手足のしもやけのような浮腫（硬性浮腫）回復期：つめと皮膚の移行部の膜性の落屑

　急性期第2週に冠動脈瘤が発現することがあり、自然によくなることが多いものの、ときに突然死の原因となります。治療はガンマグロブリン大量静注などが行われます。

○リウマチ熱

　溶血性連鎖球菌感染のあと、自己免疫性の病気として起こることがあります。幼児期の後半からよくみられます。発熱が続き、四肢の関節が赤くはれて痛みます。関節の症状は一過性で、あちこちの関節に移動します。心炎を伴い、弁膜症などの後遺症を残すことがあります。治療は再度の溶連菌の感染を防ぐため、ペニシリン系の抗生剤を長期に服用するなどを行います。

○ダウン症候群

　知的障害と特有の顔貌を特徴とする染色体異常で、21番の常染色体が1個多く、21トリソミーとよばれています。扁平な顔貌、低い鼻根部、つりあがった目など、特有な顔貌であり、筋の緊張が弱い、先天性心疾患を伴うこともあります。適切な指導により日常生活の自立、集団への参加が可能なものが多くみられるため、周囲の理解が必要となります。

子どもの心と健康

1. 心、精神、神経系の病気

○知的障害（精神遅滞）

知的発達に遅れが生じている状態です。知的障害の原因は、染色体や遺伝子の異常によるもの、頭蓋内疾患等の後遺症によるものなど、原因が明確なものと不明なものがあります。

○脳性まひ

脳性まひとは、受胎から生後4週間以内に発生した大脳の非進行性の病変であり、永続的に運動障害をきたしたものをいいます。原因は不明なものが多く、明らかなものとしては脳の形成異常、胎内における感染症（サイトメガロウイルスなど）、周産期の低酸素症、分娩外傷、頭蓋内出血、髄膜炎などがあります。症状は多くの場合、筋緊張によって四肢がかたくなり、体が反ってしまいます。知的障害、言語障害、情緒障害、けいれん発作などを伴うこともあります。

○自閉スペクトラム症

広汎性発達障害と呼ばれているものと概ね一致します。関係性がつかめない、コミュニケーションに障害がある、会話の問題がある、こだわり、同じことの繰り返し、限られた興味、感覚の過敏などがあります。言葉の遅れ、視線が合わない、指さしが遅れるなどでも診断できることがあります。知的障害を伴わない場合、一般に「高機能自閉症」「アスペルガー症候群」とよばれています。社会性の問題からいじめの対象になってしまうこともあり、早期に発見して周囲の理解のもと、養育することが求められます。

○アタッチメント障害

表情が乏しく、動きが少なく、あやしても反応しない反応性アタッチメント障害と誰にでも甘えようとする脱抑制型アタッチメント障害（脱抑制性社会交流障害）があります。いずれも、ネグレクトなどの不適切な環境で育つことによって生じます。自閉症スペクトラム症や注意欠如・多動症

（注意欠如・多動性障害：ADHD）との鑑別が必要です。

○選択性緘黙

　家庭ではよく話すのに幼稚園や学校ではほとんど話すことがないなど、場面によって話せなくなる状態です。数か月で改善することもあれば、不安が強いために長引くこともあります。

○チック症

　意図しないのに、まばたき、顔をしかめる、肩を挙げる、鼻を鳴らす、咳払いなどが繰り返し出現します。重症型のチック症をトゥレット障害と呼びます。注意しても改善されることはなく、体質的問題であることを周囲が理解する必要があります。

○限局性学習症

　発達の中で一部の能力が遅れているもので、文字を読む能力が低い読字障害、字を書く能力が遅れている書字障害、計算の能力が遅れている算数障害などがあります。早期に発見してトレーニングを行う試みが進められています。他の能力があるため、一部の能力に対して怠けているとみなされる危険があり、学習障害の適切な診断と周囲の理解が重要です。

○注意欠如・多動症（注意欠如・多動性障害：ADHD）

　不注意（忘れ物が多い、ミスが多いなど）、多動（落ち着きがない、静止できない、席を立って歩くなど）、衝動性（質問が終わる前に答える、考えずに行動するなど）の症状が認められます。症状は7歳以前に認められ、遺伝的な要因もあります。むやみに叱るのではなく、わかりやすい目標を立てるなど、適切な行動を促す必要があります。

○機能的遺尿症

　排尿の自立はおよそ3〜4歳で完了しますが、いつまでもコントロールがうまくいかず失敗するもののなかで、器質的な原因がないものを機能的遺尿症とよびます。夜間だけのものを夜尿症とよびます。治療は生活指導、行動療法、薬物療法があります。叱ったりからかったりすることのないよう、支援する必要があります。

年間保健計画と総括

　インターネットや雑誌、本などを活用してさまざまな年間保健計画を調べ、あなたが最も良いと感じた計画を書き写してみましょう。

 応急処置

　外傷にはさまざまな種類があります。それぞれどのような傷で、どのような点に注意して処置すべきなのか調べてみましょう。
　①擦り傷
　②切り傷
　③刺し傷
　④咬傷
　⑤打撲
　⑥鼻出血
　⑦口の中の傷

 **解 答**

①すりむいてできた傷で、土や砂が傷口に付着することが多いので、泥や砂などを流水でよく洗い流し、傷口の周囲を清潔にする。傷が深い場合は医師の治療を受ける。

②ガラスや刃物など鋭い物による傷で、傷口が鋭く切断されている傷。傷が浅い場合は、流水でよく洗い、傷口をとじるようにおさえてキズパッドなどを貼る。傷が深く、出血が止まらない場合は受診する。

③鋭くとがったものを指してできた傷で、傷口は小さくでも深いことがある。傷が浅く出血が少なければ刺さったものを抜いて流水で洗い、圧迫止血をする。傷が深いときには清潔なガーゼなどでおさえて医療機関へ行く。泥で汚れたものや古いものが刺さった場合は、破傷風の予防接種を受けているか確認しておく。

④かまれた傷で動物が原因となる場合は、細菌感染の可能性を考え、傷を流水で洗浄したあと必ず受診する。

⑤瞬間的に強い力で打撃を受けてできた傷で、皮下出血と痛みを伴う。打撲した部分を高くし、冷やす。

⑥鼻をつまんで、付け根を圧迫止血する。冷やすと鼻血が止まりやすくなる。

⑦流水で口をゆすいできれいにし、ガーゼで傷口を圧迫して冷やす。歯が折れていないか確かめ、折れたり抜けたりしている場合は歯を保存し、ただちに受診する。

課題1 保育における子どもの食と栄養について

$\boxed{1}$ いろいろなものを食べて、口の中の感覚を確かめてみましょう。

①水を飲むとき、舌の先の位置を確かめながら飲んでみましょう

②少し口をあけたまま、水を飲めるかやってみましょう

③子どものもちかたでスプーンをもって食べてみましょう

④スプーンなどで食べさせたり、食べさせてもらったりしてみましょう

⑤気づいたことをまとめましょう

$\boxed{2}$ 哺乳瓶の消毒について、薬液消毒法、煮沸消毒法、電子レンジ消毒法などがあります。それぞれの方法を調べ、自分が保育者だったら、あるいは保護者だったらどの消毒法を選びますか。その理由も書きましょう。

①保育者だったら

②保護者だったら

課題2 子どもの健康状態を把握する

$\boxed{1}$ 1. 子どもの体温、脈拍、呼吸数の測定方法をまとめましょう。

①体温

②脈拍

③呼吸数

2．実際に測定してみましょう

①体温
②脈拍
③呼吸数

3．じっとしていられない乳幼
　　児の体温を測定するときど
　　んな工夫が必要か考えてみ
　　ましょう。

4．1日の体温を2時間ごとに
　　測ってみて、食事や活動、
　　睡眠との関係や、朝と夜の
　　差などをみてどのくらい変
　　化するか確かめてみましょ
　　う。

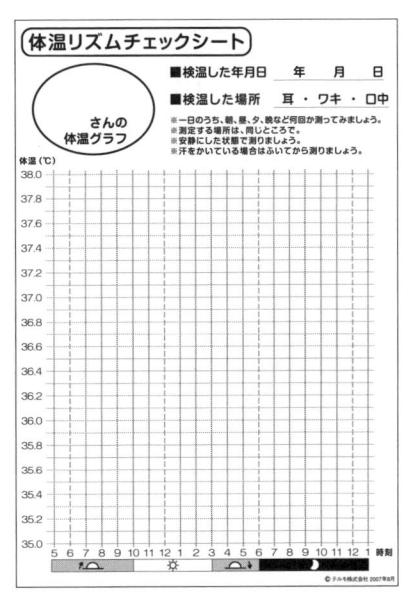

体温リズムチェクシート

出所：「テルモ体温研究所」

▶ http://www.terumo-taion.jp/temperature/tool/pdf/
one_day.pdf

ANSWER
解答

①乳児であれば、声をかけて膝の上に優しく抱き上げます。幼児であれば膝の上に
　抱き、熱を測ることをことばで伝えます。わきの下をタオルなどでさっと拭き、
　体温計を30から45度の角度で入れます。体温計の先がわきの下のくぼみに当たる
　ようにします。子どもの腕を軽くおさえ、わきの下を固定します。測定が終わっ
　たら、ゆっくり体温計を取り出し、衣服を直します。数値を読み、子どもにも教
　え、上手にできたこともほめます。数値を記録し、体温計はアルコール消毒をし
　て、所定の場所に戻します。
②年齢が低いほど脈拍数は多く、安静時の乳児は1分間に120〜140くらいです。発
　熱、痛み、興奮、運動で脈拍数は増加します。脈拍は手首の橈骨動脈で触れて測
　りますが、触れづらいときには上腕動脈や大腿動脈で測定します。

③乳児の安静時の呼吸数は1分間に30〜40くらいで、年齢とともに回数は少なくなります。また、発熱や運動によって増加します。いつもの呼吸は規則正しく、静かで、適当な速さで自然に意識しないでも行われています。まず1分間の回数を数えます。そして規則正しく呼吸しているか、ぜいぜい音がしないか、リズムに乱れはないか、苦しそうにしていないかなどをみながら、子どもの胸にも耳をつけて喘鳴がないか確かめます。

2 それぞれの症状の子どもへの対応をまとめましょう。

①熱があるとき
②咳がひどいとき
③吐いたとき
④おなかを痛がるとき
⑤身体をかゆがるとき

解答

①肌に触れて体温を感じつつ、体温計で測定します。服を一枚脱がせたり、ゆとりがあり風通しのよい服に着替えます。のどが渇いていなくても、「こまめに少しずつ」水分を補給します。身体はできる限り布団で横になるなどして、安静にします。冷やす場合には強めにではなく、ひんやり気持ちのよい程度で、氷枕や保冷剤を使用します。けいれんが起きている場合には救急車を要請します。

②熱もなく今まで元気だった子どもが急に詰まった咳をしている場合は、誤飲を疑い救急車を要請します。誤飲ではなく普通の咳の場合、呼吸しやすいように縦に抱っこするなど、体位や姿勢を工夫します。咳き込むときに上半身が揺れて体力を消耗するので抱き枕や抱っこで振動を吸収します。のどの粘膜の乾燥による刺激を和らげるため、水分を補給します。咳の合間に少しずつとります。また、呼吸が浅くなりやすいので声をかけながら深呼吸の援助をします。また室内の加湿や換気をして環境を整えます。

③おう吐物が散らばらないようにし、子どもに優しく声をかけながら体を横向きに

して寝かせ、吐きやすい姿勢をとります。また独特のにおいが吐き気をもよおすことがあるため、うがいをしたり顔を拭いて、さっぱりとした気持ちになれるよう援助します。着替えは状態が悪ければ寝たまま着替えます。ゆったりとした楽な服装のものを選びます。水分は吐いた後1時間経過してから摂取し、少しずつ進めます。

④子どもの様子を観察します。本当に痛いときはじっと丸まって動けず、くの字になります。触ると機嫌が悪くなったり怒ったりします。逆に触れることで安心したりホッとした様子であれば、見守ります。体の緊張を少しでも和らげるために優しく抱っこしたり優しくおなかをマッサージしたりトイレへ誘ってみます。おなかは冷さないようにし、痛みが落ち着いたら食事は少しずつ小分けにして食べます。様子の変化にすぐ対応できるように、保育者の目と手が届く範囲で遊べるようにします。また、時間の経過とともに悪化する可能性を考えて、医療機関を受診する準備をしておきます。

⑤かゆみは意識するとかきむしりたくなるため、絵本を見たり、遊んだり、食べたりなど気持ちが別にいくように援助します。かゆがる部位を洗い流したり、冷やしたり、皮膚の接触を軽減するなどの対処をします。薬などは塗らず、皮膚に湿気や熱がこもることのないようにします。

$\boxed{3}$ 以下の子どもの病状に関する申し送りのお知らせを見て、どのように保護者への対応をするか、流れがわかるようにまとめましょう。

①1歳6か月のBくん　体重11.2kg　体温38.0℃（15：30計測）

主な症状：熱

- 汗なし
- おしっこ（9：00　11：00　12：30　14：30)

現在までの状態

- 食事：お茶のみでおやつは食べない
- 遊び：抱っこからおろすと泣く

経過

8：20	登園検温36.5℃
	午前室内を一人で歩き、積み木で遊ぶ。おやつは完食。
12：30	給食はいつもの2／3食べる。
13：30〜14：20	午睡
14：30	顔が赤いので計測。37.5℃。お茶は飲める。
15：00	38.0℃保護者へ電話連絡。

②4歳0か月のAちゃん　体重14.5kg　体温36.6℃（13：45計測）

主な症状：熱

- コンコンとした乾いたせき
- せき込みと落ち着いた時をくり返している
- 鼻水なし。ほかの症状も特になし。

現在までの状態

- 食事：昼食・おやつ全量完食。
- 睡眠：午睡30分、せきで起きる。
- 遊び：いつもほど走り回らない。座っていることが多い。

経過

7：45	登園父より3日ほど前からせきが出ているとの申し送りあり。朝の検温36.4℃
	午前中のせきはなし
12：30	給食は完食
13：00〜13：30	午睡時々かわいたせきがある。むせて起きる。水分をとって落ち着く。
	午後午前と同じように遊ぶ
17：30	お迎え予定

③2歳6か月のMくん　体重13.0kg　体温36.6℃（8：30計測）

主な症状：腹痛

- おなか全体で痛い

- おなかは触れると柔らかく緊張はない
- 吐き気なし

現在までの状態

- 食事：朝食はいつもどおり食べた（連絡帳より）
- 睡眠：いつもどおり午睡
- 遊び：いつもと同じように遊んでいる

経過

8：30　登園保護者より特に問題なしとのこと（連絡帳より）。登園後、室内でお友達と元気に遊び、よく笑っている。

9：40　おなかをおさえて「痛い」と眉間にしわを寄せた表情で訴え。トイレにて通常の排便とガスが出る。

12：30　給食は全量完食。以降いつもと変化はない。

④3歳0か月のFくん　体重14.0kg　体温37.0℃（15：30計測）

主な症状：おう吐

- 2回おう吐（10：00　15：00）
- 10：00　形がわからない
- 15：00　給食のにんじん？

現在までの状態

- 食事：給食はいつもと同じ量
- 睡眠：午睡1時間。途中で起きて、横になってのんびり休んでいた。
- 遊び：いつも通り

経過

10：00　おう吐1回目。対応後すぐに笑顔で遊び始める。

11：30　給食はいつもと同じ量。おかわりも欲しがったが控えた。

15：00　おう吐2回目

16：00　間食は控え、お茶を飲むがおう吐なし

⑤3歳4か月のⅠくん　体重11.0kg　体温36.3℃（9：30計測）

主な症状：おう吐

- おなか〜背中全体にじんましんが出ていた（昨晩）
- かゆみはなし

現在までの状態

- 食事、睡眠、遊びはいつも通り

経過

- 昨日園庭遊びをしていた。
- 昨晩の夕食全量食べた。食材もいつも食べているもの（申し送りより）。
- 昨晩19：30ころ入浴のため服を脱ぐとじんましんが出ていた。かゆみや痛みはなし。
- 朝じんましんは消失していた。
- 9：00　昨晩から今朝までの状況が保護者より報告あり。

⑥1歳6か月のＡくん　体重10.2kg　体温36.3℃（8：40計測）

主な症状：かみきず

- 手の甲をかまれる
- 出血なし、腫れなし

現在までの状態

- 食事、睡眠、遊びはいつも通り

経過

9：30　室内で各自おもちゃで遊び始める

10：15　手を押さえて泣いている。歯形あり。相手も泣いている。二人を離して、かまれた手の甲を冷やし、抱っこしていると泣き止んで、少し眠る。

12：00　給食時、かみきずのある右手を使う

午後　　特に変化なし

①急な発熱があったBくんの保護者へお迎えの連絡をする。お迎えに来てほしいことと、子どもの状態を伝える。「Bくんが今日はいつもより少し元気がないな、と思っていましたら、14：30ごろに熱が37.5℃になり、今は38.0℃あります。お昼寝のあとすぐだったので、熱がこもったのかなと経過をみていたのですが、熱が上がり、今はお茶を飲むのもいやがるくらい元気がなくなっています」「お仕事を中断させてしまい申し訳ありませんが、お迎えに来ていただけますでしょうか」（保護者了承後）「ありがとうございます。少しでも身体を休ませられるように、事務所（職員室・保健室）で寝かせながらお待ちしていますね」

②せきが続いているAちゃんの保護者へせきの悪化の可能性を連絡する。せきの悪化と感染症の可能性を考えて診察をすすめる。「Aちゃんのせきが最近続いていますが、今日のお昼寝中にもむせるようにせきをすることがありました。起きてしまい、体を起こして水分をとらせた後は落ち着いていましたが、せきの状態がひどくなっていないか心配で様子をみていました」「今まで3日間続いていて、せきこんで眠りも浅い様子なので、病院へ行った方がよいかもしれません」「眠りについたとき、せきがよく出ていたので体を起こしてもたれるような姿勢で抱っこしました。ずいぶんと楽になったようなので、ご自宅でも眠れないときは試してあげてください」

③保育中に腹痛を訴えたが、様子を観察している中で元気になったことを報告する。今は元気であること、状態把握のために観察した内容を伝える。「登園してから、いつもと変わらずにすぐに遊び、笑ってくれていましたが、9：40ころにおなかが痛いと言ってきたため、トイレへ誘いました。普通のうんちとガスが出た後は、痛いということもなく、落ち着いていて、給食も全部食べ、よく遊んでいました」「子どもの腹痛が排便によるものだとは思いますが、もしご自宅でまだ痛がるようでしたら、病院へ行くことも考えてみた方がよいかもしれません」「私たちも今後、調子はどうかなと様子を見ていきます」

④2回のおう吐があったが、元気だったFくんのお迎え時に報告する。2回おう吐があったこと、本人は元気で熱もないこと、自宅で安静にすることをすすめる。「Fくんなのですが、今日の午前と午後、2回ずつ急に吐くことがありました。

吐いた後は、水分もとれてすぐに元気に遊んでいましたので、そのまま様子をみていました」「このような様子でしたが、もしもおうちで吐いたときは水分補給は1時間後に行うようにして、まずはうがいなどですっきりするようにしてみてください。水分補給は少しずつ進めてみてください」「何回も吐く様子でしたら、病院も検討してみてください。お大事になさってください」

⑤前日の保育時間中には特に異常がみられなかったこととあわせて、前日の保育内容について丁寧に伝える。また、昨晩の対応や医師の診察を受けたのであればその内容を聞き取り、本日も自宅では安静にして様子をみてもらうよう助言する。「昨晩は体のどのあたりに出ていたのか伺ってもよろしいでしょうか。そのときのIくんのようすはいかがでしたか。昨日は帰宅後大変だったのですね。昨日のお迎えのときまで、何かに刺された跡やかゆみなど、見える範囲でのじんましんは見られませんでした。そのため、衣服の中までは確認しておらず、申し訳ございませんでした。ことらでも今後症状が出ないかどうか、気をつけて保育をしていきます」

⑥お友だちとおもちゃの取り合いになり、手の甲をかまれてしまったAくんの保護者へ状況を説明する。かまれた跡がまだ残っていること、適切な処置を進めたこと、今後の対策について助言をする。また、未然に防止できなかったことを謝罪する。「今日の午前中に遊んでいて、お友だちとのおもちゃの取り合いで、相手の子から手の甲をかまれてしまいました。とっさのことで、少し離れていた私たちが間に入ることができず、結果としてけがをさせてしまいました。Aくんとその子はすぐに離して、かまれた手は冷やしました、動きに問題はないかなども確認するため、給食の様子を見ていましたが、かまれた手を使っていつも通りの様子でした」「もしも、帰ってから、痛みが出たり腫れたり、気になることがありましたら、園へも連絡をお願いします」「今後はこのようなことのないよう、私たちもしっかり見て、子どもたちに声を掛けていきます。このようなことになり、本当に申し訳ございませんでした」

4 1．母子健康手帳をみて書いてみましょう。

①誕生時の体重・身長・胸囲・頭囲

②現在の体重・身長・胸囲

③誕生時と比較して、体重・身長・胸囲はおよそ何倍になったか計算してみましょう。

2．母子健康手帳をみてわかったことをまとめましょう。

①在胎週数

②1週間の体重の変化

③1か月健診での体重の増加

④3か月健診、1歳半健診の体重

⑤1歳半健診の身長

⑥頭囲の増加

⑦歯はいつから生えたか

⑧乳児のときの栄養は、母乳、人工乳、混合栄養のどれか

⑨どんな予防接種をしていたか

⑩健診で計測した身長と体重からカウプ指数をもとめましょう

⑪自分の発育について調べてみた感想

課題 散歩や遠足でのけがや事故の対応

①実習先や通っていた母園の園庭や園舎、おさんぽコースの見取り図をかきましょう。絵やイラストをいれてかまいません。そのあと、危険なところを予測して、どんどん書き込み、ハザードマップを作成します。

②グループ内でそれぞれのハザードマップから情報を集めて一つのハザードマップにまとめましょう。

課題 保育現場での救命救急の基本

1 救急車の呼び方を実習してみましょう。二人一組となって、けいれん、大出血、呼吸困難、心停止、アナフィラキシーなどの場面を詳細に設定しまとめます。その後、消防センターの職員と救急

車を要請する保育者とに分かれて実際にやり取りをしてみましょう。役割は交代して、どちらの役割も体験しましょう。

①場所はわかりやすく伝えられましたか

②連絡先を正しく言えましたか

③子どもの状態を的確に伝えられましたか

＊あわてずゆっくり正確に情報を伝えましょう（下はおおまかな流れです）

1）救急であることを伝えます。

119番です。火事ですか？　救急ですか？　→　救急です。

2）救急車にきてほしい住所を伝えます

住所はどこですか　→　○○です。（住所と施設名は必ず伝える）

3）「いつ、だれが、どうして、現在どのような状態なのか」をわかる範囲で伝えます。

何か処置を行った場合はそのことも合わせて伝えます。

どうしましたか？　→　いつからだれがどのようになり現在このような状態です

4）通報している人の氏名と連絡先を伝えます（119番通報後もすぐに電話がとれる番号）

- 救急隊から、その後の状態確認などさまざまな問い合わせのために電話がかかってくることがあります。
- 通報時に伝えた電話は、常につながるようにしておきましょう。
- 必要に応じて、救急隊が到着するまでの応急手当なども聞きます。
- あなたの名前と連絡先を教えてください→○○（名前）です。○○（電話番号）です。

2 三人一組となってロールプレイをしてみましょう。子ども役1名、保育者A、保育者Bに分かれます。役割は交代してどの役割も体験するようにしましょう。ロールプレイをよく観察して、評価を行いましょう。

ロールプレイの流れ

①子ども役は、泣いたりうまく伝えられないなど、実際にいる子どものように演じましょう。

②保育者Aは、子どものそばにつき優しく語りかけて不安や恐怖心を取り除くようにしましょう。

③保育者Bは、適切な応急処置を行います。手当を行う際には、何を行うのか説明しながら進めましょう。

身体計測

・・・・・・・・・・・・・・・・・・・・・・・・・・・・・・・・・・・

①新生児人形を用いて、衣服を適切に脱がせ、全身の観察をしてみましょう。

②測定器具を用意し、二人一組となって、身長、体重、頭囲、胸囲を測定しましょう。

③適切に行えたか、手早くできたか、きちんと保育者同士声をかけ合いながら協力できたか、子どもが不安にならないよう声をかけたかなどをチェックしましょう。

発育の評価

・・・・・・・・・・・・・・・・・・・・・・・・・・・・・・・・・・・

成長曲線をみて考えてみましょう。

①男児と女児ではどのような違いがありますか。

②身体発育のスピードが早いのはいつ頃でしょうか。

③2歳でグラフに間があいているのはなぜでしょうか。

④母子健康手帳をみて自分の体重と身長を成長曲線に書き入れて評価してみましょう。

1 予防接種にはどのような種類があるか、国立感染症研究所の予防接種スケジュールなどをみて調べましょう。また、実際に予防接種のスケジュールを考えてみましょう。

①定期接種（勧奨接種）の予防接種名、対象となる感染症、標準的な接種期間と回数、接種するワクチンの種類（不活化ワクチンか生ワクチンか）

②任意接種の予防接種名、対象となる感染症、標準的な接種期間と回数、接種するワクチンの種類（不活化ワクチンか生ワクチンか）

③１歳前にすませておきたい予防接種

④１歳になったらすませておきたい予防接種

2 学校保健安全法による登園停止の感染症をあげ、それぞれの登園停止の基準と目安をまとめましょう。

課題 睡眠中の事故と 乳幼児突然死症候群（SIDS）について

1 新聞やニュース、インターネットなどから、これまでに保育園で起こったSIDSの事例について詳しくまとめましょう。

2

①午睡はなぜ必要なのでしょうか。調べてみましょう。

②午睡時の環境構成について保育室やホールの図を書いてみましょう。その際、カーテンはどうするのか、ふとんかベッドか、空調の設定はどうするか、保育者は何をしたらよいかなどを書き込んでまとめましょう。

課題 **アレルギー対応とアナフィラキシーへの対応**

. . . .

1 新聞やニュース、インターネットなどから、これまでに保育園で
起こった誤食やアナフィラキシー発生の事例について詳しくまと
めましょう。

2 二人一組となって、保育者が子どものアナフィラキシーに対して
エピペンを使う練習をしてみましょう。その際、子どもへの不安
を取り除く声かけも行いながら対応してみましょう。役割は交代
してどの役割も体験するようにしましょう。子ども役は保育者の
ロールプレイをよく観察して、評価を行いましょう。

課題 **けいれん（ひきつけ）の対応**

. . . .

1 保育室でてんかん発作を起こした子どもがいた場合の対応につい
て考えましょう。グループでまとめ、レポートを作成しましょう。
①発作が起きたときに確認すべきことを挙げましょう
②発作時の注意点をまとめましょう
③発作後の注意点をまとめましょう

2 熱性けいれんについて調べましょう。グループでまとめ、レポー
トを作成しましょう。
①熱性けいれんとはどのようなけいれんですか。間代性けいれんや強直
性けいれんとはどのようなものですか。
②子どもが熱性けいれんを起こした場合の保育者としての対応について、
調べてまとめましょう。

1 「児童福祉施設の設備及び運営に関する基準」の「第5章　保育所」について読みましょう。

第五章　保育所

(設備の基準)

第三十二条　保育所の設備の基準は、次のとおりとする。

一　乳児又は満二歳に満たない幼児を入所させる保育所には、乳児室又はほふく室、医務室、調理室及び便所を設けること。

二　乳児室の面積は、乳児又は前号の幼児一人につき一・六五平方メートル以上であること。

三　ほふく室の面積は、乳児又は第一号の幼児一人につき三・三平方メートル以上であること。

四　乳児室又はほふく室には、保育に必要な用具を備えること。

五　満二歳以上の幼児を入所させる保育所には、保育室又は遊戯室、屋外遊戯場(保育所の付近にある屋外遊戯場に代わるべき場所を含む。次号において同じ。)、調理室及び便所を設けること。

六　保育室又は遊戯室の面積は、前号の幼児一人につき一・九八平方メートル以上、屋外遊戯場の面積は、前号の幼児一人につき三・三平方メートル以上であること。

七　保育室又は遊戯室には、保育に必要な用具を備えること。

八　乳児室、ほふく室、保育室又は遊戯室(以下「保育室等」という。)を二階に設ける建物は、次のイ、ロ及びへの要件に、保育室等を三階以上に設ける建物は、次のロからチまでの要件に該当するものであること。

　イ　建築基準法(昭和二十五年法律第二百一号)第二条第九号の二に規定する耐火建築物又は同条第九号の三に規定する準耐火建築物(同号ロに該当するものを除く。)であること。

　ロ　保育室等が設けられている次の表の上欄に掲げる階に応じ、同表の中欄に掲げる区分ごとに、それぞれ同表の下欄に掲げる施設又は設備

が一以上設けられていること。

　ハ　ロに掲げる施設及び設備が避難上有効な位置に設けられ、かつ、保育室等の各部分からその一に至る歩行距離が三十メートル以下となるように設けられていること。

　ニ　保育所の調理室（次に掲げる要件のいずれかに該当するものを除く。ニにおいて同じ。）以外の部分と保育所の調理室の部分が建築基準法第二条第七号に規定する耐火構造の床若しくは壁又は建築基準法施行令第百十二条第一項に規定する特定防火設備で区画されていること。この場合において、換気、暖房又は冷房の設備の風道が、当該床若しくは壁を貫通する部分又はこれに近接する部分に防火上有効にダンパーが設けられていること。

　（1）スプリンクラー設備その他これに類するもので自動式のものが設けられていること。

　（2）調理用器具の種類に応じて有効な自動消火装置が設けられ、かつ、当該調理室の外部への延焼を防止するために必要な措置が講じられていること。

　ホ　保育所の壁及び天井の室内に面する部分の仕上げを不燃材料でしていること。

　ヘ　保育室等その他乳幼児が出入し、又は通行する場所に、乳幼児の転落事故を防止する設備が設けられていること。

　ト　非常警報器具又は非常警報設備及び消防機関へ火災を通報する設備が設けられていること。

　チ　保育所のカーテン、敷物、建具等で可燃性のものについて防炎処理が施されていること。

（保育所の設備の基準の特例）

　第三十二条の二の次の各号に掲げる要件を満たす保育所は、第十一条第一項の規定にかかわらず、当該保育所の満三歳以上の幼児に対する食事の提供について、当該保育所外で調理し搬入する方法により行うことができる。この場合において、当該保育所は、当該食事の提供について当該方法によることとしてもなお当該保育所において行うことが必要な調理のための加熱、保存

等の調理機能を有する設備を備えるものとする。

　一　幼児に対する食事の提供の責任が当該保育所にあり、その管理者が、衛生面、栄養面等業務上必要な注意を果たし得るような体制及び調理業務の受託者との契約内容が確保されていること。

　二　当該保育所又は他の施設、保健所、市町村等の栄養士により、献立等について栄養の観点からの指導が受けられる体制にある等、栄養士による必要な配慮が行われること。

　三　調理業務の受託者を、当該保育所における給食の趣旨を十分に認識し、衛生面、栄養面等、調理業務を適切に遂行できる能力を有する者とすること。

　四　幼児の年齢及び発達の段階並びに健康状態に応じた食事の提供や、アレルギー、アトピー等への配慮、必要な栄養素量の給与等、幼児の食事の内容、回数及び時機に適切に応じることができること。

　五　食を通じた乳幼児の健全育成を図る観点から、乳幼児の発育及び発達の過程に応じて食に関し配慮すべき事項を定めた食育に関する計画に基づき食事を提供するよう努めること。

（職員）

　第三十三条保育所には、保育士（特区法第十二条の四第五項に規定する事業実施区域内にある保育所にあつては、保育士又は当該事業実施区域に係る国家戦略特別区域限定保育士。次項において同じ。）、嘱託医及び調理員を置かなければならない。ただし、調理業務の全部を委託する施設にあつては、調理員を置かないことができる。

　2　保育士の数は、乳児おおむね三人につき一人以上、満一歳以上満三歳に満たない幼児おおむね六人につき一人以上、満三歳以上満四歳に満たない幼児おおむね二十人につき一人以上、満四歳以上の幼児おおむね三十人につき一人以上とする。ただし、保育所一につき二人を下ることはできない。

（保育時間）

　第三十四条保育所における保育時間は、一日につき八時間を原則とし、その地方における乳幼児の保護者の労働時間その他家庭の状況等を考慮して、

階	区分	施設又は設備
二階	常用	1　屋内階段
		2　屋外階段
	避難用	1　建築基準法施行令（昭和二十五年政令第三百三十八号）第百二十三条第一項各号又は同条第三項各号に規定する構造の屋内階段（ただし、同条第一項の場合においては、当該階段の構造は、建築物の一階から二階までの部分に限り、屋内と階段室とは、バルコニー又は付室を通じて連絡することとし、かつ、同条第三項第三号、第四号及び第十号を満たすものとする。）
		2　待避上有効なバルコニー
		3　建築基準法第二条第七号の二に規定する準耐火構造の屋外傾斜路又はこれに準ずる設備
		4　屋外階段
三階	常用	1　建築基準法施行令第百二十三条第一項各号又は同条第三項各号に規定する構造の屋内階段
		2　屋外階段
	避難用	1　建築基準法施行令第百二十三条第一項各号又は同条第三項各号に規定する構造の屋内階段（ただし、同条第一項の場合においては、当該階段の構造は、建築物の一階から三階までの部分に限り、屋内と階段室とは、バルコニー又は付室を通じて連絡することとし、かつ、同条第三項第三号、第四号及び第十号を満たすものとする。）
		2　建築基準法第二条第七号に規定する耐火構造の屋外傾斜路又はこれに準ずる設備
		3　屋外階段
四階以上	常用	1　建築基準法施行令第百二十三条第一項各号又は同条第三項各号に規定する構造の屋内階段
		2　建築基準法施行令第百二十三条第二項各号に規定する構造の屋外階段
	避難用	1　建築基準法施行令第百二十三条第一項各号又は同条第三項各号に規定する構造の屋内階段（ただし、同条第一項の場合においては、当該階段の構造は、建築物の一階から保育室等が設けられている階までの部分に限り、屋内と階段室とは、バルコニー又は付室（階段室が同条第三項第二号に規定する構造を有する場合を除き、同号に規定する構造を有するものに限る。）を通じて連絡することとし、かつ、同条第三項第三号、第四号及び第十号を満たすものとする。）
		2　建築基準法第二条第七号に規定する耐火構造の屋外傾斜路
		3　建築基準法施行令第百二十三条第二項各号に規定する構造の屋外階段

保育所の長がこれを定める。

（保育の内容）

　第三十五条　保育所における保育は、養護及び教育を一体的に行うことをその特性とし、その内容については、厚生労働大臣が定める指針に従う。

（保護者との連絡）

　第三十六条保育所の長は、常に入所している乳幼児の保護者と密接な連絡をとり、保育の内容等につき、その保護者の理解及び協力を得るよう努めなければならない。

（業務の質の評価等）

　第三十六条の二保育所は、自らその行う法第三十九条に規定する業務の質の評価を行い、常にその改善を図らなければならない。

　2　保育所は、定期的に外部の者による評価を受けて、それらの結果を公表し、常にその改善を図るよう努めなければならない。

第三十六条の三　削除

2 保育所の園庭について、広さ、植栽、遊具、設備などの種類と配置などの基準や安全を考慮しながら、グループで理想と考える環境構成を図にかいてみましょう。

①どんな園庭にしたいですか。

②そのためにどのような工夫が必要ですか。

③安全性に配慮した点はどこですか。

④ケガや事故の起こりそうな部分について危険を予測し、ハザードマップとしての情報も加えましょう。

課題　春の健康教育

①手洗いを指導するための健康教育の教材を作成してみましょう。何歳を対象とするかも忘れずに。

②子どもや保護者向けに手洗いを徹底するための掲示物を作成してみましょう。

③作成した教材を使用して、ロールプレイをしましょう。ロールプレイをよく観察して、評価しましょう。

課題1 乳児の口腔ケアと幼児の歯みがき

1

①正しい歯みがきの方法やむし歯予防に関する健康教育の教材を作成してみましょう。

②保護者向けに口腔ケアや歯みがきをすすめるための掲示物を作成してみましょう。

③作成した教材を使用して、ロールプレイをしましょう。ロールプレイをよく観察して、評価しましょう。

2 歯垢染色剤を使って、みがきのこしのチェックをしてみましょう。

①歯の表面に丁寧に染色剤を塗り、水で軽く口をすすぎましょう。みがきのこしチェックシートに赤くなっている部分を鏡で見ながら塗ってみましょう。

②テキストや作成した教材、プリントをもとに、丁寧に歯みがきをしましょう。

③みがきのこしの最終チェックを行い、自分の歯みがきの足りない部分を確認しましょう。

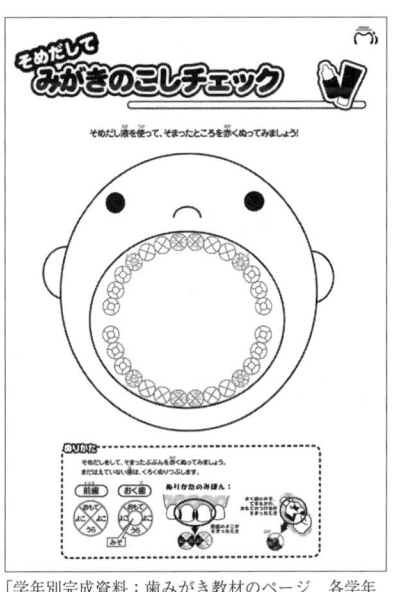

「学年別完成資料：歯みがき教材のページ　各学年共通」 MI21.net

▶ http://www.mi21.net/ha/kanseisiryo/pdf/somedasi.pdf

課題2 食中毒

　インターネットなどで過去に保育所で起こった食中毒の事例を調べてみましょう。食中毒を防ぐためには何が必要だったのかを考えてみましょう。

課題 熱中症

①経口補水液の作り方を調べましょう。

②経口補水液を実際に飲んで味を確かめてみましょう。

課題 プールと水遊び

子どもとプールに入る場合、安全面でどのような配慮が必要でしょうか。

課題 保健だより

自分の誕生月の保健だよりを作成しましょう。

課題 救急救命

1

①子どもが誤飲してしまう物の大きさを確かめてみましょう。チャイルド・マウスを作ってチェックしてみます。乳児（口径32mm）と3歳児（口径39mm）を作り、身のまわりのものを入れてみましょう。

②窒息による死亡を防止するために、どのような配慮が必要でしょうか。思いつくままに、なるべく具体的に、たくさん挙げてみましょう。

2 不慮の事故はどのようにして起こってしまうのか、考えてみましょう。0歳児は窒息による死亡が最も多くなります。これまでに学んできた子どもの発達特性（身体的側面・心理的側面）を参考にしながら、どうして危険なのかを考えてみましょう。

①生後5か月のYちゃん

午睡中、やわらかい布団で寝ている。タオルが口から上までかかっていて、ベッドの柵が片方降りたまま保育者が少し離れたところにいる。手の

届くところには、おもちゃが置いてある。

②生後2か月のJくん

　母乳を飲んだ後で、吐乳をしているが、あおむけに寝ており、保育者が周囲にいない。

3

①心肺蘇生法（CPR）を実践してみましょう。成人、子ども、乳児の人形で実際に行ってみましょう。また、一人で行う場合と二人で行う場合の手順を確認し、それぞれ行ってみましょう。

②AEDの使い方を確認しましょう。身近な施設や建物のどこにAEDが設置してあるのか、確認してみましょう。AEDトレーナーを使用し、電源の入れ方、パッドの当て方、通電の仕方の手順を確認し実際に行ってみましょう。また、水遊び場やプールなど濡れている場所ではどのように注意したらよいか調べてみましょう。

③誤嚥の際に、誤嚥物の排除を行う背部叩打法と腹部圧迫突き上げ法を人形で実際に行ってみましょう。

4 それぞれの異物を誤飲した場合の対処法を調べましょう。

①タバコ

②医薬品

③防虫剤

④灯油、ガソリン

⑤トイレ用洗剤、漂白剤

⑥少量の誤飲ではほとんど無害なもの（少量＝1gまたは1㎖未満）にはどのようなものがありますか。調べてたくさん挙げてみましょう。

⑦誤飲の際、吐かせていけないのは、どのようなときか調べましょう。

Ａ NSWER 解答

①舌の奥を下に押して吐かせる。ニコチンが体内へ吸収されやすくなるため、水や

牛乳は飲ませない。病院を受診する。

②水や牛乳を飲ませてから舌の奥を下へ押してすぐに吐かせる。病院を受診する。

③牛乳は飲ませない。油に溶けやすいため牛乳を飲ませると毒物の吸収を早めてしまう。吐かせてすぐに病院へ連れていく。

④何も飲ませない。吐いたものが気管に入ることで肺炎などを起こすため、吐かせずにすぐ病院へ連れていく。

⑤牛乳や卵白を飲ませる。無理に吐かせると食道などの粘膜を痛めるため、吐かせずに病院へ連れていく。

⑥台所用品：食用油、酒、冷蔵庫用脱臭剤、保冷剤、マッチの先端、ろうそく

　文房具：インク、クレヨン、クレパス、絵の具、鉛筆、消しゴム、墨汁、粘土、糊

　化粧品：石けん、おしろい、口紅、クリーム、化粧水、香水、ベビーオイル、乳液、ベビーパウダー

　その他：歯みがき剤、シャンプー、整髪料、シリカゲル、使い捨てカイロ、線香、蚊取り線香、花火

⑦意識障害がある、けいれんを起こしている、灯油や揮発性の物質の誤飲、強酸や強アルカリの物質の誤飲、血を吐いた、とがったものの誤飲

 課題2 防災・避難訓練

①火災のときの避難経路について調べてみましょう。玄関の自動ドアは火災時にどのようになるのか、避難用のはしごはどこにありますか、使い方も調べてみましょう。夜間の停電時に避難口（正面玄関やバルコニー、窓など）を探せるようになっていますか、なぜ階段で避難するのか、エレベーター内に閉じ込められた場合どうするのか、自宅、学校、職場などを調べてまとめましょう。

②地震が起きたときの最初の行動を確認しましょう。大規模地震が起きたときの避難場所と避難経路について、自宅、学校、職場などを調べてまとめましょう。

③災害発生時の連絡の取り方について、保育者としてどのように進める

のか調べましょう。また、保育者として対応しつつ、自身の家族との連絡などについてもどのようにしたらよいか考え、調べましょう。

④台風や大雨、大雪のとき、どのタイミングで保護者へお迎えの連絡をするのがよいか、調べてみましょう。

⑤自宅、学校、職場などの周囲に洪水や津波が起こる可能性のある場所、また台風や大雨などのときに土砂災害が起こる危険のある場所がないか確認してみましょう。

⑥園庭での活動中や屋外での保育中に雷が発生した場合、どのように避難したらよいか調べ、手順を整理してみましょう。

⑦これまで起こった子どもに関する自然災害の事故について調べてみましょう。何が問題だったのか、どのように対応するのが適切だったのか、その後の対策はどのように進められたのかを整理しましょう。

視力検査

①テキストを参考にしながら、視力表を用いて視力検査を行ってみましょう。

②行ってみて、どの部分が難しかったのか、子どもに実施する際にどのような配慮が必要かまとめましょう。

③先天色覚異常とは何か調べましょう。また、学校等では色覚検査はどのように実施されているかを調べ、まとめましょう。

眼の健康教育

①視力検査に向けて、また目を大切にするための健康教育の教材を作成してみましょう。何歳を対象とするかも忘れずに。

②子どもや保護者向けに目を大切にするための掲示物を作成してみましょう。

③作成した教材を使用して、ロールプレイをしましょう。ロールプレイをよく観察して、評価しましょう。

課題　飼育動物の衛生管理

①動物を飼育するという設定のもと、いのちの大切さを伝えるための健康教育の教材を作成してみましょう。何歳を対象とするかも忘れずに。
②子どもや保護者向けに飼育動物の関する注意点を伝えるための掲示物を作成してみましょう。
③作成した教材を使用して、ロールプレイをしましょう。ロールプレイをよく観察して、評価しましょう。

課題　かぜとインフルエンザのはなし

①かぜやインフルエンザを予防するための健康教育の教材を作成してみましょう。何歳を対象とするかも忘れずに。
②子どもや保護者向けにかぜやインフルエンザを予防するための掲示物を作成してみましょう
③作成した教材を使用して、ロールプレイをしましょう。ロールプレイをよく観察して、評価しましょう。

課題　子どもの秋・冬のスキンケア

　冷やしたワセリンと少し温めたワセリンをそれぞれ手の甲に塗布してみましょう。塗る際には、感染症予防や子どもの皮膚を傷つけないよう、感染予防グローブつけて塗布しましょう。それぞれのワセリンの違い、感触、10分後の状態、子どもへの配慮点などについてまとめましょう。

課題　感染性胃腸炎

①おう吐物の処理についてロールプレイをしましょう。テキストを参考に進め、ロールプレイをよく観察して、評価しましょう。
②吐いた子どもへの声掛けや対応のロールプレイをしましょう。テキス

トを参考に進め、ロールプレイをよく観察して、評価しましょう。

冬のケガや事故

次の場合の応急処置について調べましょう。
①熱風を吸い込んだとき
②服に火が燃え移ったとき
③低温やけどが疑われるとき

就学に向けての健康教育

①テキストを参考に、健康教育の題材を1つ選んで教材を作成してみましょう。
②テキストを参考に、健康教育の題材を1つ選んで掲示物を作成してみましょう。
③作成した教材を使用して、ロールプレイをしましょう。ロールプレイをよく観察して、評価しましょう。
④小学校就学前に伝えなければならないこととして、他にどのようなことがあるか、できるだけ多く考えてみましょう。

新生児マススクリーニング

先天性の病気のなかには、生後早い時期に採血を行うことで診断できるものがあります。新生児のうちに早期発見しておくと、早期治療により知能の遅れなどを防止できたり、重い症状が出ないように注意して日常生活を送ることができます。このような取り組みを「新生児マススクリーニング」（先天性代謝異常症等検査）といい、世界各国で行われています。新生児マススクリーニングで発見される病気は、内分泌疾患（ホルモンの異常）と代謝異常症（栄養素の利用の障害）に大きく分けられます。内分泌疾患としては、甲状腺ホルモンの欠乏症（先天性甲状腺機能低下症）と副腎皮質

ホルモンの欠乏症（先天性副腎過形成症）を対象とし、代謝異常症として
は、早期の食事療法や生活上の注意が必要な合計17疾患を対象としていま
す。それぞれ、どのような病気なのかを調べて、まとめましょう。

1. 甲状腺ホルモンの欠乏症

　①先天性甲状腺機能低下症（クレチン症）

2. 副腎皮質ホルモンの欠乏症

　②先天性副腎皮質過形成症

3. 糖（炭水化物）の代謝異常

　③ガラクトース血症

4. アミノ酸の代謝異常

　④フェニルケトン尿症

　⑤メープルシロップ尿症（楓糖尿症）

　⑥ホモシスチン尿症

　⑦シトルリン血症Ⅰ型・⑧アルギニノコハク酸尿症

5. 有機酸の代謝異常

　⑨メチルマロン酸血症・⑩プロピオン酸血症

　⑪イソ吉草酸血症

　⑫メチルクロトニルグリシン尿症

　⑬ヒドロキシメチルグルタル酸血症（HMG血症）

　⑭複合カルボキシラーゼ欠損症

　⑮グルタル酸血症1型

6. 脂肪酸の代謝異常

　⑯中鎖アシルCoA脱水素酵素欠損症（MCAD欠損症）

　⑰極長鎖アシルCoA脱水素酵素欠損症（VLCAD欠損症）

　⑱三頭酵素／長鎖3－ヒドロキシアシルCoA脱水素酵素欠損症（TFP／
　　LCHAD欠損症）

　⑲カルニチンパルミトイルトランスフェラーゼ－1欠損症（CPT-1欠損
　　症）

解 答

1. 甲状腺ホルモンの欠乏症

①先天性甲状腺機能低下症（クレチン症）

　首の前部にある甲状腺から分泌される甲状腺ホルモンが不足する疾患です。甲状腺ホルモンは、こどもの成長（身体が大きくなること）と発達（脳が大きくなること）に大事ですので、気づかずにいると、身長が伸びないとか、歩いたりおしゃべりが遅くなる、などの症状が出ることがあります。このため、早期に診断し、甲状腺ホルモンを薬として投与することが重要です（医学的には、甲状腺自体に問題があるものと、中枢神経に問題がある場合とに分類されますが、症状はほぼ同じです）。

2. 副腎皮質ホルモンの欠乏症

②先天性副腎皮質過形成症

　腎臓の上にある副腎から分泌される副腎皮質ホルモンが不足する疾患です。副腎皮質ホルモンは、身体を元気にする作用がありますので、不足すると、ミルクを飲めなかったり、体重が増えなかったりします。重度の脱水になる場合もありますので、早期に診断し、副腎皮質ホルモンを薬として投与することが重要です。また、副腎皮質ホルモンが不足すると、その影響で男性ホルモンが増加してしまいます。そのため、女の子では手術をすることもあります。

3. 糖（炭水化物）の代謝異常

③ガラクトース血症

　母乳やミルクに含まれる糖（炭水化物）は、ほとんどが乳糖であり、乳糖とはガラクトースとブドウ糖からできています。このガラクトースをうまく処理できない体質がガラクトース血症で、乳糖を除去したミルクを与えないと、肝臓の働きが低下したりします。ただし、ガラクトース血症は日本人には非常にまれです。

4.アミノ酸の代謝異常

④フェニルケトン尿症

　フェニルアラニンというアミノ酸がうまく処理できない疾患です。血液中ではフェニルアラニン濃度が高くなりますが、尿にはフェニルアラニンという物質が増えるので、フェニルアラニン尿症と呼ばれています。フェニルアラニンを制限したミルクをあたえることで、知能障害が予防できます。

⑤メープルシロップ尿症

　イソロイシン、ロイシン、バリンというアミノ酸がうまく処理できない疾患です。この病気の場合、尿の臭いがメープルシロップに似ているため、このように呼ばれます。イソロイシン、ロイシン、バリンを制限したミルクをあたえることで、重度の体調不良（ケトアシドーシス発作といいます）を予防します。

⑥ホモシスチン尿症

　ホモシスチンというアミノ酸が分解できない疾患です。血液中のホモシスチン濃度が高くなりますが、ホモシスチンの原料となるメチオニン濃度も高くなります。メチオニンを制限したミルクをあたえることで、知能障害や脳梗塞を予防します。

⑦シトルリン血症Ｉ型・⑧アルギニノコハク酸尿症

　この２つは、アミノ酸を利用するときにできる「アンモニア」の分解ができない疾患です。アンモニアは身体に毒ですので、通常はすぐに分解して尿に出るようになっていますが、そこがうまく働きません。タンパク質を制限したミルクにしたり、アンモニアを処理する薬を服用したりして、重度の体調不良（高アンモニア血症）を予防します。

5.有機酸の代謝異常

⑨メチルマロン酸血症・⑩プロピオン酸血症

　この２つは症状や治療が似ているので、よく一緒に取り扱われます。母乳やミルクに含まれるタンパク質から生じる酸性の物質が増加することにより、重度の体調不良（ケトアシドーシス）を生じます。これを予防するために、タンパク質を制限したミルクを用いたり、薬で酸性物質の尿中への排泄を促進させたりします。

⑪イソ吉草酸血症

　母乳やミルクに含まれるタンパク質から生じるイソ吉草酸という酸性の物質が血液中に増加し、新生児のうちに重度の体調不良を生じたり、あるいは感染症などに伴って重度の体調不良を生じたりします。これを予防するために、ロイシンというアミノ酸を除去したミルクを用いたり、薬で酸性物質の尿中への排泄を促進させたりします。

⑫メチルクロトニルグリシン尿症

　食事に含まれるタンパク質から生じる酸性の物質が血液中に増加します。生後6か月以降に感染症などに罹患した際に、重度の体調不良を生じる危険性があります。これを予防するために、ロイシンというアミノ酸を除去したミルクを用いたり、感染症にかかったときは早めに点滴などをうけるようにします。

⑬ヒドロキシメチルグルタル酸血症（HMG血症）

　母乳やミルクに含まれるタンパク質から生じる酸性の物質が血液中に増加し、新生児のうちに重度の体調不良を生じたり、あるいは感染症などの伴って重度の体調不良を生じたりします。これを予防するために、ロイシンというアミノ酸を除去したミルクを用いたり、感染症にかかったときは早めに点滴などをうけるようにします。

⑭複合カルボキシラーゼ欠損症

　母乳やミルクに含まれるタンパク質から生じる酸性の物質が血液中に増加し、新生児のうちに重度の体調不良（ケトアシドーシス）を生じます。これを予防するために、ビオチンというビタミン剤を服用します。

⑮グルタル酸血症１型

　食事に含まれるタンパク質から生じる酸性の物質が血液中に増加します。このため、神経の異常が生じますが、これは急激に生じたり、あるいは徐々に進行したりします。この予防のため、十分な食事カロリー摂取とタンパク質の制限、ビタミン剤の投与を行います。また、感染症にかかったときは早めに点滴などをうけるようにします。

6. 脂肪酸の代謝異常

⑯中鎖アシルCoA脱水素酵素欠損症（MCAD欠損症）

脂肪酸のうち、中鎖脂肪酸とよばれる炭素数がそれほど多くない脂肪酸が利用できない疾患です。このため、長時間の絶食や、感染症などでエネルギー消費が増えた場合などに、重度の体調不良を生じることがあります。この予防のために、乳幼児のうちはあまり長時間絶食にならないように注意し、感染症にかかったときは早めに点滴などをうけるようにします。

⑰極長鎖アシルCoA脱水素酵素欠損症（VLCAD欠損症）

脂肪酸のうち、極長鎖脂肪酸とよばれる、炭素数が多い脂肪酸が利用できない疾患です。このため、長時間の絶食や、感染症などでエネルギー消費が増えた場合などに、重度の体調不良を生じることがあります。筋肉や心臓の異常を生じることもあります。この予防のため、脂肪の摂取を制限し、その代わりに中鎖脂肪酸とよばれる炭素数がそれほど多くない脂肪酸からできたミルクを用います。

⑱三頭酵素／長鎖3－ヒドロキシアシルCoA脱水素酵素欠損症（TFP／LCHAD欠損症）

脂肪酸のうち、長鎖脂肪酸とよばれる、炭素数が比較的多い脂肪酸が利用できない疾患です。このため、長時間の絶食や、感染症などでエネルギー消費が増えた場合などに、重度の体調不良を生じることがあります。筋肉や心臓の異常を生じることもあります。この予防のため、脂肪の摂取を制限し、その代わりに中鎖脂肪酸とよばれる炭素数がそれほど多くない脂肪酸からできたミルクを用います。

⑲カルニチンパルミトイルトランスフェラーゼ－1欠損症（CPT-1欠損症）

脂肪酸を輸送するシステムに問題があり、特に脂肪酸のうち長鎖脂肪酸とよばれる炭素数が比較的多い脂肪酸が利用できない疾患です。このため、長時間の絶食や、感染症などでエネルギー消費が増えた場合などに、重度の体調不良を生じることがあります。この予防のため、脂肪の摂取を制限し、その代わりに中鎖脂肪酸とよばれる炭素数がそれほど多くない脂肪酸からできたミルクを用います。

（神奈川県新生児マススクリーニングパンフレットより）

資　料

※上記出所をもとに、書式を整えるなど本書掲載にあたり必要な編集を施した。

保育所保育指針（第3章）

1　子どもの健康支援

（1）子どもの健康状態並びに発育及び発達状態の把握

ア　子どもの心身の状態に応じて保育するために、子どもの健康状態並びに発育及び発達状態について、定期的・継続的に、また、必要に応じて随時、把握すること。

イ　保護者からの情報とともに、登所時及び保育中を通じて子どもの状態を観察し、何らかの疾病が疑われる状態や傷害が認められた場合には、保護者に連絡するとともに、嘱託医と相談するなど適切な対応を図ること。看護師等が配置されている場合には、その専門性を生かした対応を図ること。

ウ　子どもの心身の状態等を観察し、不適切な養育の兆候が見られる場合には、市町村や関係機関と連携し、児童福祉法第25条に基づき、適切な対応を図ること。また、虐待が疑われる場合には、速やかに市町村又は児童相談所に通告し、適切な対応を図ること。

（2）健康増進

ア　子どもの健康に関する保健計画を全体的な計画に基づいて作成し、全職員がそのねらいや内容を踏まえ、一人一人の子どもの健康の保持及び増進に努めていくこと。

イ　子どもの心身の健康状態や疾病等の把握のために、嘱託医等により定期的に健康診断を行い、その結果を記録し、保育に活用するとともに、保護者が子どもの状態を理解し、日常生活に活用できるようにすること。

（3）疾病等への対応

ア　保育中に体調不良や傷害が発生した場合には、その子どもの状態等に応じて、保護者に連絡するとともに、適宜、嘱託医や子どものかかりつけ医等と相談し、適切な処置を行うこと。看護師等が配置されている場合には、その専門性を生かした対応を図ること。

イ　感染症やその他の疾病の発生予防に努め、その発生や疑いがある場合には、必要に応じて嘱託医、市町村、保健所等に連絡し、その指示に従うとともに、保護者や全職員に連絡し、予防等について協力を求めること。また、感染症に関する保育所の対応方法等について、あらかじめ関係機関の協力を得ておくこと。看護師等が配置されている場合には、その専門性を生かした対応を図ること。

ウ　アレルギー疾患を有する子どもの保育については、保護者と連携し、医師の診断及び指示に基づき、適切な対応を行うこと。また、食物アレルギーに関して、関係機関と連携して、当該保育所の体制構築など、安全な環境の整備を行うこと。看護師や栄養士等が配置されている場合には、その専門性を生かした対応を図ること。

エ　子どもの疾病等の事態に備え、医務室等の環境を整え、救急用の薬品、材料等を適切な管理の下に常備し、全職員が対応できるようにしておくこと。

2 食育の推進

（1）保育所の特性を生かした食育

ア　保育所における食育は、健康な生活の基本としての「食を営む力」の育成に向け、その基礎を培うことを目標とすること。

イ　子どもが生活と遊びの中で、意欲をもって食に関わる体験を積み重ね、食べることを楽しみ、食事を楽しみ合う子どもに成長していくことを期待するものであること。

ウ　乳幼児期にふさわしい食生活が展開され、適切な援助が行われるよう、食事の提供を含む食育計画を全体的な計画に基づいて作成し、その評価及び改善に努めること。栄養士が配置されている場合は、専門性を生かした対応を図ること。

（2）食育の環境の整備等

ア　子どもが自らの感覚や体験を通して、自然の営みとしての食材や食の循環・環境への意識、調理する人への感謝の気持ちが育つように、子どもと調理員等との関わりや、調理室など食に関わる保育環境に配慮すること。

イ　保護者や地域の多様な関係者との連携及び協働の下で、食に関する取組が進められること。また、市町村の支援の下に、地域の関係機関等との日常的な連携を図り、必要な協力が得られるよう努めること。

ウ　体調不良、食物アレルギー、障害のある子どもなど、一人一人の子どもの心身の状態等に応じ、嘱託医、かかりつけ医等の指示や協力の下に適切に対応すること。栄養士が配置されている場合は、専門性を生かした対応を図ること。

3 環境及び衛生管理並びに安全管理

（1）環境及び衛生管理

ア　施設の温度、湿度、換気、採光、音などの環境を常に適切な状態に保持するとともに、施設内外の設備及び用具等の衛生管理に努めること。

イ　施設内外の適切な環境の維持に努めるとともに、子ども及び全職員が清潔を保つようにすること。また、職員は衛生知識の向上に努めること。

（2）事故防止及び安全対策

ア　保育中の事故防止のために、子どもの心身の状態等を踏まえつつ、施設内外の安全点検に努め、安全対策のために全職員の共通理解や体制づくりを図るとともに、家庭や地域の関係機関の協力の下に安全指導を行うこと。

イ　事故防止の取組を行う際には、特に、睡眠中、プール活動・水遊び中、食事中等の場面では重大事故が発生しやすいことを踏まえ、子どもの主体的な活動を大切にしつつ、施設内外の環境の配置や指導の工夫を行うなど、必要な対策を講じること。

ウ　保育中の事故の発生に備え、施設内外の危険個所の点検や訓練を実施するとともに、外部からの不審者等の侵入防止のための措置や訓練など不測の事態に備えて必要な対応を行うこと。また、子どもの精神保健面における対応に留意すること。

4 災害への備え

(1) 施設・設備等の安全確保

ア 防火設備、避難経路等の安全性が確保されるよう、定期的にこれらの安全点検を行うこと。

イ 備品、遊具等の配置、保管を適切に行い、日頃から、安全環境の整備に努めること。

(2) 災害発生時の対応体制及び避難への備え

ア 火災や地震などの災害の発生に備え、緊急時の対応の具体的内容及び手順、職員の役割分担、避難訓練計画等に関するマニュアルを作成すること。

イ 定期的に避難訓練を実施するなど、必要な対応を図ること。

ウ 災害の発生時に、保護者等への連絡及び子どもの引渡しを円滑に行うため、日頃から保護者との密接な連携に努め、連絡体制や引渡し方法等について確認をしておくこと。

(3) 地域の関係機関等との連携

ア 市町村の支援の下に、地域の関係機関との日常的な連携を図り、必要な協力が得られるよう努めること。

イ 避難訓練については、地域の関係機関や保護者との連携の下に行うなど工夫すること。

保育所における感染症対策ガイドライン（2018年改訂版）〈抜粋〉

1. 感染症に関する基本的事項

（1）感染症とその三大要因

○感染症が発生するためには、以下の三つの要因が必要である。
- 病原体を排出する「感染源」
- 病原体が人、動物等に伝播する（伝わり、広まる）ための「感染経路」
- 病原体に対する「感受性」が存在する人、動物等の宿主

　ウイルス、細菌等の病原体が人、動物等の宿主の体内に侵入し、発育又は増殖することを「感染」といい、その結果、何らかの臨床症状が現れた状態を「感染症」といいます。病原体が体内に侵入してから症状が現れるまでには、ある一定の期間があり、これを「潜伏期間」といいます。潜伏期間は病原体の種類によって異なるため、乳幼児がかかりやすい主な感染症について、それぞれの潜伏期間を知っておくことが必要です。

　また、感染症が発生するためには、病原体を排出する「感染源」、その病原体が宿主に伝播する（伝わり、広まる）ための「感染経路」、そして病原体の伝播を受けた「宿主に感受性が存在する（予防するための免疫が弱く、感染した場合に発症する）こと」が必要です。「感染源」、「感染経路」及び「感受性が存在する宿主」の３つを感染症成立のための三大要因といいます。乳幼児期の感染症の場合は、これらに加えて、宿主である乳幼児の年齢等の要因が病態に大きな影響を与えます。

　子どもの命と健康を守る保育所においては、全職員が感染症成立のための三大要因

と主な感染症の潜伏期間や症状、予防方法について知っておくことが重要です。また、乳幼児期の子どもの特性や一人一人の子どもの特性に即した適切な対応がなされるよう、保育士等が嘱託医や医療機関、行政の協力を得て、保育所における感染症対策を推進することが重要です。

（2）保育所における感染症対策

○乳幼児が長時間にわたり集団で生活する保育所では、一人一人の子どもと集団全体の両方について、健康と安全を確保する必要がある。
○保育所では、乳幼児の生活や行動の特徴、生理的特性を踏まえ、感染症に対する正しい知識や情報に基づいた感染症対策を行うことが重要である。

（感染症対策において理解すべき乳幼児の特徴）

　保育所において、子どもの健康増進や疾病等への対応と予防は、保育所保育指針に基づき行われています。また、乳幼児が長時間にわたり集団で生活する保育所では、一人一人の子どもの健康と安全の確保だけではなく、集団全体の健康と安全を確保しなければなりません。特に感染症対策については、次のことをよく理解した上で、最大限の感染拡大予防に努めることが必要です。

（保育所における乳幼児の生活と行動の特徴）
- 集団での午睡や食事、遊び等では子ども同士が濃厚に接触することが多いため、飛沫感染や接触感染が生じやすいということに留意が必要である。
- 特に乳児は、床をはい、また、手に触れ

るものを何でも舐めるといった行動上の特徴があるため、接触感染には十分に留意する。

- 乳幼児が自ら正しいマスクの着用、適切な手洗いの実施、物品の衛生的な取扱い等の基本的な衛生対策を十分に行うことは難しいため、大人からの援助や配慮が必要である。

（乳児の生理的特性）

・感染症にかかりやすい

生後数か月以降、母親から胎盤を通して受け取っていた免疫（移行抗体）が減少し始める。

・呼吸困難になりやすい

成人と比べると鼻道や後鼻孔が狭く、気道も細いため、風邪等で粘膜が少し腫れると息苦しくなりやすい。

・脱水症をおこしやすい

乳児は、年長児や成人と比べると、体内の水分量が多く、1日に必要とする体重当たりの水分量も多い。このため、発熱、嘔吐、下痢等によって体内の水分を失ったり、咳、鼻水等の呼吸器症状のために哺乳量や水分補給が減少したりすることで、脱水症になりやすい。

（保育所における感染症対策の基本）

保育所における感染症対策では、抵抗力が弱く、身体の機能が未熟であるという乳幼児の特性等を踏まえ、感染症に対する正しい知識や情報に基づき、適切に対応することが求められます。また、日々感染予防の努力を続けていても、保育所内への様々な感染症の侵入・流行を完全に阻止することは不可能です。このことを理解した上で、感染症が発生した場合の流行規模を最小限にすることを目標として対策を行うことが重要です。

例えば、保育所ではインフルエンザ、ノロウイルス感染症等の集団感染がしばしば発生しますが、これらの感染症においては、ほぼ症状が消失した状態となった後でも患者がウイルスを排出していることがあります。このため、罹患児が症状改善後すぐに登園することにより、病原体が周囲に伝播してしまう可能性があります。保育所内での感染を防止するためには、それぞれの感染症の特性を考慮した上で、症状が回復して感染力が大幅に減少するまでの間、罹患児の登園を避けるよう保護者に依頼する等の対応を行うことが重要です。

【参照：「別添1 具体的な感染症と主な対策」→p. 228】

また、典型的な症状があり、感染症に罹患していると医師から診断された子どもだけではなく、その他の子どもや保育所に勤務する職員の中に、感染しているにも関わらず、明らかな症状が見られない不顕性感染者や、症状が軽微であるため医療機関受診にまでは至らない軽症の患者、典型的な症状が出現する前の段階ではあるが病原体を排出している患者が少なからず存在している可能性があります。このため、このことを理解した上で感染症対策に取り組んでいくことが重要となります。

さらに、これまで発生したことがない新しい感染症が国内に侵入・流行した場合、侵入・流行している地域では少なからず社会的な混乱が生じることが予想されます。このような状況下で保育所には、

- 児童福祉施設として社会機能の維持に重要な役割を担うとともに、
- 乳幼児の集団生活施設として子どもたちの健康と安全の維持を図るという重要な役割を担う

ことが求められます。医療機関や行政との連絡・連携を密にとりながら、侵入・流行している感染症に関する正確な情報の把握及び共有に努め、子どもたちの健康被害を最小限に食い止めるためにどうするべきかを考え、実行する必要があります。

（3）学校における感染症対策

○学校における感染症対策は、学校保健安全法関係法令（学校において予防すべき感染症の種類、出席停止臨時休業等について規定）に基づき実施されている。
○保育所における健康診断及び保健的な対応は、学校保健安全法関係法令に準拠して実施されている。

（学校保健安全法と保育所における感染症対策）

学校は児童生徒等が集団生活を営む場所であるため、感染症が発生した場合には感染が拡大しやすく、教育活動にも大きな影響が生じます。学校保健安全法（昭和33年法律第56号）関係法令では、感染症の流行を予防することが重要であるとの考え方の下、学校において予防すべき感染症の種類、出席停止、臨時休業等について定められています。

保育所は児童福祉施設ではありますが、子どもの健康診断及び保健的対応については学校保健安全法に準拠して行われています。また、学校保健安全法に規定された、学校において予防すべき感染症への対策は、

保育所における感染症対策を実施する上で参考になるものです。

さらに、乳幼児は児童生徒等と比較して抵抗力が弱く、手洗い等が十分に行えないといった特性を持っているため、保育所においてはこうした乳幼児の特性を踏まえた対応が必要となります。

【参照：「1（2）保育所における感染症対策」→p. 201】

（学校において予防すべき感染症の種類）

学校において予防すべき感染症の種類には、第一種、第二種及び第三種の感染症があります（表1）。第一種の感染症には、感染症の予防及び感染症の患者に対する医療に関する法律（平成10年法律第114号。以下「感染症法」という）の一類感染症と、結核を除く二類感染症が該当します。第二種の感染症には、空気感染又は飛沫感染する感染症で、児童生徒等の罹患が多く、学校において流行を広げる可能性が高い感染症が該当します。第三種の感染症には、学校教育活動を通じ、学校において流行を広げる可能性がある感染症が該当します。なお、第一種又は第二種以外の感染症について、学校で通常見られないような重大な流行が

表1　学校保健安全法施行規則第18条における感染症の種類について
（2018〔平成30〕年3月現在）

第一種の感染症	エボラ出血熱、クリミア・コンゴ出血熱、痘そう、南米出血熱、ペスト、マールブルグ病、ラッサ熱、急性灰白髄炎、ジフテリア、重症急性呼吸器症候群（病原体がベータコロナウイルス属SARSコロナウイルスであるものに限る）、中東呼吸器症候群（病原体がベータコロナウイルス属MERSコロナウイルスであるものに限る）及び特定鳥インフルエンザ（感染症法第6条第3項第6号に規定する特定鳥インフルエンザをいう）
	※上記に加え、感染症法第6条第7項に規定する新型インフルエンザ等感染症、同条第8項に規定する指定感染症、及び同条第9項に規定する新感染症は、第一種の感染症とみなされます。
第二種の感染症	インフルエンザ（特定鳥インフルエンザを除く）、百日咳、麻しん、流行性耳下腺炎、風しん、水痘、咽頭結膜熱、結核及び侵襲性髄膜炎菌感染症（髄膜炎菌性髄膜炎）
第三種の感染症	コレラ、細菌性赤痢、腸管出血性大腸菌感染症、腸チフス、パラチフス、流行性角結膜炎、急性出血性結膜炎その他の感染症

起こった場合には、その感染拡大を防ぐため、必要があるときに限り、校長が学校医の意見を聞き、第三種の感染症として緊急的に措置をとることが可能です。第三種の感染症として出席停止の指示をするか否かは、各地域での状況等を考慮して判断する必要があります。

なお、平成27年1月に学校保健安全法施行規則（昭和33年文部省令第18号）が改正され、学校において予防すべき感染症の種類が追加されました。

学校保健安全法には、出席停止や臨時休業に関する規定があり、校長は、学校において予防すべき感染症にかかっている、かかっている疑いがある、又はかかるおそれのある児童生徒等について、出席を停止することができます。この際、各学校においては、児童生徒等に対する出席停止の措置等によって差別や偏見が生じることのないように十分に配慮する必要があります。

また、学校の設置者は、感染症の予防上必要があるときは、学校の全部又は一部の休業を行うことができます。

〈学校保健安全法施行規則第19条における出席停止の期間の基準〉

○第一種の感染症：治癒するまで
○第二種の感染症（結核及び髄膜炎菌性髄膜炎を除く）：
　　次の期間（ただし、病状により学校医その他の医師において感染のおそれがないと認めたときは、この限りでない）
　• インフルエンザ（特定鳥インフルエンザ及び新型インフルエンザ等感染症を除く）
　　　　　　　　……発症した後5日を経過し、かつ解熱した後2日（幼児にあっては3日）を経過するまで
　• 百　　　日　　咳……特有の咳が消失するまで又は5日間の適正な抗菌性物質製剤による治療が終了するまで
　• 麻　　　し　　ん……解熱した後3日を経過するまで
　• 流行性耳下腺炎……耳下腺、顎下腺又は舌下腺の腫脹が発現した後5日を経過し、かつ全身状態が良好になるまで
　• 風　　　し　　ん……発しんが消失するまで
　• 水　　　　　痘……すべての発しんが痂皮（かさぶた）化するまで
　• 咽頭結膜熱……主要症状が消退した後2日を経過するまで

○結核、侵襲性髄膜炎菌感染症（髄膜炎菌性髄膜炎）及び第三種の感染症：
　　病状により学校医その他の医師において感染のおそれがないと認めるまで

〈出席停止期間の算定について〉

出席停止期間の算定では、解熱等の現象がみられた日は期間には算定せず、その翌日を1日目とします。

「解熱した後3日を経過するまで」の場合、例えば、解熱を確認した日が月曜日であった場合には、その日は期間には算定せず、火曜日（1日目）、水曜日（2日目）及び木曜日（3

日目）の３日間を休み、金曜日から登園許可（出席可能）ということになります（**図1**）。

図1　「出席停止期間：解熱した後３日を経過するまで」の考え方

また、インフルエンザにおいて「発症した後５日」という時の「発症」とは、一般的には「発熱」のことを指します。日数の数え方は上記と同様に、発症した日（発熱が始まった日）は含まず、その翌日から１日目と数えます（**図2**）。「発熱」がないにも関わらずインフルエンザと診断された場合は、インフルエンザにみられるような何らかの症状がみられた日を「発症」した日と考えて判断します。

　なお、インフルエンザの出席停止期間の基準は、「"発症した後５日を経過"し、かつ"解熱した後２日（幼児にあっては３日）を経過"するまで」であるため、この両方の条件を満たす必要があります。

図2　インフルエンザに関する出席停止期間の考え方

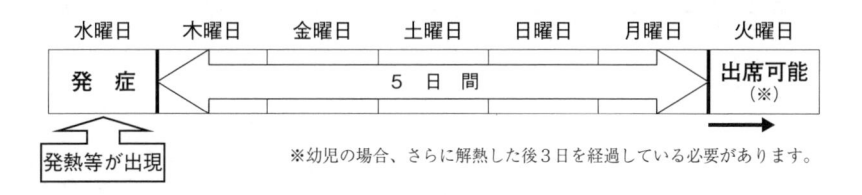

※幼児の場合、さらに解熱した後３日を経過している必要があります。

2．感染症の予防

（1）感染予防

　感染症を防ぐには、感染症成立の三大要因である感染源、感染経路及び感受性への対策が重要です。病原体の付着や増殖を防ぐこと、感染経路を断つこと、予防接種を受けて感受性のある状態（免疫を持っていない状態）をできる限り早く解消すること等が大切です。

　保育所の各職員は、これらのことについて十分に理解するとともに、保育所における日々の衛生管理等に活かすことが必要です。また、保護者に対して、口頭での説明、保健だより等の文書での説明、掲示等を通じて、わかりやすく伝えることが求められます。

　また、保育所内で感染症が発症した場合は、早期診断・早期治療・感染拡大防止に繋げるため、全職員が情報を共有し、速やかに保護者に感染症名を伝えるなど、感染拡大防止策を講じることが大切です。

ア）感染源対策

○発症している「患者」は大量の病原体を周囲に排出しているので、症状が軽減して一定の条件を満たすまでは登園を控えてもらうことが重要である。

○感染源となり得る感染者は「患者」と認識されている者だけではなく、他の子どもや職員の中にも「患者」と認識されないまま存在している。このことを常に意識して感染症対策を実施することが重要である。

　感染源対策としては、「感染源としての患者が病原体をどこから排出するのか」、「病原体をいつからいつまで排出するのか」、「排出された病原体がどのような経路をたどって他の人へ到達するのか」について理解を深めることが重要です。

　周囲も認識するほどはっきりと発症している「患者」は大量の病原体を周囲に排出していることが多いため、医務室等の別室で保育することや症状が軽減して一定の条件を満たすまで登園を控えてもらうことが重要です。

　発症している患者には注意が払われますが、感染症によっては、潜伏期間中にすでに病原体が体外に排出されている場合や症状が認められなくなった後も長期間に渡って病原体が体外に排出されている場合があります。その上、保育所内には、同じように感染しているにも関わらず、明らかな症状が見られない不顕性感染者や、症状が軽微であるため医療機関受診にまでは至らない軽症の患者、典型的な症状が出現する前の段階ではあるが病原体を排出している患者が存在していることが少なくありません。

　特に保育所の職員は成人であるため、子どもたちと比べてはるかに高い体力・免疫力を持っています。このため、子どもたちが感染した場合には、その多くが発症する一方、職員が感染した場合には、不顕性感染やごく軽い症状で済むことで、自分が感染しているとは全く気付かないままに感染源となってしまう可能性があります。

　「感染源となり得る感染者は、「患者」と認識されている者だけではなく、他の子どもや職員の中にも「患者」と認識されないまま存在している」ということを、常に意識しながら、日常の保育に取組む必要があります。「患者」以外に誰が感染しているのかを特定することはできないので、感染症の流行期間中は、互いに感染源や感染者とならないように、各職員が当該感染症の感染経路別の対策を理解し、実行するよう努めましょう。

　食材保管に際しては、適切な温度管理を実施する、加熱可能なものは十分に加熱するなどの対策を実施し、病原性のある細菌、ウイルス等を含む食品を提供しないように

心掛けることが大切です。

　また、保育所内で飼育している動物が保有する細菌（例えば、カメ等のは虫類が所有するサルモネラ属菌）等が人に感染することもあるため、保育所内で飼育している動物か否かに関わらず、動物に触れた後や動物を飼育している場所を清掃した後には、石けんを用いた流水での手洗いを徹底することが重要です。

イ）感染経路別対策

○保育所で特に注意すべき主な感染症の感染経路には、飛沫感染、空気感染（飛沫核感染）、接触感染、経口感染、血液媒介感染、蚊媒介感染があり、それぞれに応じた対策をとることが重要である。
○病原体の種類によっては、複数の感染経路をとるものがあることに留意する。

①飛沫感染

　感染している人が咳やくしゃみ、会話をした際に、病原体が含まれた小さな水滴（飛沫）が口から飛び、これを近くにいる人が吸い込むことで感染します。飛沫が飛び散る範囲は1〜2mです。

　保育所では特に子ども同士や職員との距離が近く、日頃から親しく会話を交わしたり、集団で遊んだり、歌を歌ったりするなどの環境にあります。また、子どもの中には、様々な感染症に感受性が高い（予防するための免疫が弱く、感染した場合に発症しやすい）者が多く存在します。これらのため、飛沫感染を主な感染経路とするインフルエンザ等の呼吸器感染症の流行が、保育所等の乳幼児の集団生活施設を中心に多く見られます。

　飛沫感染は、多くの場合、飛沫を浴びないようにすることで防ぐことができます。感染している者から2m以上離れることや感染者がマスクを着用などの咳エチケットを確実に実施することが保育所での呼吸器

感染症の集団発生の予防に有効となります。

〈飛沫感染する主な病原体〉

細菌：A群溶血性レンサ球菌、百日咳菌、インフルエンザ菌、肺炎球菌、肺炎マイコプラズマ等
ウイルス：インフルエンザウイルス[※]、RSウイルス[※]、アデノウイルス、風しんウイルス、ムンプスウイルス、エンテロウイルス、麻しんウイルス、水痘・帯状疱しんウイルス等

※インフルエンザ

　インフルエンザの主な感染経路は飛沫感染ですが、接触感染することもあります。現行のインフルエンザワクチンは、接種すればインフルエンザに絶対にかからないというものではありませんが、インフルエンザの発病を予防することや発病後の重症化・死亡を予防することに対して、一定の効果があるとされています。

　保育所内でインフルエンザが疑われる事例が発生した場合には、速やかに医務室等の別室で保育するなど、他の子どもから隔離します。飛沫感染対策として、職員全員がマスク着用などの咳エチケットを行うとともに、マスクを着用できる年齢の子どもに対して、インフルエンザ流行期間中のマスク着用などの咳エチケットを実施するよう促すことが重要です。また、接触感染対策として、流行期間中は手洗い等の手指の衛生管理を励行することが重要です。

【参照：「別添1（2）インフルエンザ」→p.230】

※RSウイルス感染症

　RSウイルス感染症はRSウイルスの感染による呼吸器感染症で、飛沫感染及び接触感染で感染が拡大します。乳幼児期に初感染した場合には症状が重くなりやすく、特に生後6か月未満の乳児では重症呼吸器感染症を引き起こし、入院管理が必要になる場合も少なくありません。また、ワクチン

等はまだ実用化されていません。

　流行期、保育所では０歳児と１歳以上のクラスを互いに接触しないよう離しておき、互いの交流を制限します。特に、呼吸器症状がある年長児が乳児に接触することを避けてください。

【参照:「別添1 (19) ＲＳウイルス感染症」→p. 245】

〈保育所における具体的な対策〉
- 飛沫感染対策の基本は、病原体を含む飛沫を吸い込まないようにすることです。
- はっきりとした感染症の症状がみられる子ども (発症者) については、登園を控えてもらい、保育所内で急に発病した場合には医務室等の別室で保育します。
　※ただし、インフルエンザのように、明らかな症状が見られない不顕性感染の患者や症状が軽微であるため、医療機関受診にまでは至らない軽症の患者が多い感染症の場合には、発症者を隔離するのみでは、完全に感染拡大を防止することはできないということに注意が必要です。
- 不顕性感染の患者等を含めて、全ての「感染者」を隔離することや皆が２mの距離をとって生活することは現実的ではないため、飛沫感染する感染症が保育所内で流行することを防ぐことは容易ではありません。流行を最小限に食い止めるためには、日常的に全員が咳エチケットを実施することが大切です。
- 保育所等の子どもの集団生活施設では、職員が感染しており、知らない間に感染源となるということがあるため、職員の体調管理にも気を配ります。

〈咳エチケット〉
　飛沫感染による感染症が保育所内で流行することを最小限に食い止めるために、日常的に咳エチケットを実施しましょう。素

手のほか、ハンカチ、ティッシュ等で咳やくしゃみを受け止めた場合にも、すぐに手を洗いましょう。
①マスクを着用する（口や鼻を覆う）
- 咳やくしゃみを人に向けて発しないようにし、咳が出る時は、できるだけマスクをする。
②マスクがないときには、ティッシュやハンカチで口や鼻を覆う
- マスクがなくて咳やくしゃみが出そうになった場合は、ハンカチ、ティッシュ、タオル等で口を覆う。
③とっさの時は、袖で口や鼻を覆う。
- マスクやティッシュ、ハンカチが使えない時は、長袖や上着の内側で口や鼻を覆う。

【参照:「（参考)感染症対策に資する公表情報」→p. 270】

②空気感染（飛沫核感染）
　感染している人が咳やくしゃみ、会話をした際に口から飛び出した小さな飛沫が乾燥し、その芯となっている病原体（飛沫核）が感染性を保ったまま空気の流れによって拡散し、それを吸い込むことで感染します。飛沫感染の感染範囲は飛沫が飛び散る２m以内に限られていますが、空気感染は室内等の密閉された空間内で起こるものであり、その感染範囲は空調が共通の部屋間等も含めた空間内の全域に及びます。

〈空気感染する主な病原体〉
　　　細菌：結核菌等
　　　ウイルス：麻しんウイルス(※)、水痘・帯状疱しんウイルス等
※麻しん（はしか）
　麻しんは飛沫感染、空気感染及び接触感染により感染します。感染力が非常に強いことが特徴です。発症者の隔離等のみで感染拡大を防止することは困難で、ワクチン接種が極めて有効な予防手段となります。
　万一保育所内で麻しんが発生した場合、

保健所と連携して感染拡大防止のための対策を講じる必要があります。

【参照：「別添1（1）麻しん（はしか）」→p.229】

〈保育所における具体的な対策〉
- 空気感染する感染症のうち保育所で日常的に注意すべきものは、「麻しん」、「水痘」及び「結核」です。
- 空気感染対策の基本は「発症者の隔離」と「部屋の換気」です。
- 「結核」は排菌している患者と相当長時間空間を共有しないと感染しませんが、「麻しん」や「水痘」の感染力は非常に強く、発症している患者と同じ部屋に居た者は、たとえ一緒に居た時間が短時間であっても、既に感染している可能性が高いと考えられます。
- 「麻しん」や「水痘」では、感染源となる発病者と同じ空間を共有しながら、感染を防ぐことのできる有効な物理的対策はないため、ワクチン接種が極めて有効な予防手段です。

③接触感染
　感染源に直接触れることで伝播がおこる感染（握手、だっこ、キス等）と汚染された物を介して伝播がおこる間接接触による感染（ドアノブ、手すり、遊具等）があります。通常、接触感染は、体の表面に病原体が付着しただけでは感染は成立しませんが、病原体が体内に侵入することで感染が成立します。病原体の付着した手で口、鼻又は眼をさわること、病原体の付着した遊具等を舐めること等によって病原体が体内に侵入します。また、傷のある皮膚から病原体が侵入する場合もあります。

〈接触感染する主な病原体〉
　細菌：黄色ブドウ球菌、インフルエンザ菌、肺炎球菌、百日咳菌、腸管出血性大腸菌

　ウイルス：ノロウイルス(※)、ロタウイルス、RSウイルス、エンテロウイルス、アデノウイルス、風しんウイルス、ムンプスウイルス、麻しんウイルス、水痘・帯状疱しんウイルス、インフルエンザウイルス、伝染性軟属腫ウイルス等
　ダニ：ヒゼンダニ等
　昆虫：アタマジラミ等
　真菌：カンジダ菌、白癬菌等

＊接触感染によって拡がりやすいものとして保育所で特に注意する必要がある病原体は、
- 感染性胃腸炎の原因であるノロウイルス(※)やロタウイルス
- 咽頭結膜熱や流行性角結膜炎の原因であるアデノウイルス
- 手足口病やヘルパンギーナの原因であるエンテロウイルス
- 伝染性膿痂しん（とびひ）の原因である黄色ブドウ球菌
- 咽頭炎等の原因である溶血性レンサ球菌です。これらの病原体は身近な生活環境の下でも長く生存することが可能な病原体です。

＊腸管出血性大腸菌感染症は、毎年国内の複数の保育所で接触感染による集団発生がみられます。感染後の重症化率が高く、注意が必要な感染症です。

※ノロウイルス感染症
　ノロウイルス感染症は、嘔吐と下痢が主症状であり、脱水を合併することがあります。
　経口感染や飛沫感染、接触感染によって感染が拡大します。嘔吐物等の処理が不十分な場合、乾燥した嘔吐物から空気感染が起こることがあります。現在使用可能なワクチンはありません。
　流水での手洗いを徹底するとともに、嘔

吐・下痢が見られた際の処理手順を職員間で共有するなど、迅速に対応することができる体制を整えることが大切です。

【参照：「別添1 (17) ①ウイルス性胃腸炎(ノロウイルス感染症)」p. 242、「別添3 ③下痢の時の対応」→p. 258、「別添3 ④嘔吐の時の対応」→p. 260】

（保育所における具体的な対策）

- 接触によって体の表面に病原体が付着しただけでは感染は成立しません。
- 遊具を直接なめるなどの例外もありますが、多くの場合は病原体の付着した手で口、鼻又は眼をさわることによって、体内に病原体が侵入して感染が成立します。
- 最も重要な対策は手洗い等により手指を清潔に保つことです。適切な手洗いの手順に従って、丁寧に手洗いすることが接触感染対策の基本であり、そのためには、全ての職員が正しい手洗いの方法を身につけ、常に実施する必要があります。忙しいことを理由に手洗いが不十分になることは避けなければなりません。また、保育所等の乳幼児の集団生活施設においては、子どもの年齢に応じて、手洗いの介助を行うことや適切な手洗いの方法を指導することが大切です。
- タオルの共用は絶対にしないようにします。手洗いの時にはペーパータオルを使用することが理想的です。ペーパータオルの常用が困難な場合でも、感染対策の一環として、ノロウイルス、ロタウイルス等による感染性胃腸炎が保育所内で発生している期間中は、ペーパータオルを使用することが推奨されます。
- 固形石けんは、1回ずつ個別に使用できる液体石けんと比較して、保管時に不潔になりやすいということに注意が必要です。

- 消毒には適切な「医薬品」及び「医薬部外品」を使います。嘔吐物、下痢便、患者の血液等の体液が付着している箇所については、それらを丁寧に取り除き、適切に処理した後に消毒を行います。嘔吐物等が残っていると、その後の消毒効果が低下します。また、消毒は患者が直接触った物を中心に適切に行います。

【参照：「別添2 保育所における消毒の種類と方法」→p. 253】

- 健康な皮膚は強固なバリアとして機能しますが、皮膚に傷等がある場合には、そこから侵入し、感染する場合もあります。このため、皮膚に傷等がある場合は、その部位を覆うことが対策の一つとなります。

※正しい手洗いの方法（30秒以上、流水で行う）

①液体石けんを泡立て、手のひらをよくこすります。
②手の甲を伸ばすようにこすります。
③指先とつめの間を念入りにこすります。
④両指を組み、指の間を洗います。
⑤親指を反対の手でにぎり、ねじり洗いをします。
⑥手首を洗い、よくすすぎ、その後よく乾燥させます。

＊年齢の低い子どもには手洗いが難しいので、保護者や保育士、年上の子どもが一緒に洗う、手本を示すなどして、少しずつ手洗いを覚えさせていきましょう。

出典：高齢者介護施設における感染対策マニュアル
▶ http://www.mhlw.go.jp/topics/kaigo/osirase/tp0628-1/ をもとに作成

④経口感染

病原体を含んだ食物や水分を口にすることによって、病原体が消化管に達して感染が成立します。食事の提供や食品の取扱いに関する通知、ガイドライン等を踏まえ、

適切に衛生管理を行うことが重要です。

〈経口感染する主な病原体〉
細菌：腸管出血性大腸菌[※]、黄色ブドウ
　　　球菌、サルモネラ属菌、カンピロバ
　　　クター属菌、赤痢菌、コレラ菌等
ウイルス：ロタウイルス、ノロウイルス、
　　　　　アデノウイルス、エンテロウイ
　　　　　ルス等

※腸管出血性大腸菌感染症（O157、O26、O111等）

　腸管出血性大腸菌感染症は、菌に汚染された生肉や加熱が不十分な肉、菌が付着した飲食物が原因となり、経口感染及び接触感染によって感染します。手洗い等の一般的な予防法を励行するとともに、食品の取扱い時に注意を徹底すること、プールの水を適切な濃度で塩素消毒することが重要です。なお、ワクチンは開発されていません。

　患者発生時には、速やかに保健所に相談し、保健所の指示に従い消毒を徹底するとともに、保健所と連携して感染拡大防止のための対策を講じる必要があります。

【参照：「別添1（10）腸管出血性大腸菌感染症（O157、O26、O111等）」→p.237】

（保育所における具体的な対策）
- 経口感染対策としては、食材を衛生的に取り扱うことや適切な温度管理を行うこと、病原微生物が付着・汚染している可能性のある食材を十分に加熱することが重要です。
- 保育所では、通常、生肉や生魚、生卵が食事に提供されることはないと考えられますが、魚貝類、鶏肉、牛肉等には、ノロウイルス、カンピロバクター属菌、サルモネラ属菌、腸管出血性大腸菌等が付着・汚染している場合があり、生や加熱不十分な状態で食することによる食中毒が少なからず認められています。

- また、サラダ、パン等の調理の過程で加熱することが少ない食材にノロウイルス等の病原微生物が付着することがあります。それを多数の人が摂取することによって、集団食中毒が発生した例も多くあります。
- 調理器具の洗浄及び消毒を適切に行うことが大切です。また、生肉等を取り扱った後の調理器具で、その後の食材を調理しないことが大切です。このことは、家庭でも同様に大切なことであるため、家庭でも実践していただくことが重要です。
- ノロウイルス、腸管出血性大腸菌等では、不顕性感染者が感染症に罹患していることに気付かないまま病原体を排出している場合があるため、調理従事者が手指の衛生管理や体調管理を行うことが重要です。

⑤血液媒介感染

　血液を介して感染する感染症です。血液には病原体が潜んでいることがあり、血液が傷ついた皮膚や粘膜につくと、そこから病原体が体内に侵入し、感染が成立する場合があります。

〈血液媒介感染する主な病原体〉
ウイルス：B型肝炎ウイルス（HBV）、C型肝炎ウイルス（HCV）、ヒト免疫不全ウイルス（HIV）等

（保育所における具体的な対策）
- 日々の保育の中で、子どもが転んだり、怪我をしたりすることはしばしば見られ、また、ひっかき傷や嚙み傷、すり傷、鼻からの出血が日常的に見られます。このため、血液や傷口からの滲出液に周りの人がさらされる機会も多くあります。皮膚の傷を通して、病原体が侵入する可能性もあります。子どもや職員の皮膚に傷ができたら、できる

だけ早く傷の手当てを行い、他の人の血液や体液が傷口に触れることがないようにしましょう。

- ひっかき傷等は流水できれいに洗い、絆創膏やガーゼできちんと覆うようにしましょう。また、子どもの使用するコップ、タオル等には、唾液等の体液が付着する可能性があるため、共有しないことが大切です。

- 子どもが自分で血液を適切に処理することは困難であるため、その処理は職員の手に委ねられることになります。保育所の職員は子どもたちの年齢に応じた行動の特徴等を理解し、感染症対策として血液及び体液の取扱いに十分に注意して、使い捨ての手袋を装着し、適切な消毒を行います。

- 本人には全く症状がないにも関わらず、血液、唾液、尿等の体液にウイルスや細菌が含まれていることがあります。このため、全ての血液や体液には病原体が含まれていると考え、防護なく触れることがないように注意することが必要です。

〈血液についての知識と標準予防策〉

血液に病原体が潜んでいる可能性があることは一般にはあまり知られていないため、これまで保育所では血液に注意するという習慣があまり確立されていませんでした。おむつの取り替え時には手袋を装着しても、血液は素手で扱うという対応も見られます。血液にも便や尿のように病原体が潜んでいる可能性を考え、素手で扱わないことにすることや血液や傷口からの滲出液、体液に防護なく直接触れてしまうことがないよう工夫することが必要です。

このように、ヒトの血液、喀痰、尿、糞便等に感染性があるとみなして対応する方法を「標準予防策」といいます。これは医療機関で実践されているものであり、血液

や体液に十分な注意を払い、素手で触れることのないよう必ず使い捨て手袋を着用する、また、血液や体液が付着した器具等は洗浄後に適切な消毒をして使用し、適切に廃棄するなど、その取扱いに厳重な注意がなされています。これらは保育所でも可能な限り実践すべき事項であり、全ての人の血液や体液の取扱いに十分に注意を払って対応してください。

⑥蚊媒介感染

病原体をもった蚊に刺されることで感染する感染症です。蚊媒介感染の主な病原体である日本脳炎ウイルスは、国内では西日本から東日本にかけて広い地域で毎年活発に活動しています。また、南東アジアの国々には、日本脳炎が大規模に流行している国があります。

〈蚊媒介感染する主な病原体〉

ウイルス：日本脳炎ウイルス、デングウイルス、チクングニアウイルス等

原虫：マラリア等

〈保育所における具体的な対策〉

- 日本脳炎は、日本では主にコガタアカイエカが媒介します。コガタアカイエカは主に大きな水たまり（水田、池、沼等）に産卵します。

- また、デングウイルス等を主に媒介するヒトスジシマカは小さな水たまり（植木鉢の水受け皿、古タイヤ等）に産卵します。

- 溝の掃除により水の流れをよくして、水たまりを作らないようにすること、植木鉢の水受け皿や古タイヤを置かないように工夫することが蚊媒介感染の一つの対策となります。

- 緑の多い木陰、やぶ等、蚊の発生しやすい場所に立ち入る際には、長袖、長ズボン等を着用し、肌を露出しないようにしましょう。

ウ）感受性対策（予防接種等）

○感染症の予防にはワクチンの接種が効果的である。感受性がある者に対して、あらかじめ予防接種によって免疫を与え、未然に感染症を防ぐことが重要である。

○入所前に受けられる予防接種はできるだけ済ませておくことが重要である。

○子どもの予防接種の状況を把握し、定期の予防接種として接種可能なワクチンを保護者に周知することが重要である。

○職員のこれまでの予防接種の状況を把握し、予防接種歴及び罹患歴がともにない又は不明な場合には、嘱託医等に相談した上で、当該職員に対し、予防接種を受けることが感染症対策に資することを説明することが重要である。

　感染が成立し感染症を発症するとき、宿主に病原体に対する感受性があるといいます。

　感受性対策としては、ワクチンの接種により、あらかじめ免疫を与えることが重要です。

　免疫の付与には、ワクチン等により生体に免疫能を与える能動免疫と一時的に免疫成分（抗体）を投与する受動免疫があります。

　予防接種は、ワクチンの接種により、あらかじめその病気に対する免疫を獲得させ、感染症が発生した場合に罹患する可能性を減らしたり、重症化しにくくしたりするものであり、病気を防ぐ強力な予防方法の一つです。定期の予防接種として接種可能な予防接種については、できるだけ保育所入所前の標準的な接種期間内に接種することが重要です。また、入所する子どもの予防接種の状況を把握し、保護者に対し、定期の予防接種として接種可能なワクチンを周知することが重要です。

　また、子どもと職員自身の双方を守る観点から、職員のこれまでの予防接種状況を把握し、予防接種歴及び罹患歴がともにな

い又は不明な場合には、嘱託医等に相談した上で、当該職員に対し、予防接種を受けることが感染症対策に資することを説明します。

　「予防接種を受けた」又は「罹患した」という記憶は当てにならない場合が多いので、予防接種歴の確認時には、母子健康手帳等の記録を確認します。麻しん、風しん、水痘、流行性耳下腺炎（おたふくかぜ）、Ｂ型肝炎等については、血液検査で抗体の有無を調べることも可能です。

① 保育所における予防接種に関する取組

　感染症対策で最も重要となるのが予防接種です。具体的には以下の取組が必要です。

- 保育所においては、チェックリストを作成するなどして、子どもの予防接種歴及び罹患歴を把握します。

- 健康診断の機会等を活用して、予防接種の接種状況を確認し、未接種者の子どもの保護者に対して予防接種の重要性等を周知することが重要です。

- 保護者に対して、未接種ワクチンがあることに気が付いたときには小児科医に相談するよう伝えてください。

(標準的な接種スケジュールを逃した場合の対応について、日本小児科学会が接種方法等を示しています。http://www.jpeds.or.jp/uploads/files/catch_up_schedule.pdf)

- 職員の予防接種歴の確認も重要です。入職時には、健康状態の確認に加えて、予防接種歴及び罹患歴を確認します。また、短期間の保育実習生の場合にも同様に確認します。

- 職員が麻しん、風しん、水痘にかかったことがなく、予防接種の記録が1歳以上で2回ないなどの場合には、子どもと職員自身の双方を守る観点から、予防接種が感染症対策に資することを説明します。

- 職員に対して、毎年のインフルエンザの予防接種が感染症対策や重症化予防

に資することを伝えます。

②小児期に接種可能なワクチン

国内で接種可能なワクチンが増え、特に0〜1歳児の接種スケジュールが過密になっています。2018年3月現在、医薬品、医療機器等の品質、有効性及び安全性の確保等に関する法律（昭和35年法律第145号）に基づく承認を受けており、日本において小児期に接種可能な主なワクチンを**表2**に示します。

③定期接種と任意接種

わが国の予防接種の制度には、大きく分けると、予防接種法に基づき市区町村が実施する「定期接種」と予防接種法に基づかず対象者の希望により行う「任意接種」があります。

また、「定期接種」の対象疾病にはA類疾病とB類疾病があり、A類疾病については、市区町村が予防接種を受けるよう積極的に勧奨し、保護者が自分の子どもに予防接種を受けさせるよう努める義務があります。子どもたちが受ける予防接種は全てA類疾病の予防接種です。

一方で「任意接種」のワクチンの中には、流行性耳下腺炎（おたふくかぜ）ワクチン、ロタウイルスワクチン、インフルエンザワクチン等があります（**表2**）。定期接種と任意接種では、保護者（又は本人）が負担する接種費用の額と、万が一、接種後に健康被害が発生した場合の救済制度に違いがあります。任意接種のワクチンは原則自己

表2　日本において小児が接種可能な主なワクチンの種類（2018（平成30）年3月現在）

| 【定期接種】
（対象年齢は政令で規定） | **生ワクチン**
　　BCG
　　麻しん・風しん混合（MR）
　　麻しん（はしか）
　　風しん
　　水痘

不活化ワクチン・トキソイド
　　インフルエンザ菌 b 型（Hib）感染症
　　肺炎球菌（13価結合型）感染症
　　B型肝炎
　　DPT-IPV（ジフテリア・百日咳・破傷風・不活化ポリオ混合）
　　DPT（ジフテリア・百日咳・破傷風混合）
　　不活化ポリオ（IPV）
　　日本脳炎
　　ジフテリア・破傷風混合トキソイド（DT）
　　ヒトパピローマウイルス（HPV）感染症：2価
　　ヒトパピローマウイルス（HPV）：4価 |
| 【任意接種】 | **生ワクチン**
　　流行性耳下腺炎（おたふくかぜ）
　　ロタウイルス：1価
　　ロタウイルス：5価

不活化ワクチン
　　インフルエンザ
　　髄膜炎菌：4価 |

出所：国立感染症研究所ホームページ「日本で接種可能なワクチンの種類（2016（平成28）年10月1日現在）」
▶ http://www.niid.go.jp/niid/ja/vaccine-j/249-vaccine/589-atpcs003.html をもとに一部改編し作成

負担ですが、接種費用の一部又は全部を助成している自治体があります。

④予防接種を受ける時期

　市区町村が実施している予防接種は、その種類及び実施内容とともに、接種の推奨時期が定められています。ワクチンの種類としては、生ワクチン及び不活化ワクチン・トキソイドがあります（**表2**）。

　日本では、生ワクチンの接種後に別の生ワクチンを接種する場合には、中27日以上（4週間）空ける必要があり、不活化ワクチン・トキソイドの接種後に別の種類のワクチンを接種する場合には、中6日以上（1週間）空ける必要があります。ただし、医師が特に必要と認めた場合には、複数のワクチンを同時に接種することが可能です。

　同じワクチンを複数回接種する場合には、免疫を獲得するのに一番効果的な時期として、標準的な接種間隔が定められています。この標準的な接種間隔を踏まえて接種スケジュールを立てる必要があり、このことを保護者に伝えることが大切となります。

　子どもは急に体調を崩すこともあり、予定どおり予防接種を受けることが難しい場合もあるため、接種可能なワクチンについてはできる限り入所前に接種すること、また、入所後においても、体調が良いときになるべく早めに接種することが大切です。予防接種のために仕事を休むことが難しい保護者に対しては、保護者会等で仕事を休んだ日の帰り道にかかりつけの医療機関を受診して、予防接種を受けるということを促すことも工夫の一つと考えられます。

⑤保育所の子どもたちの予防接種

　保育所の子どもたちにとって、定期接種のインフルエンザ菌b型（Hib：ヒブ）ワクチン、小児用肺炎球菌ワクチン、B型肝炎ワクチン、DPT-IPV（四種混合）ワクチン、BCGワクチン、麻しん風しん混合（MR）

ワクチン、水痘ワクチン及び日本脳炎ワクチンの予防接種が重要であることはもちろんですが、定期接種に含まれていない、流行性耳下腺炎（おたふくかぜ）ワクチンの予防接種についても、発症や重症化を予防し、保育所での感染伝播を予防するという意味で大切になります。また、ロタウイルスワクチンやインフルエンザワクチンの予防接種も重症化予防に効果があります。各種予防接種については、行政や医療機関から保護者へ周知されていますが、保育所からも保護者に以下のことを周知しましょう。

（保育所から保護者への周知が必要なワクチン接種について）

- 生後2か月になったら、定期接種としてHib（ヒブ）ワクチン、小児用肺炎球菌ワクチン、B型肝炎ワクチンの予防接種を受けることが重要であること、また、任意接種としてロタウイルスワクチンの予防接種を受けることが可能であることを周知しましょう。
- 乳児の百日咳は感染力が強い、重症の疾患であるため、生後3か月になったら、DPT-IPV（四種混合）ワクチンの予防接種を受けることが重要であることを周知しましょう。
- BCGは、乳幼児期の結核を防ぐ効果が確認されているため、生後できるだけ早く接種することが重要であることを周知しましょう（BCGは、生後すぐからの接種が可能ですが、標準接種期間は生後5か月から8か月までとなっています）。
- 麻しんについては、2015年3月に世界保健機関（WHO）が日本では排除状態にあること（国内由来の感染がないこと）を認定しています。一方で、麻しんは肺炎、中耳炎、脳炎等の合併があるなど、重症の疾患であり、国外にはまだ麻しんが流行している国があります。また、風しんについては2013年に

大きな流行がありました。これらのことを踏まえ、1歳になったら、なるべく早めに麻しん風しん混合（MR）ワクチンの予防接種を受けることが重要であることを周知しましょう。

- 5歳児クラス（年長組）になったら、卒園までに麻しん風しん混合（MR）ワクチンの2回目の予防接種を受けることが重要であることを周知しましょう。
- 水痘の予防接種については、2014年10月から定期接種に導入されています。1歳になったら、3か月以上の間隔を空けて（標準的には6～12か月の間隔を空けて）、計2回の接種を受けることが重要であることを周知しましょう。
- 日本脳炎ワクチンの予防接種については、標準的には3歳で2回、4歳で1回の接種という接種スケジュールですが、生後6か月以降であれば定期接種として接種することが可能であることを周知しましょう。
- 流行性耳下腺炎（おたふくかぜ）やロタウイルスは、保育所で流行を繰り返していますが、発症する前にワクチンで予防することができることを周知しましょう。

予防接種を受けることは、受けた本人のみならず、周りにいる家族、友人等の周囲の人々を感染症から守ることにもつながります。保護者には、予防接種の効果や接種後の副反応の情報だけでなく、その病気にかかった時の重症度や合併症のリスク、周りにいる大切な人々に与える影響についても情報提供し、予防方法を伝えていくことが重要です。

【参照：「別添1　具体的な感染症と主な対策」→p.228】

⑥保育所職員（保育実習の学生を含む）の予防接種

子どもの病気と考えられがちであった麻しん、風しん、水痘及び流行性耳下腺炎（おたふくかぜ）に成人が罹患することも稀ではなくなってきたことから、保育所職員についても、当該感染症に罹患したことがなく、かつ予防接種を受けていない場合（受けたかどうかが不明な場合も含む）には、1歳以上の必要回数である計2回のワクチン接種を受け、自分自身を感染から守るとともに、子どもたちへの感染を予防することが重要です。

また、保育所の職員は、子どもの出血を伴うけがの処置等を行う機会があります。このため、B型肝炎ワクチンの予防接種も大切になります。

その他、国内における破傷風を含むDPTワクチンの予防接種については、1968年から始まったものであり、これ以前に生まれた職員は当該予防接種を受けていないことが多いため、破傷風の予防接種を受けること等を考慮することが必要です。

成人の百日咳患者の増加を受けて、第2期（11～12歳）のジフテリア破傷風混合（DT）トキソイドをDPTワクチンに変える検討が国内でも始まっています。大人の百日咳は典型的な症状が見られない場合も多く、知らない間に子どもへの感染源になっていることがあります。呼吸器症状が見られる職員についてはマスク着用などの咳エチケットを行うことが重要であり、また、特に0歳児の保育を担当する職員については呼吸器症状が見られる期間中の勤務態勢の見直しを検討すること等が必要となります。この他、インフルエンザの流行期には、任意接種のインフルエンザワクチンの予防接種を受けることで、感染症対策や感染した際の重症化予防につながります。

保育所で保育実習を行う学生についても、自分自身を感染から守るとともに、学生を受け入れる保育所等に入所する乳幼児等が感染症に感染することを防ぐため、予防接種を受けることに配慮することが重要です。

保育所で保育実習を行う学生の麻しん及び風しんの予防接種の実施については、「指定保育士養成施設の保育実習における麻しん及び風しんの予防接種の実施について」（平成27年４月17日付け雇児保発0417第１号厚生労働省雇用均等・児童家庭局保育課長通知）を参照してください。

※「指定保育士養成施設の保育実習における麻しん及び風しんの予防接種の実施について」

（平成27年４月17日付け雇児保発0417第１号厚生労働省雇用均等・児童家庭局保育課長通知）

（主な内容）

- 指定保育士養成施設の保育士養成課程において行われる保育実習の実施に当たっては、学生を受け入れる保育所等に入所する乳幼児等が、感染症に感染しないよう配慮することが重要である。
- 特に、感染力が強く罹患すると重症化するおそれのある「麻しん」や、感染予防に十分な抗体を保有していない妊娠20週頃までの妊婦が感染すると、先天性風しん症候群の子どもが生まれる可能性がある「風しん」への対策として最も有効なのは、その発生の予防であり、罹患したことがなく、かつ、麻しん及び風しんの予防接種を１歳以上で２回接種していない学生に対しては、予防接種の推奨を行うことが有効である。
- 具体的には、実習生に対して麻しん及び風しんの予防接種歴及び罹患歴の確認を行い、罹患したことがない、かつ、それぞれの予防接種が未接種（予防接種歴及び罹患歴が不明なものも含む。以下同じ）の者（以下「抗体要確認者」という）であった場合、それぞれの疾患の性質等を十分に説明し、麻しんについては以下（１）及び（２）のとおり、また、風しんについては以下（３）及び（４）のとおり、抗体検査又は予防接種を受けさせる

ことが望ましい。

（１）麻しん抗体要確認者が抗体検査を受けた場合の取扱い①麻しん抗体要確認者が抗体検査を受けた結果、抗体が確認できなかった場合は、当該者に対し、予防接種を受けさせることが望ましい。

　②麻しん抗体要確認者のうち過去の予防接種歴が未接種であった者については、上記①の予防接種後、再度抗体検査を受けるか又は予防接種を再度受けさせることが望ましい。

　③上記②の場合において、抗体検査の結果、抗体が確認できなかった場合は、再度予防接種を受けさせることが望ましい。

　④抗体検査の結果、抗体が確認できた者及び上記①から③を行った者については、保育実習を履修しても差し支えない。

（２）麻しん抗体要確認者が抗体検査を受けずに予防接種を受けた場合の取扱い

　①抗体検査を受けずに予防接種を受けた麻しん抗体要確認者のうち、予防接種歴が今回接種分を除いて１回受けている場合（計２回受けている場合）は、保育実習を履修して差し支えない。

　②抗体検査を受けずに予防接種を受けた麻しん抗体要確認者のうち、予防接種歴が今回接種分を除いて未接種の者については、保育実習を履修して差し支えないが、上記②及び③による取扱いを行うことを推奨する。

（３）風しん抗体要確認者が抗体検査を受けた場合の取扱い

　①風しん抗体要確認者が抗体検査を受けた結果、抗体が確認できなかった場合は、当該者に対し、予防接種を受けさせることが望ましい。

　②上記①の予防接種後、再度抗体検査

を受けるか又は予防接種を再度受け
させることが望ましい。
　③上記②の場合において、抗体検査の
結果、抗体が確認できなかった場合
は、再度予防接種を受けさせること
が望ましい。
　④抗体検査の結果、抗体が確認できた
者及び上記①を行った者については、
保育実習を履修しても差し支えない
が、上記②及び③による取扱いを行
うことを推奨する。
（4）風しん抗体要確認者が抗体検査を
受けずに予防接種を受けた場合の取扱
い抗体検査を受けずに予防接種を受け
た風しん抗体要確認者については、保
育実習を履修して差し支えないが、上
記②及び③による取扱いを行うことを
推奨する。

- 予防接種後、抗体検査により抗体の有無
を確認する場合は、予防接種後から抗体
検査を受けるまで2〜4週間以上の間隔
をあけることが望ましい。
- 予防接種に当たっては、原則麻しん風し
ん混合（MR）ワクチンを接種する。
- 予防接種を2回受ける場合は、1回目の
予防接種後、2回目の予防接種までに少
なくとも27日以上間隔をあける。
- 市町村によっては、保健所等において抗
体検査を無料で受けられる場合があるの
で、指定保育士養成施設から実習生に対
し、住所地の自治体に確認するよう周知
する。

⑦予防接種歴及び罹患歴の記録の重要性

　保育所での感染症対策として、職員及び
子どもたちの予防接種歴及び罹患歴を把握
し、記録を保管することが重要です。入所
時には母子健康手帳等を確認して予防接種
歴及び罹患歴を記録し、入所後は毎月新た
に受けたワクチンがないか保護者に確認し、
記録を更新しておく仕組みを作っておくこ

とで、感染症発生時に迅速な対応を行うこ
とが可能となります。「予防接種を受け
た」又は「罹患した」という記憶は当てに
ならない場合が多いので、予防接種歴につ
いては母子健康手帳等の記録を確認するこ
とが重要です。
　定期接種の標準的な接種対象期間に予防
接種を受けていない子どもについては、嘱
託医と相談し、保護者に対し、個別に予防
接種の重要性について説明しましょう。

エ）健康教育

○子どもが自分の体や健康に関心を持ち、
身体機能を高めていくことができるよう、
発達に応じた健康教育を計画的に実施す
ることが重要である。

○実際には低年齢児が自己管理することは
難しいため、保護者に対して家庭での感
染予防法等に関する具体的な情報を情報
提供するとともに、感染症に対する共通
理解を求め、家庭と連携しながら健康教
育を進めていくことが重要である。

　感染症を防ぐためには、子どもが自分の
体や健康に関心を持ち、身体機能を高めて
いくことが大切です。特に、手洗いやうが
い、歯磨き、衣服の調節、バランスのとれ
た食事、十分な睡眠や休息等の生活習慣が
身に付くよう、毎日の生活を通して、子ど
もに丁寧に繰り返し伝え、自らが気付いて
行えるよう援助します。そのためには、子
どもの年齢や発達過程に応じた健康教育を
計画的に実施することが重要となります。
　実際には、低年齢児が自己管理すること
は非常に難しいため、保護者が子どもや家
族全員の健康に注意し、家庭において感染
予防、病気の早期発見等ができるよう、保
護者に対して具体的な情報を提供するとと
もに、感染症に対する共通理解を求め、家
庭と連携しながら健康教育を進めていくこ
とが重要です。

（2）衛生管理

ア）施設内外の衛生管理
○保育所では、日頃からの清掃や衛生管理を心掛けることが重要である。
○消毒薬の種類と適正な使い方を把握するとともに、その管理を徹底することが重要である。

　保育所は、多くの子どもたちが一緒に生活する場です。保育所における衛生管理については、児童福祉施設の設備及び運営に関する基準（昭和23年厚生省令第63号）第10条に示されています。感染症の広がりを防ぎ、安全で快適な保育環境を保つために、日頃からの清掃や衛生管理を心掛けましょう。
　また、消毒薬の種類と適正な使い方を把握するとともに、子どもの手の届かない場所に管理するなど消毒薬の管理を徹底し、安全の確保を図ることが重要です。

【参照：「別添２　保育所における消毒の種類と方法」→p. 253】

　施設内外の衛生管理として考えられる主な事項を以下に記載します。

○保育室
- 日々の清掃で清潔に保つ。ドアノブ、手すり、照明のスイッチ（押しボタン）等は、水拭きした後、アルコール等による消毒を行うと良い。
- 季節に合わせた適切な室温や湿度を保ち、換気を行う。加湿器使用時には、水を毎日交換する。また、エアコンも定期的に清掃する。

【保育室環境のめやす】
室温：夏26〜28℃、冬20〜23℃
湿度：60％

○手洗い
【参照：「正しい手洗いの方法」→p. 210】
- 食事の前、調乳前、配膳前、トイレの後、おむつ交換後、嘔吐物処理後等には、石けんを用いて流水でしっかりと手洗いを行う。
- 手を拭く際には、個人持参のタオルかペーパータオルを用い、タオルの共用は避ける。
個人持参のタオルをタオル掛けに掛ける際には、タオル同士が密着しないように間隔を空ける。
- 固形石けんは、１回ずつ個別に使用できる液体石けんと比較して、保管時に不潔になりやすいことに注意する。また、液体石けんの中身を詰め替える際は、残った石けんを使い切り、容器をよく洗い乾燥させてから、新しい石けん液を詰める。

○おもちゃ
- 直接口に触れる乳児の遊具については、遊具を用いた都度、湯等で洗い流し、干す。
- 午前・午後とで遊具の交換を行う。
- 適宜、水（湯）洗いや水（湯）拭きを行う。

○食事・おやつ
- テーブルは、清潔な台布巾で水（湯）拭きをして、衛生的な配膳・下膳を心掛ける。
- スプーン、コップ等の食器は共用しない。
- 食後には、テーブル、椅子、床等の食べこぼしを清掃する。

【参考】「保育所における食事の提供ガイドライン」（「保育所における食事の提供ガイドライン」について（平成24年３月30日付け雇児保発0330第１号厚生労働省雇用均等・児童家庭局保育課長通知別添））http://www.mhlw.go.jp/bunya/kodomo/pdf/shokujiguide.pdf「大量調理施設衛生管理マニュアル」（「大規模食中毒対策等について」（平成９年３月24日付け衛食第65号厚生省生活衛生局長通知別添））http://www.mhlw.go.jp/file/06-Seisakujouhou-11130500-Shokuhinanzenbu/0000168026.pdf

○調乳・冷凍母乳
- 調乳室は清潔に保ち、調乳時には清潔

- なエプロン等を着用する。
- 哺乳瓶、乳首等の調乳器具は、適切な消毒を行い、衛生的に保管する。
- ミルク（乳児用調製粉乳）は、使用開始日を記入し、衛生的に保管する。
- 乳児用調製粉乳は、サルモネラ属菌等による食中毒対策として、70℃以上のお湯で調乳する。また、調乳後2時間以内に使用しなかったミルクは廃棄する。
- 下記ガイドラインを参考に調乳マニュアルを作成し、実行する。

【参考】「児童福祉施設における食事の提供ガイド」
（平成22年3月厚生労働省）
　　▶http://www.mhlw.go.jp/shingi/2010/03/dl/
　　s0331-10a-015.pdf

- 冷凍母乳等を取り扱う場合には、手洗いや備品の消毒を行うなど、衛生管理を十分徹底する。母乳を介して感染する感染症もあるため、保管容器には名前を明記して、他の子どもに誤って飲ませることがないように十分注意する。

○歯ブラシ
- 歯ブラシは個人専用とし、他の子どものものを誤って使用させたり、保管時に他の子どものものと接触させたりしないようにする。
- 使用後は、個別に水で十分にすすぎ、ブラシを上にして清潔な場所で乾燥させ、個別に保管する。

○寝具
- 衛生的な寝具を使用する。
- 個別の寝具にはふとんカバーをかけて使用する。
- ふとんカバーは定期的に洗濯する。
- 定期的にふとんを乾燥させる。
- 尿、糞便、嘔吐物等で汚れた場合には、消毒（熱消毒等）を行う。

○おむつ交換
- 糞便処理の手順を職員間で徹底する。
- おむつ交換は、手洗い場があり食事を

する場所等と交差しない一定の場所で実施する。
- おむつの排便処理の際には、使い捨て手袋を着用する。
- 下痢便時には、周囲への汚染を避けるため、使い捨てのおむつ交換シート等を敷いて、おむつ交換をする。
- おむつ交換後、特に便処理後は、石けんを用いて流水でしっかりと手洗いを行う。
- 交換後のおむつは、ビニール袋に密閉した後に蓋つき容器等に保管する。
- 交換後のおむつの保管場所について消毒を行う。

○トイレ
- 日々の清掃及び消毒で清潔に保つ（便器、汚物槽、ドア、ドアノブ、蛇口や水まわり、床、窓、棚、トイレ用サンダル等）。
- ドアノブ、手すり、照明のスイッチ（押しボタン）等は、水拭きした後、消毒用エタノール、塩素系消毒薬等による消毒を行うと良い。ただし、ノロウイルス感染症が流行している場合には塩素系消毒薬を使用するなど、流行している感染症に応じた消毒及び清掃を行う必要がある。

○砂場
- 砂場は猫の糞便等が由来の寄生虫、大腸菌等で汚染されていることがあるので、衛生管理が重要である。
- 砂場で遊んだ後は、石けんを用いて流水でしっかりと手洗いを行う。
- 砂場に猫等ができるだけ入らないような構造とする。また、夜間はシートで覆うなどの対策を考慮する。
- 動物の糞便、尿等がある場合は、速やかに除去する。
- 砂場を定期的に掘り起こして、砂全体を日光により消毒する。

○園庭

- 各保育所が作成する安全点検表の活用等による、安全・衛生管理を徹底する。
- 動物の糞、尿等は速やかに除去する。
- 樹木や雑草は適切に管理し、害虫、水溜り等の駆除や消毒を行う。
- 水溜まりを作らないよう、屋外におもちゃやじょうろを放置せず、使用後は片付ける。
- 小動物の飼育施設は清潔に管理し、飼育後の手洗いを徹底する。

○プール

- 「遊泳用プールの衛生基準」（平成19年5月28日付け健発第0528003号厚生労働省健康局長通知別添）に従い、遊離残留塩素濃度が0.4mg/ℓから1.0mg/ℓに保たれるよう毎時間水質検査を行い、濃度が低下している場合は消毒剤を追加するなど、適切に消毒する。
- 低年齢児が利用することの多い簡易ミニプール（ビニールプール等）についても塩素消毒が必要である。
- 排泄が自立していない乳幼児には、個別のタライ等を用いてプール遊びを行い、他者と水を共有しないよう配慮をする。
- プール遊びの前後には、シャワーを用いて、汗等の汚れを落とす。プール遊びの前に流水を用いたお尻洗いも行う。

イ）職員の衛生管理

○保育所において衛生管理を行うに当たっては、施設内外の環境の維持に努めるとともに、職員が清潔を保つことや職員の衛生知識の向上に努めることが重要である。

（具体的な対応）

- 清潔な服装と頭髪を保つ。
- 爪は短く切る。
- 日々の体調管理を心がける。
- 保育中及び保育前後には手洗いを徹底

する。

- 咳等の呼吸器症状が見られる場合にはマスクを着用する。
- 発熱や咳、下痢、嘔吐がある場合には医療機関へ速やかに受診する。また、周りへの感染対策を実施する。

【参照：「咳エチケット」→p.208】

- 感染源となり得る物（尿、糞便、吐物、血液等）の安全な処理方法を徹底する。
- 下痢や嘔吐の症状がある、又は化膿創がある職員については、食物を直接取り扱うことを禁止する。
- 職員の予防接種歴及び罹患歴を把握し、感受性がある者かどうかを確認する。

3．感染症の疑い時・発生時の対応

（1）感染症の疑いのある子どもへの対応

○子どもの病気の早期発見と迅速な対応は、感染拡大を予防する上で重要である。

- 登園時から保育中、退園時まで、子どもとの関わりや観察を通して、子どもの体調を把握する。
- 子どもの体調が悪く、いつもと違う症状等が見られる場合には、これらを的確に把握し、体調の変化等について記録する。

　子どもの病気の早期発見と迅速な対応は、本人の体調管理ということに加え、周りの人への感染拡大を予防するという意味においても重要です。また、保育所では、一人一人の子どもの健康管理という視点と集団生活における感染予防としての視点をもって、感染症対策にきめ細やかに対応することが求められます。子ども一人一人の体調の変化に早く気づき適切に対応することは、病気の重症化や合併症を防ぐことにつながります。登園時の子どもの体調や家庭での様子を把握するとともに、保育中の子ども

の体温、機嫌、食欲、顔色、活動性等について、子どもとの関わりや観察を通して把握するようにしましょう。子どもの体調が悪く、いつもと違う症状等がある場合には、子どもの心身の状態に配慮した対応を心掛けます。また、子どもの症状等を的確に把握し、体調の変化等について記録することが大切です。

（具体的な対応）

- 保育中に感染症の疑いのある子どもに気付いたときには、医務室等の別室に移動させ、体温測定等により子どもの症状等を的確に把握し、体調の変化等について記録を行います。
- 保護者に連絡をとり、記録をもとに症状や経過を正確に伝えるとともに、適宜、嘱託医、看護師等に相談して指示を受けます。
- 子どもは感染症による発熱、下痢、嘔吐、咳、発しん等の症状により不快感や不安感を抱きやすいので、子どもに安心感を与えるように適切に対応します。

【参照：「別添3　子どもの病気」→p. 256】

- 保護者に対して、地域や保育所内での感染症の発生状況等について情報提供します。また、保護者から、医療機関での受診結果を速やかに伝えてもらいます。

（2）感染症発生時の対応

〇感染症が発生した場合には、嘱託医等へ相談し、関係機関へ報告するとともに、保護者への情報提供を適切に行うことが重要である。

- 嘱託医等へ相談し、関係機関へ報告するとともに、保護者への情報提供を適切に行う。
- 感染拡大を防止するため、手洗いや排泄物・嘔吐物の適切な処理を徹底する

とともに、施設内を適切に消毒する。
- 施設長の責任の下、感染症の発生状況を記録する。この際には、入所している子どもに関する事項だけではなく、職員の健康状態についても記録する。

子どもや職員が感染症に罹患していることが判明した際には、嘱託医等へ相談し、感染症法、自治体の条例等に定められた感染症の種類や程度に応じて、市区町村、保健所等に対して速やかに報告します。また、嘱託医、看護師等の指示を受け、保護者に対して、感染症の発症状況、症状、予防方法等を説明します。さらに、施設長の責任の下、子どもや職員の健康状態を把握し、記録するとともに、二次感染予防について保健所等に協力を依頼します。

保育所内での感染拡大防止の観点から、手洗いや排泄物・嘔吐物の適切な処理を徹底するとともに、施設内を適切に消毒することも重要です。

（具体的な対応）

- 予防接種で予防可能な感染症が発生した場合には、子どもや職員の予防接種歴及び罹患歴を速やかに確認します。
- 未罹患で予防接種を必要回数受けていない子どもについては、嘱託医、看護師等の指示を受けて、保護者に対して適切な予防方法を伝えるとともに、予防接種を受ける時期について、かかりつけ医に相談するよう説明します。
- 麻しんや水痘のように、発生（接触）後速やかに（72時間以内に）予防接種を受けることで発症の予防が期待できる感染症も存在します。このため、これらの感染症に罹患したことがなく、かつ予防接種を受けていない、感受性が高いと予想される子どもについては、かかりつけ医と相談するよう保護者に促します。なお、麻しんや水痘の発生（接触）後72時間以上が経過していても、予防接種が実施されることがあり

ます。また、保健所と連携した感染拡大防止策の一環として、感受性のある者については、本人の感染予防のために登園を控えるようお願いすることがあります。

- 感染拡大防止のため、手洗いや排泄物・嘔吐物の適切な処理を徹底します。また、感染症の発生状況に対応して消毒の頻度を増やすなど、施設内を適切に消毒します。食中毒が発生した場合には、保健所の指示に従い適切に対応します。

- 感染症の発生について、施設長の責任の下、しっかりと記録に留めることが重要です。この際には、①欠席している子どもの人数と欠席理由、②受診状況、診断名、検査結果及び治療内容、③回復し、登園した子どもの健康状態の把握と回復までの期間、④感染症終息までの推移等について、日時別、クラス（年齢）別に記録するようにします。また、入所している子どもに関する事項だけでなく、職員の健康状態についても記録することが求められます。

（3）罹患した子どもが登園する際の対応

○保育所では、乳幼児が長時間にわたり集団で生活する環境であることを踏まえ、周囲への感染拡大を防止することが重要である。

○子どもの病状が回復し、保育所における集団生活に支障がないと医師により判断されたことを、保護者を通じて確認した上で、登園を再開することが重要である。

保育所では、感染症に罹患した子どもの体調ができるだけ速やかに回復するよう、迅速かつ適切に対応するとともに、乳幼児が長時間にわたり集団で生活する環境であることを踏まえ、周囲への感染拡大を防止

することが求められます。こうした観点から、保育所では、学校保健安全法施行規則に規定する出席停止の期間の基準に準じて、あらかじめ登園のめやすを確認しておく必要があります。

【参照：「学校保健安全法施行規則第19条における出席停止の期間の基準」→p.204】

子どもの病状が回復し、集団生活に支障がないという診断は、身体症状、その他の検査結果等を総合的に勘案し、診察に当たった医師が医学的知見に基づいて行うものです。罹患した子どもが登園を再開する際の取扱いについては、個々の保育所で決めるのではなく、子どもの負担や医療機関の状況も考慮して、市区町村の支援の下、地域の医療機関、地区医師会・都道府県医師会、学校等と協議して決めることが大切になります。

この協議の結果、疾患の種類に応じて、「意見書（医師が記入）」又は「登園届（保護者が記入）」を保護者から保育所に提出するという取扱いをすることが考えられます。

【参照：「別添4 医師の意見書及び保護者の登園届」→p.265】

なお、「意見書」及び「登園届」については、一律に作成・提出が必要となるものではありませんが、協議の結果、「意見書」及び「登園届」の作成・提出が必要となった場合には、事前に保護者に十分周知することが重要です。

（具体的な対応）

- 感染症に罹患した子どもが登園する際には、
  ①子どもの健康（全身）状態が保育所での集団生活に適応できる状態まで回復していること
  ②保育所内での感染症の集団発生や流行につながらないことについて確認することが必要です。

- 職員についても、周囲への感染拡大防止の観点から、勤務を停止することが

必要になる場合があります。勤務復帰の時期、従事する職務等については、嘱託医の指示を受け、当該職員と施設長等との間で十分に相談し、適切な対応をとる必要があります。

4. 感染症対策の実施体制

　保育所における感染症の予防と対策には、①子どもの年齢と予防接種の状況、②子どもの抗菌薬の使用状況、③環境衛生、④食品管理の状況、⑤施設の物理的空間と機能性、⑥子どもと職員の人数（割合）、⑦それぞれの職員の衛生管理と予防接種の状況等のあらゆるものが関与します。

　保育所における感染症対策の実施に当たっては、施設長のリーダーシップの下に全職員が連携・協力することが不可欠です。保育士、看護師、栄養士、調理員等の各職種の専門性を活かして、各保育所で作成する保健計画等を踏まえ、保育所全体で見通しを持って取り組むことが求められます。また、感染症発生時の対応に関するマニュアルを作成し、緊急時の体制や役割を明確にしておくとともに、保護者へ事前説明を行うことも大切です。

　さらに、各保育所において、保健計画等に基づき体系的、計画的に研修を実施し、職員の感染予防に関する知識の向上及び共有に努めることが重要です。

（1）記録の重要性

○感染予防や拡大防止の対策を迅速に講じるために、子どもの体調や症状及びその変化等を的確に記録し、感染発生状況を把握することが重要である。

○家庭や地域の関係者（近隣の保育所、学校、嘱託医、設置者、行政担当者等）と連携し、記録に基づく情報を活用、共有することが重要である。

　子どもの体調や症状の変化等を的確に記録し、園内での感染発生状況を速やかに把握することが重要です。この際には、発症した日の状態ばかりでなく、数日間の体調や症状の変化にも着目し、これらの記録を感染症の早期発見、病状の把握等に活用します。また、保育所における感染予防や拡大防止の対策を迅速に講じるためには、記録を整理し、有病者や罹患率のグラフを作成することや、近隣の保育所や学校における感染症の発生状況を情報収集し、また、嘱託医、設置者、行政の担当者等と連携をとることで、地域における感染症の発生状況を速やかに把握することも重要となります。さらに、これらの情報を保護者に伝え、子どもの健康管理等について協力を求めることや、嘱託医と共有して感染予防のための連携を図ることも重要です。

【参照：感染症に関する様々な情報の共有と活用については「4（4）関連情報の共有と活用」→p. 226】

（2）医療関係者の役割等

○保育所の感染症対策には、嘱託医の積極的な参画・協力が不可欠である。

○地域の医療・保健機関と連携し、地域全体で子どもの健康と安全を守るための体制を整備することが必要である。

○看護師が配置されている場合には、感染予防や拡大防止に当たって、子どもの回復に向けた支援、保護者への連絡及び助言等、その専門性を生かした対応が図られることが重要である。

ア）嘱託医の役割と連携

　児童福祉施設の設備及び運営に関する基準第33条第1項では、保育所には嘱託医を置かなければならないこととされています。

　保育所の感染症対策には、嘱託医の積極的な参画・協力が不可欠となります。嘱託医は、年2回以上の子どもの健康診断を行

うだけでなく、保育所全体の保健的対応や健康管理についても総合的に指導・助言することが求められます。保育所は、嘱託医に対し、日頃の保育所での感染症対策の取組について情報提供し、また、嘱託医との間で感染症の発生やその対策について情報交換し、助言を得ます。その際、嘱託医の勤務状況等に配慮し、保育所において作成された記録を活用して的確かつ簡潔に情報提供することが大切です。また、発病者が増加した場合等には、すぐに情報共有し、早期の対応につなげます。

　また、保育所の感染症対策には、地域の医療・保健機関と連携して、保育所の子どもだけではなく地域全体の子どもの健康と安全を視野に入れた対策を講じることも求められます。嘱託医が小児医療の専門家でない場合には、地域の小児科医との連携も視野に入れ、スーパーバイザーとして助言を求めるなど、地域全体で子どもの健康と安全を守るための体制を整備することが必要となります。

イ）看護師等の役割と責務

　保育所保育指針（平成29年厚生労働省告示第117号）では、保育所に看護師が配置されている場合には、その専門性を生かした対応を図ることとされています。看護師には、子どもや職員の健康管理及び保健計画を策定すること、保育における保健面での評価を行うこと、保護者からの情報を得ながら子どもの健康状態を観察評価すること、疾病等の発生時には救急的な処置等の対応を行うことが求められます。また、子ども・保護者・職員への健康教育や保健指導を積極的に行い、保健意識の向上に努めるとともに、保護者への連絡や助言等を行うことが求められます。

　保育所において子どもの感染症対策を実施するに当たっては、嘱託医、地域の医療・保健機関等と連携した対応を図る必要

がありますが、この際に保育所の看護師がその専門性を活かして、嘱託医や地域の専門家等の意見、学術的な最新の知識を職員や保護者に正しく、かつわかりやすく伝え、保護者を含めた保育所全体の共通認識にすることが重要です。

　感染症が保育所内や地域内で発生した場合には、看護師には、保護者に予防方法や看護方法に関する情報提供や助言を行い、発症した子どもの回復に向けて支援を行うことが求められます。また、感染のまん延を防ぐために、保護者に対して、登園のめやすの重要性を知らせ、守ってもらうよう説明することが求められます。

（3）関係機関との連携

○保育所保育指針では、感染症に関する保育所の対応方法等について、あらかじめ関係機関の協力を得ておくこととされている。
○感染予防や拡大防止に関する取組、報告等については、市区町村や保健所等、地域の関係機関と連携を図ることが重要である。

（感染症の予防に当たっての連携）

　保育所は、感染症の発生を防止するための措置等について、適宜、所管の保健所の助言、指導を求めるとともに、密接に連携をとることが求められます。また、保健所と密に連絡をとり、地域における感染症の発生状況及び流行状況を早急に把握するよう努める必要があります。

（感染症が発生した場合の連携）

　感染症が発生した場合には、嘱託医等の指示に従い、必要に応じて市区町村、保健所等に連絡し、感染拡大防止のための措置を講じることが求められます。

　また、保育所や地域の感染症の発生状況等から、嘱託医が、感染症を予防する上で

臨時に保育所の全部又は一部を休業することが望ましいと判断した場合にも、同様に、市区町村、保健所等に連絡し、情報共有を行いながら、密接に連携し対応することが必要となります。

（感染症発生時の報告）

　以下のような場合、施設長には、市区町村に対して感染症又は食中毒が疑われる者等の人数、症状、対応状況等を迅速に報告するとともに、保健所に報告して指示を求めるなどの措置を講ずることが求められます。

　①同一の感染症若しくは食中毒による又はそれらによると疑われる死亡者又は重篤患者が1週間以内に2名[*]以上発生した場合

　②同一の感染症若しくは食中毒の患者又はそれらが疑われる者が10名以上又は全利用者の半数以上発生した場合

　③上記①及び②に該当しない場合であっても、通常の発生動向を上回る感染症等の発生が疑われ、特に施設長が報告を必要と認めた場合

　※麻しん、風しんに関しては、1名でも発生した場合

　また、この報告を行った保育所には、その原因の究明に資するため、嘱託医や当該子どものかかりつけ医等と連携の上、血液、便、吐物等の検体を確保するよう努めることが求められています。

（「社会福祉施設等における感染症等発生時に係る報告について」（平成17年2月22日付け健発第0222002号・薬食発第0222001・雇児発第0222001号・社援発第0222002号・老発第0222001号厚生労働省健康局長・医薬食品局長・雇用均等・児童家庭局長・社会・援護局長・老健局長連名通知）、「風しんに関する特定感染症予防指針」（平成26年厚生労働省告示第122号）、「麻しんに関する特定感染症予防指針」（平成19年厚生労働省告示第442号）参照）

（4）関連情報の共有と活用

○感染症対策の取組を進めていく上で、国や自治体等が公表する感染症発生動向等の情報も有用であり、これらの情報を関係者間で共有、活用することが重要である。

　厚生労働省は、昭和56年より、感染症発生動向調査を実施しています。本調査は、感染症の発生情報の正確な把握と分析、その結果の国民や医療機関への迅速な提供・公開により、感染症に対する有効かつ的確な予防・診断・治療に関する対策を図り、多様な感染症の発生及びまん延を防止することを目的としており、平成11年4月に感染症法が施行されたことに伴い、同法に基づく施策として位置付けられています。

　具体的には、国立感染症研究所に設置された感染症疫学センターにおいて、感染症法第16条に基づき、患者情報及び病原体情報を集計し、分析評価を加えた全国情報について、週報及び月報等として作成し、都道府県等の本庁に提供するとともに、国立感染症研究所のホームページを通じて一般に公表しています。

　また、各都道府県（政令市・特別区等を含む）においても、それぞれのエリアにおける、これらの情報を適切な方法により積極的に公表していくこととされており、地域における感染症の発生や拡大の予防に資する情報を、関係機関等の間で広く共有するための取組が進められています。

　現在、インターネット上で公表されている感染症対策に資する情報を、参考資料として巻末に紹介しています。こうした様々な情報を必要に応じて収集し、感染症対策に活用することが重要です。

【参照：「（参考）感染症対策に資する公表情報」→p. 270】

〈厚生労働省ホームページ「感染症発生動向調査について」〉http://www.mhlw.go.jp/stf/seisakunitsuite/bunya/0000115283.html

〈国立感染症研究所ホームページ「感染症発生動向調査週報（IDWR）」〉https://www.niid.go.jp/niid/ja/

（5）子どもの健康支援の充実

○保育所においては、子どもの健康支援や家庭・地域との連携を促進する観点から、感染症予防をはじめとする子どもの健康問題への対応や保健的対応を充実・向上するよう努めることが求められる。

保育所には、子どもの健康と安全を守り、その健やかな成長を支えるために、保育所保育指針に基づき、施設長の責務の下、それぞれの職員の専門性を生かして様々な対策が講じることが求められます。日常の保育において、子どもの発達過程に即して養護と教育の両面から子どもの健康支援を行うとともに、各保育所で作成する保健計画等に沿って感染症予防をはじめとする子ど

もの健康管理や健康増進に関するマニュアル等を適宜作成します。さらに、こうした取組が家庭での子どもの健康管理や健康増進につながるよう、取組の評価や保護者等への説明をより丁寧に行っていくことが大切です。

子どもが生涯にわたり心身ともに健康な生活を送るための基盤は、乳幼児期に形成されるということを踏まえ、保育実践をより充実したものとしていくためには、職員全体が専門的知識・技術を習得することや組織として関係機関と連携することが重要です。子どもの健康問題への対応や保健的対応の充実・向上は、児童福祉施設としての保育所の責務であるといえます。

感染症の予防についても、常に様々な知見や情報を収集し、適切に対応するとともに、本ガイドラインの内容を十分に理解し活用していくことが求められます。

別添 1　具体的な感染症と主な対策（特に注意すべき感染症）

1　医師が意見書を記入することが考えられる感染症

- （1）麻しん（はしか）
- （2）インフルエンザ
- （3）風しん
- （4）水痘（水ぼうそう）
- （5）流行性耳下腺炎（おたふくかぜ、ムンプス）
- （6）結核
- （7）咽頭結膜熱（プール熱）
- （8）流行性角結膜炎
- （9）百日咳
- （10）腸管出血性大腸菌感染症（O157、O26、O111等）
- （11）急性出血性結膜炎
- （12）侵襲性髄膜炎菌感染症（髄膜炎菌性髄膜炎）

2　医師の診断を受け、保護者が登園届を記入することが考えられる感染症

- （13）溶連菌感染症
- （14）マイコプラズマ肺炎
- （15）手足口病
- （16）伝染性紅斑（りんご病）
- （17）①ウイルス性胃腸炎（ノロウイルス感染症）
　　　②ウイルス性胃腸炎（ロタウイルス感染症）
- （18）ヘルパンギーナ
- （19）RSウイルス感染症
- （20）帯状疱しん
- （21）突発性発しん

3　上記1及び2の他、保育所において特に適切な対応が求められる感染症

- （22）アタマジラミ症
- （23）疥癬
- （24）伝染性軟属腫（水いぼ）
- （25）伝染性膿痂しん（とびひ）
- （26）B型肝炎

※潜伏期間は目安であり、主な期間を記載しています。
※上記以外の主な感染症については、「（参考）感染症対策に資する公表情報」（p. 270〜）参照

1 医師が意見書を記入することが考えられる感染症

（1）麻しん（はしか）

病原体	麻しんウイルス
潜伏期間	8〜12日
症状・特徴	発症初期には、高熱、咳（せき）、鼻水、結膜充血、目やに等の症状がみられる。発熱は一時期下降傾向を示すが、再び上昇し、この頃には口の中に白いぶつぶつ（コプリック斑）がみられる。その後、顔や頸部に発しんが出現する。発しんは赤みが強く、やや盛り上がっており、徐々に融合するが、健康な皮膚面が残る。やがて解熱し、発しんは色素沈着を残して消える。肺炎、中耳炎、熱性けいれん、脳炎等を合併することがあるため、注意が必要である。特に、肺炎や脳炎を合併した場合、重症となる。
感染経路	主な感染経路は飛沫感染、接触感染及び空気感染（飛沫核感染）である。感染力は非常に強く、免疫がない場合はほぼ100％の人が感染する。
流行状況	近年までは、土着性の麻しんウイルスの伝播（でんぱ）により、国内で年間数万〜数十万例が発生していた。麻しん含有ワクチンの2回接種が定着したため、海外からの輸入例による小規模な集団発生のみとなり、年間発生数は100〜200例程度となっている。 2015年3月、世界保健機関（WHO）により、日本から国内に由来する麻しんが排除されたことが認められた。海外ではまだ流行している国が多くみられる。
予防・治療方法	発症予防には、麻しん含有ワクチンの接種が極めて有効であり、定期接種として、合計2回（1歳になったとき及び小学校就学前の1年間の間）、麻しん風しん混合（MR）ワクチンの接種が行われている。 　麻しん未罹患者が麻しん患者と接触した場合、接触後72時間以内に緊急的にワクチン接種をすれば、発症を予防できる可能性がある。 　麻しんに対する有効な治療法はない。
留意すべきこと（感染拡大防止策等）	麻しんは空気感染するが、感染力が非常に強いため、発症者の隔離等のみにより感染拡大を防止することは困難である。このため、麻しん含有ワクチンの接種が極めて有効な予防手段となる。 　子どもの入園前には、ワクチンの接種歴を母子健康手帳等で確認する。子どもが1歳以上で未接種かつ未罹患である場合には、保育所に入園する前に第1期のワクチン接種を受けるよう、保護者に対して定期接種について周知する。また、0歳児については、1歳になったらすぐに第1期のワクチン接種を受けるよう周知する。小学校就学まで1年を切った幼児には、第2期のワクチン接種を受けるよう周知する。 　保育所内で麻しん患者が一人でも発生した場合には、保健所・嘱託医等と連携して感染拡大を防止するための対策を講じる。子ども及び職員全員の予防接種歴及び罹患歴を確認し、未接種かつ未罹患の者がいる場合には、嘱託医に速やかに相談し、ワクチンの緊急接種を検討するなど適切に対応する。 　罹患した子どもの登園のめやすは、「解熱後3日を経過していること」である。

（2）インフルエンザ

病原体	インフルエンザウイルス
潜伏期間	1〜4日
症状・特徴	突然の高熱が出現し、3〜4日続く。倦怠感、食欲不振、関節痛、筋肉痛等の全身症状や、咽頭痛、鼻汁、咳等の気道症状を伴う。 通常、1週間程度で回復するが、気管支炎、肺炎、中耳炎、熱性けいれん、急性脳症等の合併症が起こることもある。
感染経路	主な感染経路は飛沫感染であるが、接触感染することもある。
流行状況	インフルエンザウイルスは小さな変異を繰り返すため、以前にインフルエンザに罹患したことがある、又はワクチンを接種したことがある人でも、ウイルスに変異が蓄積すると罹患することがある。毎年冬になると、地域、学校等で流行する。
予防・治療方法	予防には不活化ワクチンが使用されている。現行のインフルエンザワクチンは、接種すればインフルエンザに絶対にかからない、というものではないが、インフルエンザの発病を予防することや発病後の重症化や死亡を予防することに対して、一定の効果があるとされている。 インフルエンザの治療にはノイラミニダーゼ阻害剤を中心とする抗インフルエンザ薬が使用される。発症早期に使用した場合には、症状の早期改善が期待される。
留意すべきこと（感染拡大防止策等）	大人の場合には、インフルエンザの流行期に入る前にワクチンを1回接種しておくことが発病の予防や発病後の重症化予防に一定の効果があるため、このことを職員に対して周知する。 13歳未満の子どもの場合には、ワクチンを1回接種するよりも2回接種する方が抗体価の上昇が高くなる。このため、保護者に対して、流行期に入る前に2週間から4週間（可能な場合には4週間）の間隔をあけて2回接種を受けることが重要であるということを周知する。 保育所内でインフルエンザへの感染が疑われる事例が発生した場合には、疑いがある者を速やかに隔離する。同時に、保育所内の全員に飛沫感染対策及び接触感染対策を行わせる。 飛沫感染対策として、インフルエンザが保育所内で流行している期間中には、咳、くしゃみ等の症状がある職員はマスク着用などの咳エチケットを実施する。また、咳、くしゃみ等の症状があり、マスクを着用できる年齢の子どもにはマスク着用などの咳エチケットを実施するよう促す。 接触感染対策として、流行期間中は手洗い等の手指の衛生管理を励行する。患者の唾液、痰、鼻汁等が付着した場合には、手洗いの後、消毒用エタノール等で消毒する。 罹患した子どもの登園のめやすは、「発症した後5日経過し、かつ解熱した後3日経過していること（乳幼児の場合）」である。

（3）風しん

病原体	風しんウイルス
潜伏期間	16〜18日
症状・特徴	発しんが顔や頸部に出現し、全身へと拡大する。発しんは紅斑で融合傾向は少なく、約3日間で消え、色素沈着も残さない。発熱やリンパ節腫脹を伴うことが多く、悪寒、倦怠感、眼球結膜充血等を伴うこともある。合併症として、関節痛・関節炎、血小板減少性紫斑病、脳炎、溶血性貧血、肝機能障害、心筋炎等がある。感染しても無症状なこと（不顕性感染）が30%程度ある。 風しんについて特に知っておくべき重要なこととして、妊娠初期に母体が風しんウイルスに感染すると、胎児に感染して先天性風しん症候群を発症し、低出生体重児、白内障、先天性心疾患、聴力障害、小頭症、精神発達遅滞等を引き起こす。
感染経路	主な感染経路は飛沫感染であるが、接触感染することもある。
流行状況	2012年から2013年に1万人を超える全国的な大流行が発生し、45名の先天性風しん症候群の発生が報告された。2014年以降、全国的な流行は見られておらず、近年の年間発生数は200例を下回っているが、地域的な流行が散発的に起こっている。
予防・治療方法	発症予防には、風しん含有ワクチンの接種が極めて有効であり、定期接種として、合計2回（1歳になったとき及び小学校就学前の1年間の間）、麻しん風しん混合（MR）ワクチンの接種が行われている。 風しん含有ワクチンを2回接種することによる抗体の獲得率は99%とされており、風しん含有ワクチンは免疫原性及び安全性の面から優れたものと考えられている。 風しんは通常軽症であり、自然経過で治癒するが、先天性風しん症候群に注意する必要がある。また、風しんに対する有効な治療法はない。
留意すべきこと（感染拡大防止策等）	子どもの入園前には、ワクチンの接種歴を母子健康手帳等で確認する。子どもが1歳以上で未接種かつ未罹患である場合には、保育所に入園する前に第1期のワクチン接種を受けるよう、保護者に対して周知する。また、0歳児については、1歳になったらすぐに第1期のワクチン接種を受けるよう周知する。小学校就学まで1年を切った幼児には、第2期のワクチン接種を受けるよう周知する。 保育所内で風しん患者が1名でも発生した場合には、保健所・嘱託医等と連携し感染拡大を防止するための対策を講じる。子ども全員及び職員全員の予防接種歴及び罹患歴を確認し、未接種かつ未罹患の者がいる場合には、嘱託医に速やかに相談する。 なお、予防効果については不確実ではあるが、感染拡大防止のため、風しん患者と接触した後に未罹患者や未接種者へのワクチンの緊急接種が実施されることがある。 また、特に妊婦への感染を防止することが重要である。このため、保育所等で発生した場合には、すぐに保護者にこれを知らせ、子どもの送迎時等における感染防止策を講じる。妊娠中の職員のうち風しん抗体のない職員については、流行が終息するまでの間、その勤務形態に配慮することが望まれる。 罹患した子どもの登園のめやすは、「発しんが消失していること」である。

（4）水痘（水ぼうそう）

病原体	水痘・帯状疱しんウイルス
潜伏期間	14〜16日
症状・特徴	発しんが顔や頭部に出現し、やがて全身へと拡大する。発しんは、斑点状の赤い丘しんから始まり、水疱（水ぶくれ）となり、最後は痂皮（かさぶた）となる。これら各段階の発しんが混在するのが特徴で、全ての発しんが痂皮（かさぶた）となれば感染性がないものと考えられる。 　合併症には、脳炎、小脳失調症、肺炎、肝炎、発しん部分からの細菌の二次感染等がある。
感染経路	主な感染経路は、気道から排出されたウイルスによる飛沫感染又は空気感染である。感染力が強く、免疫のない人はほぼ100％が感染する。
流行状況	幼児期から学童前期までの子どもに対する流行が、夏に一旦減少するものの、ほぼ一年を通して発生していた。2014年10月からは水痘ワクチンが定期の予防接種となったため、乳幼児の患者数は減少している。
予防・治療方法	発症予防には水痘ワクチンが有効であり、生後12か月から15か月に達するまでを標準的な接種期間として１回目の注射を行い、その後、標準的には６か月から12か月間の間隔をおいて２回目の接種が行われる。 　水痘未罹患者が水痘患者と接触した場合、接触後72時間以内に緊急的にワクチン接種をすれば、発症を予防できる可能性がある。 　一般的には予後が良好な疾患であり、基礎疾患がない小児が感染した場合には、特に治療を行わなくても自然経過で治癒する。重症化する可能性がある場合には、治療薬として、抗ウイルス薬が投与される。発症後、早期に治療を開始することで、臨床症状が早期に改善することが期待される。
留意すべきこと（感染拡大防止策等）	水痘は空気感染するが、感染力が非常に強いため、発症者の隔離等のみにより感染拡大を防止することは困難である。このため、水痘ワクチンの接種が極めて有効な予防手段となる。 　子どもの入園前には、ワクチンの接種歴を母子健康手帳等で確認する。子どもが１歳以上で未接種かつ未罹患である場合には、保育所に入園する前に定期接種を受けるよう周知する。また、０歳児については、１歳になったらすぐに定期接種を受けるよう周知する。 　保育所内で発生した場合には、子どもの予防接種歴及び罹患歴を確認し、未接種又は未罹患の者がいる場合には、嘱託医に速やかに相談する。妊婦への感染の防止も重要であるため、保育所で発生した場合には、すぐに保護者にこれを知らせ、子どもの送迎時等における感染防止策を講じる。 　罹患した子どもの登園のめやすは、「全ての発しんが痂皮（かさぶた）化していること」である。

（5）流行性耳下腺炎（おたふくかぜ、ムンプス）

病原体	ムンプスウイルス
潜伏期間	16～18日
症状・特徴	主な症状は、発熱と唾液腺（耳下腺・顎下腺・舌下腺）の腫脹・疼痛である。発熱は1～6日間続く。唾液腺の腫脹は、まず片側が腫脹し、数日して反対側が腫脹することが多い。発症後1～3日にピークとなり、3～7日で消える。腫脹部位に疼痛があり、唾液の分泌により痛みが増す。 　発熱や耳下腺腫脹・疼痛はないこともあり、明らかな症状のない不顕性感染例が約30％存在する。不顕性感染の割合は乳児で多く、年齢とともに低下する。 　中枢神経系、膵臓、生殖腺（精巣や卵巣）等にも感染するため、無菌性髄膜炎、難聴、脳炎・脳症、精巣炎・卵巣炎等の重い合併症をきたすことがある。
感染経路	発症前から感染者の唾液中にウイルスが排出されており、主な感染経路は唾液を介した飛沫感染又は接触感染である。 　不顕性感染でも唾液中にウイルスが排出されており、感染源となる。
流行状況	数年おきに流行を繰り返している。
予防・治療方法	日本では、1歳以上の子どもに対する任意予防接種として生ワクチンの接種が可能である。 　流行性耳下腺炎に特異的な治療法はなく、解熱鎮痛剤、患部の冷却等の対症療法が行われる。通常は1～2週間で治癒する。
留意すべきこと（感染拡大防止策等）	不顕性感染でも唾液中にウイルスが排出されており、感染源となるため、発症者の隔離等のみにより感染拡大を防止することは困難である。 　子どもの入園前には、ワクチンの接種歴を母子健康手帳等で確認する。子どもが1歳以上で未接種かつ未罹患である場合には、接種可能なワクチンがあることを伝える。 　保育所内で集団発生した場合には、保健所・嘱託医等と連携し感染拡大を防止するための対策を講じる。罹患した子どもの登園のめやすは、「耳下腺、顎下腺、舌下腺の膨張が発現してから5日経過し、かつ全身状態が良好になっていること」である。

（6）結核

病原体	結核菌
潜伏期間	3か月～数10年。感染後2年以内、特に6か月以内に発病することが多い。
症状・特徴	全身に影響を及ぼす感染症だが、特に肺に病変が生じることが多い。主な症状は、慢性的な発熱（微熱）、咳、疲れやすさ、食欲不振、顔色の悪さ等である。 　症状が進行し、菌が血液を介して全身に散布されると、呼吸困難、チアノーゼ等がみられるようになることがある。また、結核性髄膜炎を併発すると、高熱、頭痛、嘔吐、意識障害、けいれん等がみられる。
感染経路	主な感染経路は空気感染である。
流行状況	過去の感染症と思われがちであるが、日本でも毎年新たに約1.8万人の患者が発生している。
予防・治療方法	生後12か月未満の子どもを対象に、BCGワクチンの定期接種が実施されている。標準的には、生後5か月から生後8か月までの期間に接種が行われている。 　結核患者との接触があり、検査等を行った上で感染が疑われる場合は、発病を予防するために抗結核薬が投与されることがある。発症した場合には、少なくとも6か月間、抗結核薬により治療される。
留意すべきこと（感染拡大防止策等）	結核は空気感染するため、同じ空間にいる人は、結核菌に感染する可能性がある。 　子どもの入園前には、BCGワクチンの接種歴を母子健康手帳等で確認する。子どもが未接種かつ未罹患である場合には、保育所に入園する前に定期接種を受けるよう周知する。また、生後できるだけ早く接種することの重要性とともに、定期接種の標準接種期間が生後5か月から8カ月となっていることを周知する。 　保育所内で結核に感染した者が1人でも発生した場合には、直ちに保健所に相談を行い、保健所・嘱託医等と連携し感染拡大を防止するための対策を講じる。 　罹患した子どもの登園のめやすは、「医師により感染のおそれがないと認められていること」である。医師により感染のおそれがないと認められた場合、それ以降は、抗結核薬による治療中であっても、登園することが可能である。

（7）咽頭結膜熱（プール熱）

病原体	アデノウイルス
潜伏期間	2〜14日
症状・特徴	主な症状は、高熱、扁桃腺炎、結膜炎である。プール熱と呼ばれることがある。
感染経路	主な感染経路は、飛沫感染及び接触感染である。プール熱と呼ばれることがあるが、塩素消毒が不十分なプールの水を介して感染することがあるものの、それよりも接触感染によって感染することが多い。
流行状況	年間を通じて発生するが、特に夏季に流行がみられる。幼児から学童によく発生する。
予防・治療方法	ワクチンや有効な治療法はなく、対症療法が行われる。 飛沫感染及び接触感染への対策として、手洗いの励行等の一般的な予防法を実施することが大切である。治癒後も長時間、便中にウイルスが排出されているため、排便後又はおむつを取り替えた後の手洗いは石けんを用いて流水で丁寧に行う。多くの場合、自然経過で治癒する。
留意すべきこと（感染拡大防止策等）	感染力が強いため、タオル等の共有は厳禁である。保育所内で咽頭結膜熱が発生した場合には、ドアノブ、スイッチ等の複数の人が触れる場所の消毒を励行する。また、アデノウイルスは乾燥にも強いことから、保育所での流行状況にあわせて、遊具の消毒が求められる。プールは塩素消毒を徹底し、プール遊びの前に流水を用いたお尻の洗浄を行う。 罹患した子どもの登園のめやすは、「発熱、充血等の主な症状が消失した後2日を経過していること」である。

（8）流行性角結膜炎

病原体	アデノウイルス
潜伏期間	2〜14日
症状・特徴	主な症状として、目が充血し、目やにが出る。幼児の場合、目に膜が張ることもある。片方の目で発症した後、もう一方の目に感染することがある。
感染経路	主な感染経路は、飛沫感染及び接触感染である。塩素消毒の不十分なプールの水、タオル等を介して感染することもある。
流行状況	年間を通じて発生するが、特に夏季に流行がみられる。
予防・治療方法	ワクチンや有効な治療法はなく、対症療法が行われる。 飛沫感染及び接触感染への対策として、手洗いの励行等の一般的な予防法を実施することが大切である。多くの場合、自然経過で治癒する。
留意すべきこと（感染拡大防止策等）	感染力が強いため、タオル等の共有は厳禁である。保育所内で流行性角結膜炎が発生した場合には、ドアノブ、スイッチ等の複数の人が触れる場所の消毒を励行する。また、アデノウイルスは乾燥にも強いことから、保育所での流行状況にあわせて、遊具の消毒が求められる。プールは塩素消毒を徹底する。 罹患した乳幼児の登園のめやすは、「結膜炎の症状が消失していること」である。

（9）百日咳（せき）

病原体	百日咳菌（せき）
潜伏期間	7〜10日
症状・特徴	特有な咳（せき）（コンコンと咳込んだ後（せき）、ヒューという笛を吹くような音を立てて息を吸うもの）が特徴で、連続性・発作性の咳が長期に続く。夜間眠れないほどの咳（せき）がみられることや、咳とともに嘔吐（おう）することもある。発熱することは少ない。 生後3か月未満の乳児の場合、呼吸ができなくなる発作（無呼吸発作）、肺炎、中耳炎、脳症等の合併症も起こりやすく、突然死の一因であるとも考えられている。 年長児以降では、咳（せき）の長引くかぜと思われることも少なくない。また、思春期や成人になってから発症することも多く、感染源となる。 多くの場合では、適切な抗菌薬による治療によって排菌は抑えられるが、咳（せき）だけは長期間続く。
感染経路	主な感染経路は、飛沫感染及び接触感染である。
流行状況	年間を通じて発生するが、特に春から夏までに流行がみられる。
予防・治療方法	定期接種として、生後3か月から90か月までの間に沈降精製百日咳（せき）ジフテリア破傷風不活化ポリオ混合（DPT-IPV）ワクチン（4種混合ワクチン）の4回接種が行われている。標準的には、生後3か月から12か月までの間に、20日間から56日間の間隔をおいて3回の接種が行われ、3回目の接種から12か月間から18か月間の間隔をおいて4回目の接種が行われている。 飛沫感染及び接触感染への対策として、手洗いの励行等の一般的な予防法を実施することが大切である。呼吸器症状のある年長児や成人は、0歳児と接触しないようにする。 発症した場合には抗菌薬により治療される。
留意すべきこと（感染拡大防止策等）	咳（せき）が出ている子どもには、マスクの着用を促す。その他、飛沫感染への対策として、日常的に周囲の子ども、保育士等が手洗いや咳（せき）エチケットを実施するよう促す。 子どもの入園前には、ワクチンの接種歴を母子健康手帳等で確認する。子どもが生後3か月以上で未接種かつ未罹患（り）である場合には、保育所に入園する前にワクチン接種を受けるよう、保護者に対して周知する。 保育所内で集団発生した場合には、保健所・嘱託医等と連携し感染拡大を防止するための対策を講じる。 罹患（り）した子どもの登園のめやすは、「特有な咳（せき）が消失していること又は5日間の適正な抗菌薬による治療が終了していること」である。

（10）腸管出血性大腸菌感染症（O157、O26、O111等）

病原体	ベロ毒素を産生する大腸菌（O157、O26、O111等）
潜伏期間	ほとんどの大腸菌が主に10時間〜6日。O157は主に3〜4日。
症状・特徴	無症状の場合もあるが、多くの場合には、主な症状として、水様下痢便や腹痛、血便がみられる。尿量が減ることで出血しやすくなり、意識障害を来す溶血性尿毒症症候群を合併し、重症化する場合がある。稀ではあるが、脳症を合併する場合がある。
感染経路	主な感染経路は、菌に汚染された生肉や加熱が不十分な肉、菌が付着した飲食物からの経口感染、接触感染である。
流行状況	年間発生数は3,000〜4,000例程度となっている。夏に流行がみられる。 日本では、1997年に学童を中心とした集団感染がみられ、死亡例も出た。また、2011年に生レバーによる感染、2012年には菌に汚染された漬物による感染、2014年には菌に汚染された野菜による感染が報告されている。また、保育所においても毎年、複数の集団発生が報告されている。
予防・治療方法	ワクチンは開発されていない。経口感染や接触感染により感染するため、肉類は十分に加熱すること、肉類を調理した調理器具で生食の食品を扱わないこと、手洗いを徹底すること等が大切である。 発症した場合、下痢や腹痛、脱水に対しては水分補給、補液（点滴）等を行う。抗菌薬は時に症状を悪化させることもあるため、使用するかどうかについて慎重に判断されることとされている。
留意すべきこと（感染拡大防止策等）	日常的に手洗いの励行等の一般的な予防法を実施するとともに、食品を取り扱う際には、肉類は十分に加熱する、肉類を調理した調理器具で生食の食品を扱わないなどの注意を徹底すること、プールの水を適切な濃度で塩素消毒することが重要である。 保育所内で発生した場合には、速やかに保健所に届け、保健所の指示に従い消毒を徹底するとともに、保健所と連携して感染拡大防止のための対策を講じる。 罹患した場合の登園のめやすは、「医師において感染のおそれがないと認められていること。」である。無症状の場合、トイレでの排泄習慣が確立している5歳以上の子どもは登園を控える必要はない。5歳未満の子どもでは、2回以上連続で便から菌が検出されなくなり、全身状態が良好であれば、登園可能である。

(11) 急性出血性結膜炎

病原体	エンテロウイルス
潜伏期間	ウイルスの種類によって、平均24時間又は2～3日と差がある。
症状・特徴	主な症状として、強い目の痛み、目の結膜（白眼の部分）の充血、結膜下出血がみられる。また、目やに、角膜の混濁等もみられる。
感染経路	主な感染経路は、飛沫感染及び接触感染である。
予防・治療方法	ワクチンは開発されていない。飛沫感染や接触感染により感染するため、手洗いの励行等の一般的な予防法を実施することや目やに・分泌物に触れないようにすること等が大切である。 発症した場合、有効な治療薬はなく、対症療法が行われる。
留意すべきこと （感染拡大防止策等）	日常的に手洗いの励行等の一般的な予防法を実施するとともに、目やにや分泌物に触れない、洗面具やタオル等の共用をしないことが重要である。 目の症状が軽減してからも感染力が残る場合があるため、罹患した場合の登園のめやすは、「医師により感染の恐れがないと認められること」である。登園を再開した後も、手洗いを励行することが重要である。

(12) 侵襲性髄膜炎菌感染症（髄膜炎菌性髄膜炎）

病原体	髄膜炎菌
潜伏期間	4日以内
症状・特徴	主な症状は、発熱、頭痛、嘔吐であり、急速に重症化する場合がある。劇症例は紫斑を伴いショックに陥り、致命率は10％、回復した場合でも10～20％に難聴、まひ、てんかん等の後遺症が残る。
感染経路	主な感染経路は、飛沫感染及び接触感染である。有効な治療を開始して24時間経過するまでは感染源となる。
流行状況	アフリカ諸国では流行的に、先進国でも散発的に発生する。2011年には日本でも高校生の寮で集団発生し、1人が死亡した。乳幼児期から思春期によく発生する。
予防・治療方法	2015年から、国内でも2歳以上で任意接種として髄膜炎菌ワクチン（4価：A／C／Y／W群）が使用可能となった。 患者と接触した人、歯ブラシや食事用具を共有するなど、唾液の接触があった人や、同じ住居でしばしば寝食を共にした人は、患者が診断を受けた24時間以内に抗菌薬の予防投与を受けることが推奨される。 発症した場合には、抗菌薬により治療される。
留意すべきこと （感染拡大防止策等）	罹患した場合の登園のめやすは、「医師において感染の恐れがないと認められていること」である。

2 医師の診断を受け、保護者が登園届を記入することが考えられる感染症

(13) 溶連菌感染症

病原体	溶血性レンサ球菌
潜伏期間	2〜5日。伝染性膿痂しん（とびひ）では7〜10日。
症状・特徴	主な症状として、扁桃炎、伝染性膿痂しん（とびひ）、中耳炎、肺炎、化膿性関節炎、骨髄炎、髄膜炎等の様々な症状を呈する。 　扁桃炎の症状としては、発熱やのどの痛み・腫れ、化膿、リンパ節炎が生じる。舌が苺状に赤く腫れ、全身に鮮紅色の発しんが出る。また、発しんがおさまった後、指の皮がむけることがある。 　伝染性膿痂しんの症状としては、発症初期には水疱（水ぶくれ）がみられ、化膿したり、かさぶたを作ったりする。　　　　　　　【参照：「(25)伝染性膿痂しん」→p.251】 　適切に治療すれば後遺症がなく治癒するが、治療が不十分な場合には、発症数週間後にリウマチ熱、腎炎等を合併することがある。稀ではあるが、敗血症性ショックを示す劇症型もある。
感染経路	主な感染経路は飛沫感染及び接触感染である。食品を介して経口感染する場合もある。
流行状況	毎年、「冬」及び「春から初夏にかけて」という2つの時期に流行する。不顕性感染例が15〜30%いると報告されているが、不顕性感染例から感染することは稀であると考えられている。
予防・治療方法	ワクチンは開発されていない。飛沫感染や接触感染により感染するため、手洗いの励行等の一般的な予防法を実施することが大切である。 　発症した場合、適切な抗菌薬によって治療され、多くの場合、後遺症もなく治癒する。ただし、合併症を予防するため、症状が治まってからも、決められた期間、抗菌薬を飲み続けることが必要となる。
留意すべきこと（感染拡大防止策等）	飛沫感染や接触感染、経口感染により感染するため、手洗いの励行等の一般的な予防法を実施することが大切である。罹患した場合の登園のめやすは、「抗菌薬の内服後24〜48時間が経過していること」である。

（14）マイコプラズマ肺炎

病原体	肺炎マイコプラズマ
潜伏期間	2～3週
症状・特徴	主な症状は咳であり、肺炎を引き起こす。咳、発熱、頭痛等のかぜ症状がゆっくり進行する。特に咳は徐々に激しくなり、数週間に及ぶこともある。中耳炎、発しん等を伴うこともあり、重症化することもある。
感染経路	主な感染経路は飛沫感染である。家族内感染や再感染も多くみられる。
流行状況	夏から秋にかけて流行することが多い。日本では、従来は4年周期でオリンピックのある年に流行していたが、近年この傾向は崩れつつあり、毎年、一定の発生がみられている。学童期以降に多いが、幼児にもみられる。
予防・治療方法	ワクチンは開発されていない。飛沫感染により感染するため、咳エチケットの励行等の一般的な予防法を実施することが大切である。 　近年、耐性菌が増えており、症状が長引くこともあるが、発症した場合には、多くの場合では抗菌薬による治療によって、又は自然経過により治癒する。
留意すべきこと（感染拡大防止策等）	咳が出ている子どもには、マスクの着用を促す。その他、飛沫感染への対策として、日常的に周囲の子ども、保育士等が手洗いや咳エチケットを実施するよう促す。 　罹患した場合の登園のめやすは、「発熱や激しい咳が治まっていること」である。

（15）手足口病

病原体	コクサッキーウイルスA16、A10、A6、エンテロウイルス71等（原因ウイルスが複数あるため、何度でも罹患する可能性がある）
潜伏期間	3～6日
症状・特徴	主な症状として、口腔粘膜と手足の末端に水疱性発しんが生じる。また、発熱とのどの痛みを伴う水疱（水ぶくれ）が口腔内にでき、唾液が増え、手足の末端、おしり等に水疱（水ぶくれ）が生じる。コクサッキーウイルスA6が原因の手足口病では、水痘と間違えられるほどの発しんが出たり、爪がはがれたりすることもある。 　無菌性髄膜炎を合併することがあり、発熱や頭痛、嘔吐がみられる。稀ではあるが、脳炎を合併し、けいれんや意識障害が生じることもある。
感染経路	主な感染経路は、飛沫感染、接触感染及び経口感染である。 　症状が出た最初の週の感染力が最も強い。回復後も飛沫や鼻汁からは1～2週間、便からは数週～数か月間、ウイルスが排出される。
流行状況	春から夏にかけて流行する。
予防・治療方法	ワクチンは開発されていない。飛沫感染や接触感染、経口感染により感染するため、手洗いの励行等の一般的な予防法を実施することが大切である。 　発症した場合には、有効な治療法はないが、多くの場合、3～7日の自然経過で治癒する。

留意すべきこと（感染拡大防止策等）	日常的に手洗いの励行等の一般的な予防法を実施するとともに、回復後も飛沫や鼻汁からは1〜2週間、便からは数週〜数か月間ウイルスが排出されるので、おむつの排便処理の際には手袋をするなどの対応を行う。 　罹患した場合の登園のめやすは、「発熱や口腔内の水疱・潰瘍の影響がなく、普段の食事がとれること」である。感染拡大を防止するために登園を控えることは有効性が低く、またウイルス排出期間が長いことからも現実的ではない。発熱やのどの痛み、下痢がみられる場合や食べ物が食べられない場合には登園を控えてもらい、本人の全身状態が安定してから登園を再開してもらう。ただし、登園を再開した後も、排便後やおむつ交換後の手洗いを徹底する。

(16) 伝染性紅斑 （りんご病）

病原体	ヒトパルボウイルスB19
潜伏期間	4〜14日
症状・特徴	感染後5〜10日に数日間のウイルス血症を生じ、この時期に発熱、倦怠感、頭痛、筋肉痛等の軽微な症状がみられる。その後、両側頬部に孤立性淡紅色斑丘しんが現われ、3〜4日のうちに融合して蝶翼状の紅斑となるため、俗に「りんご病」と呼ばれる。四肢の発しんは、網目状、レース様又は大理石紋様と称される。発しんは1〜2週間続く。 　成人の場合、合併症として関節痛を伴うことが多い。その他、心筋炎、急性脳炎・脳症、先天性溶血性疾患（遺伝性球状赤血球症等）での無形成発作（重症の貧血発作に伴い、血小板、白血球等も一緒に減少する）等の重篤な合併症を伴うことがある。 　母体が妊娠中（特に胎児造血が盛んな妊娠前半期に多い）にヒトパルボウイルスB19に感染すると、ウイルスは胎盤を経て胎児に感染する。胎児に感染した場合には、約10％が流産や死産となり、約20％が重症の貧血状態となり、全身に浮腫をきたす胎児水腫になる。 　顕性感染率は小児期には80〜90％だが、成人では40％程度に低下するため、感染に気付かれない場合がある。
感染経路	主な感染経路は飛沫感染である。
流行状況	秋から春にかけて流行するが、最近は夏にも散発している。かつては7〜10年間隔の大流行がみられていたが、現在は地域ごとに約5年周期の小流行がみられる。
予防・治療方法	ワクチンは開発されていない。飛沫感染により感染するため、咳エチケットや手洗いの励行等、一般的な予防法を実施することが大切である。 　伝染性紅斑に対する特異的な治療はない。
留意すべきこと（感染拡大防止策等）	発しんが出現する前は、ウイルス血症（ウイルスが血液中に存在している状態）を起こしている時期であり、最も感染力が強い。一方で、発しんが出現する時期には抗体が産生されており、感染の危険性はなくなる。このため、発症者の隔離等のみにより感染拡大を防止することは困難である。日常的に咳エチケットや手洗いの励行等の一般的な予防法を実施することが重要である。 　また、特に妊婦への感染を防止することが重要である。日本での成人の抗体保有率は20〜50％であり、妊婦の半数以上は免疫を持たないため、感染する危険性がある。 　このため、保育所内で発生した場合には、すぐに保護者にこれを知らせ、子どもの送迎時等における感染防止策を講じる。妊娠中の職員については、流行が終息するまでの間休ませるなど、勤務形態に配慮することが望まれる。 　罹患した場合の登園のめやすは、「全身状態が良いこと」である。

（17）①ウイルス性胃腸炎（ノロウイルス感染症）

病原体	ノロウイルス
潜伏期間	12〜48時間
症状・特徴	流行性嘔吐下痢症の原因となる感染症である。主な症状は嘔吐と下痢であり、脱水を合併することがある。乳幼児のみならず、学童、成人にも多くみられ、再感染も稀ではない。多くは1〜3日で治癒する。
感染経路	主な感染経路は、経口感染、飛沫感染及び接触感染である。 　汚物処理が不十分な場合、容易に集団感染を引き起こす。ウイルスに感染している調理者を介して食品が汚染されたことによる食中毒が多く起きている。 　感染者の便には、多くのウイルスが排出されている。また、嘔吐物の中にも多量のウイルスが含まれている。感染力が強く、乾燥してエアロゾル化した嘔吐物を介して、空気感染（飛沫核感染）することもある。
流行状況	一年を通じ発生するが、特に秋から冬にかけて流行する。感染力が強く、100個以下という少量のウイルスでも、人に感染し発病する。患者の嘔吐物や糞便には1グラムあたり100万〜10億個ものウイルスが含まれていると言われている。
予防・治療方法	ワクチンの開発は行われているが、現在使用可能なものはない。経口感染、接触感染、空気感染（飛沫核感染）により感染するため、手洗いの励行等の一般的な予防法を実施すること、また、嘔吐物等に迅速かつ適切に対応することが大切である。 　特異的な治療法はなく、下痢や腹痛、脱水に対して水分補給、補液等を行う。
留意すべきこと（感染拡大防止策等）	ノロウイルス感染症は、ウイルスが含まれた水や食物、手を介して感染するため、また、処理をしていない嘔吐物等が乾燥して空気中に舞い上がり感染することもあるため、手洗いの励行などの一般的な予防法を徹底するとともに、下痢・嘔吐がみられた時の処理手順を職員間で共有し、迅速かつ適切に予防のための対応をとることが大切である。　【参照：下痢・嘔吐の際の処理の詳細は「別添3③下痢の時の対応」→p. 258 及び「別添3④嘔吐の時の対応」→p. 260】 　また、加熱が必要な食品を取り扱う際には十分に加熱する、食品を調理した調理器具で生食の食品を扱わないなどの注意を徹底することが重要である。 　流行期には、前日に嘔吐していた子どもの登園は控えてもらうように保護者に伝えることが重要である。罹患した場合の登園のめやすは、「嘔吐、下痢等の症状が治まり、普段の食事がとれること」である。ただし、登園を再開した後も、ウイルスは便中に3週間以上排出されることがあるため、排便後やおむつ交換後の手洗いを徹底する。

(17) ②ウイルス性胃腸炎（ロタウイルス感染症）

病原体	ロタウイルス
潜伏期間	1～3日
症状・特徴	流行性嘔吐下痢症をおこす感染症である。5歳までの間にほぼ全ての子どもが感染する。 　主な症状は嘔吐と下痢であり、しばしば白色便となる。脱水がひどくなる、けいれんがみられるなどにより、入院を要することがしばしばある。稀ではあるが、脳症を合併して、けいれんや意識障害を示すこともある。多くは2～7日で治癒する。
感染経路	主な感染経路は経口感染、接触感染及び飛沫感染である。患者の便には多量のウイルスが含まれているが、10～100個程度の少ないウイルス量でも感染する。たとえ十分に手洗いをしても、手や爪に多数のウイルスが残っていることがある。
流行状況	冬から春にかけて流行する。日本の患者数は年間約80万人であり、そのうち2～8万人が入院していると推定されている。10人前後が死亡している。何度でも罹患するが、初感染の時が最も重症化しやすい。
予防・治療方法	日本では、乳児に対する任意予防接種として経口生ワクチンの接種が可能である。 　経口感染や接触感染、飛沫感染により感染するため、手洗いの励行等一般的な予防法の励行が大切である。 　特異的な治療法はなく、下痢、腹痛、脱水に対して水分補給、補液（点滴）等を行う。
留意すべきこと（感染拡大防止策等）	ロタウイルスは非常に感染力が強いため、手洗いの励行等の一般的な予防法を徹底するとともに、下痢・嘔吐がみられた時の処理手順を職員間で共有し、迅速かつ適切に予防のための対応をとることが大切である。 【参照：下痢・嘔吐の際の処理の詳細は「別添3③下痢の時の対応」→p.258 及び「別添3④嘔吐の時の対応」→p.260】 　また、加熱が必要な食品を取り扱う際には十分に加熱する、食品を調理した調理器具で生食の食品を扱わないなどの注意を徹底することが重要である。 　罹患した場合の登園のめやすは、「嘔吐、下痢等の症状が治まり、普段の食事がとれること」である。ただし、登園を再開した後も、ウイルスは便中に3週間以上排出されることがあるため、排便後やおむつ交換後の手洗いを徹底する。

(18) ヘルパンギーナ

病原体	主としてコクサッキーウイルス（原因ウイルスは複数あるため、何度でも罹患する可能性がある）
潜伏期間	3〜6日
症状・特徴	発症初期には、高熱、のどの痛み等の症状がみられる。また、咽頭に赤い粘膜しんがみられ、次に水疱（水ぶくれ）となり、間もなく潰瘍となる。高熱は数日続く。熱性けいれんを合併することがある。 無菌性髄膜炎を合併することがあり、発熱、頭痛、嘔吐を認める。まれながら脳炎を合併して、けいれんや意識障害をおこすこともある。 多くの場合、2〜4日の自然経過で解熱し、治癒する。
感染経路	主な感染経路は、飛沫感染、接触感染及び経口感染である。飛沫や鼻汁からは1〜2週間、便からは数週〜数か月間、ウイルスが排出される。
流行状況	春から夏にかけて流行する。
予防・治療方法	ワクチンは開発されていない。飛沫感染や接触感染、経口感染により感染するため、手洗いの励行等一般的な予防法の励行が大切である。 有効な治療法はないが、多くの場合、自然経過で治癒する。
留意すべきこと（感染拡大防止策等）	日常的に手洗いの励行等の一般的な予防法を実施するとともに、回復後も飛沫や鼻汁からは1〜2週間、便からは数週〜数か月間ウイルスが排出されるので、おむつの排便処理の際には手袋をするなど、取扱いに注意する。罹患した場合の登園のめやすは、「発熱や口腔内の水疱・潰瘍の影響がなく、普段の食事がとれること」である。感染拡大を防止するために登園を控えることは有効性が低く、またウイルス排出期間が長いことからも現実的ではない。発熱やのどの痛み、下痢がみられる場合や食べ物が食べられない場合には登園を控えてもらい、本人の全身状態が安定してから登園を再開してもらう。ただし、登園を再開した後も、排便後やおむつ交換後の手洗いを徹底する。

（19）RSウイルス感染症

病原体	RSウイルス
潜伏期間	4～6日
症状・特徴	呼吸器感染症で、乳幼児期に初感染した場合の症状が重く、特に生後6か月未満の乳児では重症な呼吸器症状を生じ、入院管理が必要となる場合も少なくない。 　一度かかっても十分な免疫が得られず何度も罹患（り）する可能性があるが、再感染・再々感染した場合には、徐々に症状が軽くなる。通常、大人では鼻炎程度の軽い感冒症状がみられる。
感染経路	主な感染経路は飛沫感染及び接触感染である。 　2歳以上で再感染・再々感染した場合に、症状としては軽い咳（せき）や鼻汁程度しかみられず、保育所に平常時と変わらず通っている場合がある。また、保護者や職員が感染することもある。このような場合、これらの人が感染源となって、周囲に感染が拡大することもある。
流行状況	毎年、主に秋から冬にかけて流行する。しかし、最近では夏季にも小流行があり、注意が必要である。
予防・治療方法	ワクチンや抗ウイルス薬の開発がすすめられているが、まだ実用化されていない。飛沫感染や接触感染により感染するため、手洗いの励行等一般的な予防法の励行が大切である。 　RSウイルスに対する遺伝子組み換え技術を用いたモノクローナル抗体（パリビズマブ）には感染予防効果があり、RSウイルス感染症の流行期には、早産児、新生児慢性肺疾患、先天性心疾患、免疫不全等の基礎疾患を有する乳幼児等に対して、毎月筋肉内投与がなされている。 　特異的な治療法は確立されていない。
留意すべきこと（感染拡大防止策等）	咳（せき）が出ている子どもには、マスクの着用を促す。その他、飛沫感染への対策として、日常的に周囲の子ども、保育士等が手洗いや咳（せき）エチケットを実施するよう促す。保育環境を清潔に保つことも重要である。 　また、流行状況を常に把握しておくことが重要であり、流行期には、0歳児と1歳以上のクラスは互いに接触しないよう離しておき、互いの交流を制限する。特に、呼吸器症状がある年長児が乳児に接触することを避ける。 　罹患（り）した場合の登園のめやすは、「呼吸器症状が消失し、全身状態が良いこと」である。

（20）帯状疱しん

病原体	水痘・帯状疱しんウイルス（VZV）
潜伏期間	不定
症状・特徴	水痘に感染した患者は、神経節（脊髄後根神経節や脳神経節）にウイルスが潜伏感染しており、免疫能の低下、ストレス、加齢等をきっかけとして、神経の走行に沿った形で、身体の片側に発症することがある。 　数日間、軽度の痛みや違和感（子どもの場合ははっきりとしない）が、そして場合によってはかゆみがあり、その後、多数の水疱（水ぶくれ）が集まり、紅斑となる。日が経つ膿疱や血疱、びらんになることもある。発熱はほとんどない。 　通常1週間で痂皮（かさぶた）化して治癒する。子どもの場合、痛みは大人ほどではなく、多くの場合には痛み止めの内服は不要である。発しんが治癒した後に跡が残ることがある。
感染経路	母体が妊娠20週から分娩の21日前までに水痘に罹患すると、子どもが帯状疱しんを発症することがある。 　また、一度水痘に罹患した子どもは、ウイルスを神経節に持っているので、帯状疱しんを発症する可能性がある。水痘ワクチン接種後に発病することもあるが、頻度は低い。ワクチン接種の前後に気が付かないうちに自然感染していて、その後、発病する場合がある。
予防・治療方法	内服薬と外用薬がある。 　痛みがある場合には、患部を温めると痛みが和らぐ。
留意すべきこと（感染拡大防止策等）	水痘ワクチンを未接種かつ水痘に未罹患の者が帯状疱しんの患者に接触すると水痘にかかる可能性があるため、周りの子どもや保護者、保育士等に周知する。 　保育士や保育所職員が水痘や帯状疱しんに罹患した場合は、全ての皮しんがかさぶたになるまで保育を控えることが重要である。なお、日本小児科学会では、こうした場合、水痘未罹患や水痘ワクチン未接種の子どもについては早期（72時間以内）に水痘ワクチン接種をすることを勧めている。妊婦への感染の防止も重要であるため、保育所内で発生した場合には、妊婦はなるべく患児に近づかないようにする。 　発しんが痂皮（かさぶた）になると、感染の可能性はなくなるため、罹患した子どもの登園のめやすは、「すべての発しんが痂皮（かさぶた）化していること」である。 　発しんが痂皮（かさぶた）になるまでの間もシャワーは可能であり、痂皮（かさぶた）になった後は入浴も可能である。

（21） 突発性発しん

病原体	ヒトヘルペスウイルス６Ｂ、ヒトヘルペスウイルス７
潜伏期間	９～10日
症状・特徴	生後６か月～２歳によくみられる。３日間程度の高熱の後、解熱するとともに紅斑が出現し、数日で消えてなくなるという特徴をもつ。 　比較的軽症の疾患であり、自然経過で治癒するが、熱性けいれん、脳炎・脳症、肝炎等を合併することがある。 　ヒトヘルペスウイルス７の初感染でも突発性発しんの特徴がみられることがあるが、この場合は生後２～４歳頃に多いとされている。
感染経路	ウイルスは、多くの子ども・成人の唾液等に常時排出されており、母親から胎盤を通して受け取っていた抗体（移行抗体）が消失する乳児期後半以降に、保護者や兄弟姉妹等の唾液等から感染すると考えられている。
流行状況	乳児同士の間での感染は少ない。地域的・季節的な流行は見られず、年間を通してほぼ同じような発生がある。
予防・治療方法	ワクチンは開発されていない。 　通常は自然経過で治癒する疾患で、特異的な治療薬を必要としない。
留意すべきこと（感染拡大防止策等）	多くの場合、乳幼児期に感染し、発熱により感染に気づく。発熱前後の気道分泌物中にウイルスが含まれるため、飛沫、鼻汁、唾液等には感染性があると考えられる。 　通常は保護者、兄弟姉妹等の唾液等から感染するが、免疫のない子どもが感染した子どもの分泌物に接触した場合には、感染する可能性がある。 　日常的に手洗いの励行等の一般的な予防法を実施するほか、子どもに高熱がある場合には、特にこれを徹底する。 　解熱し発しんが出現して診断がつく頃にはウイルスの排出はなくなるため、罹患した子どもの登園のめやすは、「解熱し機嫌が良く全身状態が良いこと」である。

3 上記1及び2の他、保育所において特に適切な対応が求められる感染症

(22) アタマジラミ症

病原体	アタマジラミ（2～4mmの少し透けた灰色の細長い3対の足をもつ。約4週間生きている。卵は0.5mm程度の乳白色であり、約7日で孵化する）
潜伏期間	10～30日。卵は約7日で孵化する。
症状・特徴	卵は頭髪の根元近くにあり、毛に固く付着して白くみえる。フケのようにも見えるが、卵の場合は指でつまんでも容易には動かない。成虫は頭髪の根元近くで活動している。 　雌雄の成虫及び幼虫が1日2回以上頭皮から吸血する。毎日の吸血によって3～4週間後に頭皮にかゆみがでてくる。引っかくことによって二次感染が起きる場合がある。
感染経路	頭髪に直接接触することで、また、体や頭を寄せ合うことで感染する。また、寝具、タオル、マフラー、帽子、水泳帽、クシ、ブラシ、ヘアゴム、体育マット、ロッカー等の共用により感染することがある。この他にも、集団での就寝・添い寝、混雑したバス・電車、スイミングスクール等の習い事、銭湯等の公共施設等でも感染することがある。
予防・治療方法	保育所で感染が確認された場合、昼寝の際には、子どもの頭と頭を接しさせないよう、布団を離したり、頭を交互にしたりするなど工夫する。 　一般に、薬局で市販されている薬として、フェノトリン（スミスリン®）シャンプー又はフェノトリンパウダーがある。日本ではフェノトリン以外にアタマジラミ症に効果のある薬はないが、ほとんどのシラミがフェノトリン抵抗性（耐性）になっている地域もある。 　毎日シャンプーを行い、目の細かいクシで丁寧に頭髪の根元からすき、シラミや卵を取り除く。卵はクシをこまめに使うことで取り除くことが可能である。頭髪を短くしたりする必要はない。 　感染した子ども同士が互いに感染させる、いわゆるピンポン感染を繰り返す恐れがあるため、周囲の感染者を一斉に治療することが感染防止対策としてとられている。
留意すべきこと（感染拡大防止策等）	保育所で感染が確認された場合、昼寝の際には、子どもの頭と頭を接しさせないよう、布団を離したり、頭を交互にしたりするなど工夫する。 　プールでは水泳帽、クシ、タオル、ロッカーを共用しないようにする。 　地域での流行状況を常に把握しておくことが重要である。

（23）疥癬

病原体	ヒゼンダニ（雌成虫は0.4mm。皮膚の一番浅い所（角層）に寄生する。低温や乾燥に弱く、ヒトの体を離れると弱る。拡大鏡等で確認することもできる）
潜伏期間	約1か月（感染してから皮しん、かゆみが出現するまでの期間）
症状・特徴	かゆみの強い発しん（丘しん、水疱（水ぶくれ）、膿疱、結節（しこり）等）ができる。手足等には線状の隆起した皮しん（疥癬トンネル）もみられる。男児では陰部に結節（しこり）ができることがある。体等には丘しんができる。かゆみは夜間に強くなる。疥癬はアトピー性皮膚炎、他の湿しん等との区別が難しいことがある。
感染経路	ヒトからヒトに感染する。リネン類や布団の共用（午睡時、寝具が隙間なく敷き詰められている場合を含む）等で感染することもある。 　一緒に寝る、授乳する、抱っこする、手をつなぐなど直接的な接触が比較的長時間あった場合に感染することがある。
予防・治療方法	疥癬の子どもと接触しても感染する可能性は高くないが、強いかゆみのある発しんがでたら皮膚科を受診する。 　外用薬・内服薬により治療する。
留意すべきこと（感染拡大防止策等）	手に比較的多くのヒゼンダニがおり、手を介して感染することもあるため、日常的に手洗いの励行などの一般的な予防法を実施することが重要である。また、下着等は毎日交換する。 　地域での流行状況を常に把握し、情報を保育所と保護者が共有しておくことが重要である。また、医療機関を受診する際に、保護者から、子どもの通っている保育所で疥癬が流行していることを伝えてもらうとよい。 　治療を開始していれば、プールに入ってもかまわない。

(24) 伝染性軟属腫（水いぼ）

病原体	伝染性軟属腫ウイルス（ポックスウイルスの一種）
潜伏期間	2〜7週
症状・特徴	1〜5mm（稀に1cm程度のこともある）程度の常色〜白〜淡紅色の丘しん、小結節（しこり）であり、表面はつやがあって、一見水疱（水ぶくれ）にも見える。大き目の結節（しこり）では中心が凹になっている。多くの場合では、数個〜数十個が集まっている。四肢、体幹等によくみられるが、顔、首、陰部等どこにでも生じる。 　軽度のかゆみがあるが、かいてつぶれることで、また、かかなくても個々のものは数か月から時に半年もの長期間をかけて自然経過で治癒することがある。
感染経路	主な感染経路は皮膚と皮膚の直接接触による接触感染である。伝染性軟属腫（水いぼ）を左右から押すと、中央から白色の粥状の物質が排出される。この中にウイルスが含まれている。 　プールの水では感染しないので、プールに入っても構わない。タオル、浮輪、ビート板等を介して感染する場合もある。接触後に症状が出るまで2〜7週間かかるといわれており、感染時期の特定は難しい。
予防・治療方法	自然経過で治癒することもあるが、治療に数か月かかることもある。保育所においては、周囲の子どもに感染することを考慮し、嘱託医と相談して対応する。 　治療には、専用のピンセットでの摘除法（痛みと少量の出血があるため、局所麻酔薬テープを事前に貼ることがある）、外用療法、内服療法、冷凍凝固療法等がある。 　皮膚のバリア機能が未熟な乳幼児、アトピー性皮膚炎患者等では、伝染性軟属腫（水いぼ）を引っかいた手で別の箇所を触ることで、その個所にも感染が拡大し、広い範囲に伝染性軟属腫（水いぼ）が生じる場合がある。このため、皮膚の清潔を保ち、保湿剤等でバリア機能を改善する。
留意すべきこと（感染拡大防止策等）	集団生活、水遊び、浴場等で皮膚と皮膚が接触することにより周囲の子どもに感染する可能性がある。このため、伝染性軟属腫（水いぼ）を衣類、包帯、耐水性ばんそうこう等で覆い、他の子どもへの感染を防ぐ。また、プール後は皮膚表面のバリア機能が低下しやすいので、皮膚の保湿を保つ。 　接触感染により感染するため、日常的に手洗いの励行等の一般的な予防法を実施することが重要である。

（25）伝染性膿痂しん（とびひ）

病原体	原因菌は黄色ブドウ球菌の場合が多いが、溶血性レンサ球菌の場合もある。前者については耐性菌（MRSA）が増加（10〜50%）している。
潜伏期間	2〜10日（長期の場合もある）
症状・特徴	主な症状として、水疱（水ぶくれ）やびらん、痂皮（かさぶた）が、鼻周囲、体幹、四肢等の全身にみられる。 　患部を引っかくことで、数日から10日後に、隣接する皮膚や離れた皮膚に新たに病変が生じる。
感染経路	主な感染経路は接触感染である。水疱（水ぶくれ）やびらん、痂皮（かさぶた）等の浸出液に原因菌が含まれており、患部をひっかいたり、かきむしったりすることで、湿しんや虫刺され部位等の小さな傷を介して感染する。また、集団感染をおこすことがある。
流行状況	夏に多い病気であるが、他の季節にも発生する。
予防・治療方法	皮膚を清潔にすることが大事である。1日1回以上は全身をシャワーでよく洗浄して、患部も含めた皮膚の清潔を保つ。患部を洗浄する際には、石けんは泡立てて、そっと洗い、よくすすぐ。また、爪は短く切る。 　虫刺されやアトピー性皮膚炎の引っかいた部位等に菌が付着しやすいので、それらの治療を早期に行い、皮膚バリア機能を改善する。 　病巣が広がっている場合には外用薬、更に状態が悪化した場合には内服や点滴による抗菌薬投与が必要となることがある。
留意すべきこと（感染拡大防止策等）	手を介して感染することもあるため、日常的に手洗いの励行等の一般的な予防法を実施することが重要である。 　地域での流行状況を常に把握しておくことが重要である。 　病変部を外用薬で処置し、浸出液がしみ出ないようにガーゼ等で覆ってあれば、通園が可能である。子ども同士でタオルや寝具は共用せず、別々にする。 　プールの水を介しては感染しないが、患部をかくことで病変が悪化したり、他の人と触れたりすることがあるので、プールでの水遊びや水泳は治癒するまでやめておく。

(26) B型肝炎

病原体	B型肝炎ウイルス（HBV）
潜伏期間	急性感染では45〜160日（平均90日）
症状・特徴	ウイルスが肝臓に感染し、炎症を起こす病気である。急性肝炎と慢性肝炎がある。 　0歳児が感染した場合、約9割がHBVキャリア（※1）となる。キャリア化の割合は年長児では低下するが、5歳児でも約1割がキャリア化する。 　キャリア化しても、85〜90％は治療を必要としないが、残りの多くは思春期以降に慢性肝炎を発症し、その一部は肝硬変や肝がんに進展する可能性がある。 　キャリアでは、自覚症状はなく、肝機能も正常だが、子どもであっても慢性肝炎の状態になったり、稀に肝硬変や肝がんになったりすることがあるので、定期的な検査を受けておくことが大切である。
感染経路	血液の中にウイルスが含まれている。血液が付着しただけでは、感染はまず成立しない。感染者の血液が他人の皮膚や粘膜にできた傷から体内に入ることで、感染が起こりうる。唾液、涙、汗、尿等にもウイルスが存在し、感染源となりうる。 　感染者がアトピー性皮膚炎、水痘（水ぼうそう）、伝染性膿痂しん（とびひ）等の皮膚病にかかっている場合は、症状のある皮膚から出る血液や体液にウイルスが含まれるため、感染源となりうる。
流行状況	子どものキャリア率は0.02〜0.03％以下とされ、その多くが家族内又は集団生活内での水平感染（※2）と推定されているが、新規感染の状況については不明である。
予防・治療方法	B型肝炎ワクチン（HBワクチン）は、安全で効果の高いワクチンである。3回の接種により、ほとんどの人がウイルス（HBV）に対する免疫を獲得することが可能である。 　HBワクチンは、2016年4月1日以降に出生した1歳未満児を対象に、2016年10月より定期接種として実施されている。標準的には、生後2か月から生後9か月までの期間に、27日以上の間隔で2回接種した後、第1回目の接種から139日以上の間隔を置いて1回（3回目）の接種が行われている（※3）。一部の自治体では、定期接種の対象とならない子どもに対しても補助が行われている。 　B型肝炎の治療には、現在インターフェロンと核酸アナログが用いられる。これらの治療により肝炎をコントロールすることが可能であるが、ウイルスの排除は困難である。
留意すべきこと（感染拡大防止策等）	最も効果的な感染拡大防止策はHBワクチンの接種である。 　保護者に対し、保育所に入園する前に、定期接種について周知する。また、定期接種の対象でない子どもについても、HBワクチンの接種を済ませておくことが重要であることを周知する。集団感染事例の中には、子どもだけではなく職員も含まれるため、職員もHBs抗原、HBs抗体の検査を受け、両者とも陰性の場合、任意接種としてHBワクチンの接種を受けることが重要であることを説明する。 　HBVへの感染の有無に関わらず、血液や体液で感染する病気の予防のために、誰のものであっても血液や体液に他の園児や職員が直接接触しないような注意（標準予防策）が望まれる。 　HBVに感染した子どもが他の子どもと一緒にプールに入ってもウイルスの伝播は起きない。傷がある場合は耐水性絆創膏できちんと覆っておく。

（※1）HBVキャリアとは、HBVの持続感染者のことで、一般的にはHBs抗原が陽性の人のことをいう。

（※2）HBVキャリアの母親から子どもへの感染を"次の世代への感染"という意味で"垂直感染"と呼ぶ。それ以外の感染を"水平感染"と呼ぶ。

（※3）母親のHBs抗原が陽性（母親がHBVキャリア）の場合は、母子感染予防として生後すぐにHBグロブリンを接種した上で、生後すぐ、生後1か月、生後6か月にHBワクチンの接種を行う。この場合のHBワクチンは定期接種の対象とはならないが、健康保険が適用される。1歳以上の子どもは定期接種の対象にならないが、集団生活に入る前には、任意接種としてHBワクチンの接種を受けることが重要であることを説明する。既に集団生活に入っている子どもに対しても同様である。

別添2　保育所における消毒の種類と方法

〈消毒薬の種類と用途〉

保育所において消毒に使用される消毒薬の種類と用途については**表3**を参照すること。

表3　消毒薬の種類と用途

薬品名	塩素系消毒薬（次亜塩素酸ナトリウム等）	第4級アンモニウム塩（塩化ベンザルコニウム等）※逆性石けん又は陽イオン界面活性剤ともいう。	アルコール類（消毒用エタノール等）
消毒をする場所・もの	・調理及び食事に関する用具（調理器具、歯ブラシ、哺乳瓶等） ・室内環境（トイレの便座、ドアノブ等） ・衣類、シーツ類、遊具等	・手指 ・室内環境、家具等（浴槽、沐浴槽、トイレのドアノブ等） ・用具類（足浴バケツ等）	・手指 ・遊具 ・室内環境、家具等（便座、トイレのドアノブ等）
消毒の濃度	・0.02%（200ppm）～0.1%（1000ppm）液での拭き取りや浸け置き	・0.1%（1000ppm）液での拭き取り ・食器の漬け置き：0.02%（200ppm）液	・原液（製品濃度70～80%の場合）
留意点	・酸性物質（トイレ用洗剤等）と混合すると有毒な塩素ガスが発生するので注意する。 ・金属腐食性が強く、錆びが発生しやすいので、金属には使えない。 ・汚れ（有機物）で消毒効果が低下する。このため、嘔吐物等を十分拭き取った後に消毒する。また、哺乳瓶は十分な洗浄後に消毒を行う。 ・脱色（漂白）作用がある。	・経口毒性が高いので誤飲に注意する。 ・一般の石けんと同時に使うと効果がなくなる。	・刺激性があるので、傷や手荒れがある手指には用いない。 ・引火性に注意する。 ・ゴム製品、合成樹脂等は、変質するので長時間浸さない。 ・手洗い後、アルコールを含ませた脱脂綿やウエットティッシュで拭き自然乾燥させる。
有効な病原体	全ての微生物（ノロウイルス、ロタウイルス等）	一般細菌（MRSA等）、真菌	一般細菌（MRSA等）、結核菌、真菌、ウイルス（HIVを含む）等
消毒薬が効きにくい病原体		結核菌、大部分のウイルス等	ノロウイルス、ロタウイルス等
その他	・直射日光の当たらない涼しいところに保管する。	・希釈液は毎日作りかえる。	

※通常の衛生管理における消毒については、消毒をする場所等に応じ、医薬品・医薬部外品として販売されている製品を用法・用量に従って使い分ける。ただし、糞便や嘔吐物、血液を拭き取る場合等については、消毒用エタノール等を用いて消毒を行うことは適当でなく、次亜塩素酸ナトリウムを用いる。

〈次亜塩素酸ナトリウムの希釈方法〉

　次亜塩素酸ナトリウムは、全ての微生物に有効である。次亜塩素酸ナトリウムの希釈方法〈製品濃度が約6％の場合〉は以下のとおりである。なお、使用する製品の濃度を確認の上、用法・用量に従って使用することが重要である。

表4　次亜塩素酸ナトリウムの希釈方法

消毒対象	濃度（希釈倍率）	希釈方法
・糞便や嘔吐物が付着した床 ・衣類等の浸け置き	0.10% (1000ppm)	水1ℓに対して約20mℓ （めやすとしては、500mℓペットボトルにキャップ2杯弱）
・食器等の浸け置き ・トイレの便座、ドアノブ、手すり、床等	0.02% (200ppm)	水1ℓに対して4mℓ （めやすとしては、500mℓペットボトルにキャップ0.5杯弱）

○次亜塩素酸ナトリウム消毒薬の希釈液は、時間が経つにつれ有効濃度が減少することに留意する。
○製品によっては、冷暗所に保管するよう指示があるものがあり、指示に従い適切に保管することが必要となる。

〈消毒方法について〉

　保育所において遊具等の消毒を行う場合には**表5**を、手指の衛生管理を行う場合には**表6**を参照すること。

表5　遊具等の消毒

	普段の取扱い	消毒方法
ぬいぐるみ布類	・定期的に洗濯する。 ・陽に干す（週1回程度）。 ・汚れたら随時洗濯する。	・糞便や嘔吐物で汚れたら、汚れを落とし、0.02%（200ppm）の次亜塩素酸ナトリウム液に十分浸し、水洗いする。 ・色物や柄物には消毒用エタノールを使用する。 　※汚れがひどい場合には処分する
洗えるもの	・定期的に流水で洗い陽に干す ・乳児がなめるものは毎日洗う 　乳児クラス：週1回程度 　幼児クラス：3か月に1回程度	・糞便や嘔吐物で汚れたものは、0.02〜0.1%（200〜1000ppm）の次亜塩素酸ナトリウム液に浸し、陽に干す。 ・色物や柄物には消毒用エタノールを使用する。
洗えないもの	・定期的に湯拭き又は陽に干す。 ・乳児がなめるものは、毎日拭く。 　乳児クラス：週1回程度 　幼児クラス：3か月に1回程度	・嘔吐物で汚れたら、汚れをよく拭き取り、0.05〜0.1%（500〜1000ppm）の次亜塩素酸ナトリウム液で拭き取り、陽に干す。
砂場	・砂場に猫等が入らないようにする。 ・動物の糞便・尿は速やかに除去する。 ・砂場で遊んだ後はしっかりと手洗いする。	・掘り起こして砂全体を陽に干す。

※0.02%（200ppm）の次亜塩素酸ナトリウム消毒薬の希釈液の作成方法については**表4**を参照

表6　手指の衛生管理

通常	・石けんを用いて流水でしっかりと手洗いする。
下痢・感染症発生時	・石けんを用いて流水でしっかりと手洗いした後に、消毒用エタノール等を用いて消毒する。 ・手指に次亜塩素酸ナトリウムは適さない。
備考	・糞便や嘔吐物の処理時には、使い捨て手袋を使用する。 ・毎日、清潔な個別タオル又はペーパータオルを使う。 ・食事用のタオルとトイレ用のタオルを区別する。 ・利便性の観点から、速乾性手指消毒液使用も考えられる。 ・血液は使い捨て手袋を着用して処理をする。

〈消毒薬の管理、使用上の注意点〉

○消毒薬は、感染症予防に効果があるが、使用方法を誤ると有害になることもある。

○消毒薬の種類に合わせて、用途、希釈法等の正しい使用方法を守ることが重要である。

- 消毒薬は子どもの手の届かないところに保管する。
- 消毒薬は使用時に希釈し、毎日交換する。
- 希釈するものについては、濃度、消毒時間を守り使用する。
- ペットボトルを利用して希釈するときは、特に誤飲に気を付ける。
- 消毒の実施時は子どもを別室に移動させ、消毒を行う者はマスク及び手袋を付ける。
- 使用時には換気を十分に行う。
- 血液、嘔吐物、下痢便等を十分に取り除いてから、消毒を行う。

○消毒薬を間違えて使用しないように、容器の色分け等の工夫が重要である。

別添3　子どもの病気──症状に合わせた対応

①子どもの症状を見るポイント

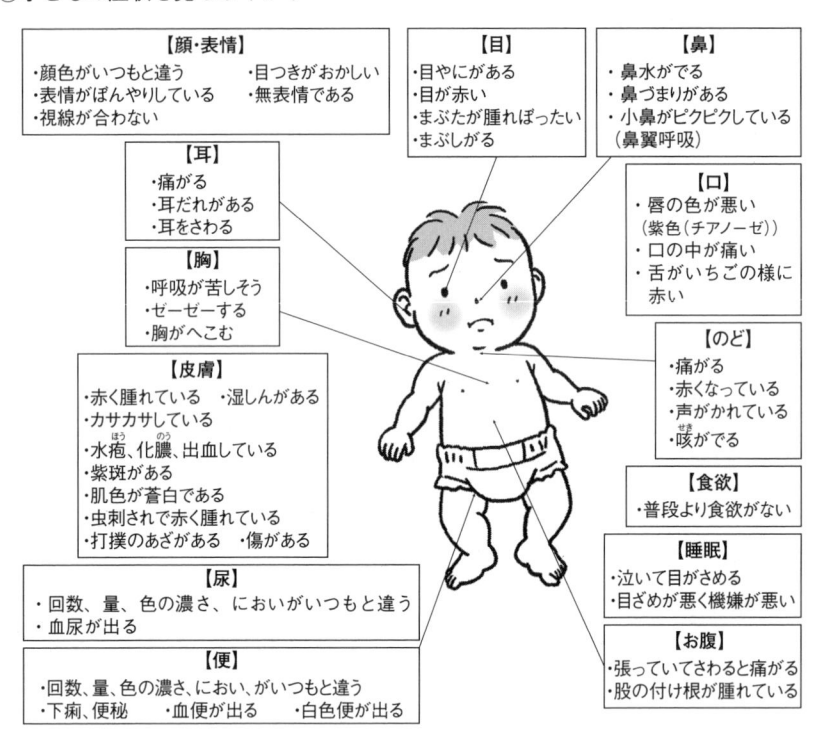

【顔・表情】
・顔色がいつもと違う　　・目つきがおかしい
・表情がぼんやりしている　・無表情である
・視線が合わない

【目】
・目やにがある
・目が赤い
・まぶたが腫れぼったい
・まぶしがる

【鼻】
・鼻水がでる
・鼻づまりがある
・小鼻がピクピクしている
（鼻翼呼吸）

【耳】
・痛がる
・耳だれがある
・耳をさわる

【口】
・唇の色が悪い
（紫色（チアノーゼ））
・口の中が痛い
・舌がいちごの様に
赤い

【胸】
・呼吸が苦しそう
・ゼーゼーする
・胸がへこむ

【のど】
・痛がる
・赤くなっている
・声がかれている
・咳がでる

【皮膚】
・赤く腫れている　　・湿しんがある
・カサカサしている
・水疱、化膿、出血している
・紫斑がある
・肌色が蒼白である
・虫刺されで赤く腫れている
・打撲のあざがある　　・傷がある

【食欲】
・普段より食欲がない

【睡眠】
・泣いて目がさめる
・目ざめが悪く機嫌が悪い

【尿】
・回数、量、色の濃さ、においがいつもと違う
・血尿が出る

【お腹】
・張っていてさわると痛がる
・股の付け根が腫れている

【便】
・回数、量、色の濃さ、におい、がいつもと違う
・下痢、便秘　・血便が出る　　・白色便が出る

子どもの一人一人の元気な時の「平熱」を知っておくことが
症状の変化に気づくめやすになります
○いつもと違うこんな時は子どもからのサインです！
- 親から離れず機嫌が悪い（ぐずる）
- 睡眠中に泣いて目が覚める
- 元気がなく顔色が悪い
- きっかけがないのに吐いた
- 便がゆるい　　・いつもより食欲がない
○今までなかった発しんに気がついたら……
- 他の子どもたちとは別室へ移しましょう
- 発しん以外の症状はないか、発しんが時間とともに増えていないか、などの観察をしましょう。
- クラスや兄弟姉妹、一緒に遊んだ子どもの中に、感染症が疑われる症状がみられる子どもがいないか、確認しましょう。

②発熱時の対応

　子ども一人一人の元気な時の「平熱」を知っておくことが重要です。発熱時の体温は、あくまでもめやすであり、個々の平熱に応じて、個別に判断します。

〈保育中の対応について〉

登園を控えるのが望ましい場合	至急受診が必要と考えられる場合
○38℃以上の発熱があり、 ・元気がなく機嫌が悪いとき ・咳で眠れず目覚めるとき ・排尿回数がいつもより減っているとき ・食欲なく水分が摂れないとき ※熱性けいれんの既往児が37.5℃以上の発熱があるときは医師の指示に従う。	○38℃以上の発熱の有無に関わらず、 ・顔色が悪く苦しそうなとき ・小鼻がピクピクして呼吸が速いとき ・意識がはっきりしないとき ・頻回な嘔吐や下痢があるとき ・不機嫌でぐったりしているとき ・けいれんが起きたとき ○3か月未満児で38℃以上の発熱があるとき

〈登園前に保護者から相談を受けた場合の対応について〉

　以下の表に該当する場合には、登園を控えるよう保護者に伝えるなどの対応が必要。

登園を控えるのが望ましい場合
○24時間以内に38℃以上の熱が出た場合や、又は解熱剤を使用している場合。 ○朝から37.5℃を超えた熱があることに加えて、元気がなく機嫌が悪い、食欲がなく朝食・水分が摂れていないなど全身状態が不良である場合。 　※例えば、朝から37.8℃の熱があることに加えて、機嫌が悪く、食欲がないなど全身状態が不良な場合、登園を控えるのが望ましいと考えられる。 　　一方、37.8℃の熱があるが、朝から食欲があり機嫌も良いなど全身状態が良好な場合、一律に登園を控える必要はないと考えられる。 　（例示した発熱時の体温はめやすであり、個々の子どもの平熱に応じて、個別に判断が必要）

※0〜1歳の乳幼児の発熱に関する特徴について

- 体温調節機能が未熟なために、外気温、室温、湿度、厚着、水分不足等による影響を受けやすく、体温が簡単に上昇する。
- 咳や鼻水などのかぜにみられる症状がなければ、水分補給を十分に行い、涼しい環境に居ることで、熱が下がることがある。
- 0歳児が入園後はじめて発熱した場合には、突発性発しんの可能性もある。熱性けいれんをおこす可能性もある。
- 発熱がある、機嫌が悪いなどの様子とともに、耳をよくさわる様子がみられる時は、中耳炎の可能性もある。

〈発熱が見られる場合の対応・ケアについて〉

○発しんや咳を伴う時、また、複数の子どもに発熱のほか類似の症状がみられる場合には、別室で保育する。
○経口補水液、湯ざまし、お茶等により水分を補給する。
○熱が上がって暑がる時は薄着にし、涼しくしたり、氷枕などをあてたりする。手足が冷た

い時、寒気がある時は保温する。

○高熱が出ている場合には、首のつけ根・わきの下・足の付け根を冷やす（ただし、子ども
が嫌がる場合には行わないこと）。

○微熱が出ている場合には、水分補給を行い安静にさせた後、30分程度様子を見てから再度
検温する。

※保護者が迎えに来るまでの間には、以下の対応を行う。
- 1時間ごとに検温する。
- 水分補給を促す。吐き気がない場合には、本人が飲みたいだけ与えてよい。
- 汗をかいていたらよく拭き、着替えさせる。

※子どもに熱性けいれんの既往歴がある場合には、以下の対応を行う。
- 発熱とともにけいれんが起きた場合の連絡先、主治医からの対応方法等に関する指導
内容を確認する。
- 入園時には、保護者から、過去にけいれんが起きた時の状況やけいれんの前ぶれの症
状の有無について確認する。
- 発熱があった場合には、解熱したとしても、発熱後24時間は自宅で様子をみる。
- けいれんが起きたときには、あわてず、楽な姿勢にさせる。口の中にスプーンやタオ
ルを入れない。また、吐いた物をのどに詰まらせないようにする。けいれんが止まる
気配がない場合には、すぐに救急車を呼ぶ。

※適切な室内環境のめやす

- 室温：（夏）26〜28℃ （冬）20〜23℃
- 湿度：高め
- 換気：1時間に1回
- 外気温との差：2〜5℃

③下痢の時の対応

〈保育中の対応について〉

保護者への連絡が望ましい場合	至急受診が必要と考えられる場合
○食事や水分を摂るとその刺激で下痢をするとき ○腹痛を伴う下痢があるとき ○水様便が複数回みられるとき	○元気がなく、ぐったりしているとき ○下痢の他に、機嫌が悪い、食欲がない、発熱がある、嘔吐^{おう}する、腹痛があるなどの諸症状がみられるとき ○脱水症状がみられるとき（以下の症状に注意すること） ・下痢と一緒に嘔吐 ・水分が摂れない ・唇や舌が乾いている ・尿が半日以上出ない ・尿の量が少なく、色が濃い ・米のとぎ汁のような白色水様便が出る ・血液や粘液、黒っぽい便が出る ・けいれんを起こす

〈登園前に保護者から相談を受けた場合の対応について〉
　以下の表に該当する場合には、登園を控えるよう保護者に伝えるなどの対応が必要。

登園を控えるのが望ましい場合
○24時間以内に複数回の水様便がある、食事や水分を摂るとその刺激で下痢をする、下痢と同時に体温がいつもより高いなどの症状がみられる場合。 ○朝に、排尿がない、機嫌が悪く元気がない、顔色が悪くぐったりしているなどの症状がみられる場合。

※家庭へのアドバイスの例
○消化吸収の良い、おかゆ、野菜スープ、煮込みうどん（短く刻む）等を少量ずつゆっくり食べさせるよう促す。
○以下に掲げる下痢の時に控えるべき食べ物を伝える。　　　【参照：〈下痢の対応・ケアについて〉】
○経口補水液等により、適切な水分を補給するよう促す。
○入浴ができない場合は、お尻だけでもお湯で洗うこと、また、洗ったあとは、柔らかいタオルを用いて、そっと押さえながら拭くことを伝える。

〈下痢の対応・ケアについて〉
○感染予防の為の適切な便処理を行う。激しい下痢を処理する時には、マスク及びエプロンを着用する。
○繰り返す下痢、発熱、嘔吐等の症状を伴う時は、別室で保育する。
○下痢で水分が失われるため、水分補給を十分行う。
　•経口補水液等を少量ずつ頻回に与える。
○食事の量を少なめにし、消化の良い食事にする。
　※下痢の時に控えるべき食べ物
　•脂っこい料理や糖分を多く含む料理やお菓子
　•香辛料の多い料理や食物繊維を多く含む料理
　　例）ジュース、乳製品（アイスクリーム、牛乳、ヨーグルト等）、肉、脂肪分の多い魚、芋、ごぼう、海草、豆類、乾物、カステラ
○お尻がただれやすいので頻回に清拭する。
○診察を受けるときは、便を持っていく。便のついた紙おむつでもよい。
　※受診時に伝えるべきこと
　•便の状態：量、回数、色、におい、血液・粘液の混入状況（携帯で便の写真を写しておくと便利である）
　•子どもが食べた物やその日のできごと
　•家族やクラスで同症状の者の有無等

〈便の処理とお尻のケアについて〉

○以下のことに留意し、感染予防のため適切な便処理と手洗い（液体石けんも用いて流水で30秒以上実施）をしっかりと行う。
　•おむつ交換は決められた場所で行う（激しい下痢の時は保育室を避ける）。

- 処理者は必ず手袋をする。
- 使い捨ておむつ交換専用シートを敷き、一回ずつ取り替える。
- お尻がただれやすいので頻回に清拭する。
- 沐浴槽等でのシャワーは控える。
- 汚れ物はビニール袋に入れて処理する。
- 処理後は手洗いを十分に実施する。

※便の処理グッズの例
- 使い捨て手袋
- ビニール袋
- 使い捨ておむつ交換専用シート
- 使い捨てマスク、使い捨てエプロン（激しい下痢の時の対応用）

④嘔吐の時の対応

〈保育中の対応について〉

保護者への連絡が望ましい場合	至急受診が必要と考えられる場合
○複数回の嘔吐があり、水を飲んでも吐くとき ○元気がなく機嫌、顔色が悪いとき ○吐き気がとまらないとき ○腹痛を伴う嘔吐があるとき ○下痢を伴う嘔吐があるとき	○嘔吐の回数が多く、顔色が悪いとき ○元気がなく、ぐったりしているとき ○血液やコーヒーのかすの様な物を吐いたとき ○嘔吐のほかに、複数回の下痢、血液の混じった便、発熱、腹痛等の諸症状が見られるとき ○脱水症状と思われるとき（以下の症状に注意すること） 　・下痢と一緒に嘔吐 　・水分が摂れない 　・唇や舌が乾いている 　・尿が半日以上出ない 　・尿の量が少なく、色が濃い 　・目が落ちくぼんで見える 　・皮膚の張りがない ※頭を打った後に嘔吐したり、意識がぼんやりしたりしている時は、横向きに寝かせて救急車を要請し、その場から動かさない。

〈登園前に保護者から相談を受けた場合の対応について〉

以下の表に該当する場合には、登園を控えるよう保護者に伝えるなどの対応が必要。

登園を控えるのが望ましい場合
○24時間以内に複数回の嘔吐がある、嘔吐と同時に体温がいつもより高いなどの症状がみられる場合。 ○食欲がなく、水分も欲しがらない、機嫌が悪く元気がない、顔色が悪くぐったりしているなどの症状がみられる場合。

〈嘔吐の対応・ケアについて〉

○嘔吐物を覆い、感染予防の為の適切な嘔吐物の処理を行う。
○嘔吐した子どもに対しては、以下のように対応を行う。

- うがいのできる子どもの場合、うがいをさせる。
- うがいのできない子どもの場合、嘔吐を誘発させないよう口腔内に残っている嘔吐物を丁寧に取り除く。
- 繰り返し嘔吐がないか様子を見る。
- 何をきっかけに吐いたのか（咳で吐いたか、吐き気があったか等）確認する。
- 流行状況等から感染症が疑われるときには、応援の職員を呼び、他の子どもを別屋に移動させる。
- 別室で保育しながら、安静にさせる。この際には、脱水症状に注意する。
- 寝かせる場合には、嘔吐物が気管に入らないように体を横向きに寝かせる。
- 嘔吐して30分〜60分程度後に吐き気がなければ、様子を見ながら、経口補水液などの水分を少量ずつ摂らせる。

○頭を打った後に嘔吐したり、意識がぼんやりしたりしている時は、横向きに寝かせて救急車を要請し、その場から動かさない。

〈嘔吐物の処理について〉

○以下の手順で嘔吐物を処理する。流行状況等から感染症が疑われるときには、応援の職員を呼び、他の子どもを別室に移動させる。
- 嘔吐物を外側から内側に向かって静かに拭き取る。
- 嘔吐した場所の消毒を行う。　　　　　【参照：「別添2　保育所における消毒の種類と方法」→p.253】
- 換気を行う。
- 処理に使用した物（手袋、マスク、エプロン、雑巾等）はビニール袋に密閉して、廃棄する。
- 処理後は手洗い（液体石けんも用いて流水で30秒以上実施）を行い、また、状況に応じて、処理時に着用していた衣類の着替えを行う。
- 汚染された子どもの衣服は、二重のビニール袋に密閉して家庭に返却する（保育所では洗わないこと）。
- 家庭での消毒方法等について保護者に伝える。

※嘔吐物の処理グッズの例
- 使い捨て手袋・ビニール袋
- 使い捨てマスク・使い捨て雑巾
- 使い捨て袖付きエプロン・消毒容器（バケツにまとめて置く）

⑤咳(せき)の時の対応

〈保育中の対応について〉

保護者への連絡が望ましい場合	至急受診が必要と考えられる場合
○咳があり眠れないとき ○ゼイゼイ音、ヒューヒュー音があるとき ○少し動いただけでも咳が出るとき ○咳とともに嘔吐が数回あるとき	○ゼイゼイ音、ヒューヒュー音がして苦しそうなとき ○犬の遠吠えのような咳が出るとき ○保育中に発熱し、息づかいが荒くなったとき ○顔色が悪く、ぐったりしているとき ○水分が摂れないとき ○突然咳こみ、呼吸が苦しそうになったとき ※突然咳こみ、呼吸困難になったときは異物誤えんの可能性があります、異物を除去し、救急車を要請します。

〈登園前に保護者から相談を受けた場合の対応について〉

以下の表に該当する場合には、登園を控えるよう保護者に伝えるなどの対応が必要。

登園を控えるのが望ましい場合
○夜間しばしば咳のために起きる、ゼイゼイ音、ヒューヒュー音や呼吸困難がある、呼吸が速い、少し動いただけで咳が出るなどの症状がみられる場合。

〈咳の対応・ケアについて〉

○発熱を伴う時、また、複数の子どもに咳のほか類似の症状がみられる場合には、別室で保育をする。
○水分補給をする（少量の湯ざまし、お茶等を頻回に補給する）。
○咳込んだら前かがみの姿勢をとらせ、背中をさするか、軽いタッピングを行う。
○乳児は立て抱きし、背中をさするか軽いタッピングを行う。
○部屋の換気や湿度及び温度の調整をする。この際、環境の急激な変化、特に乾燥には注意する。
○安静にし、呼吸を整えさせる。状態が落ち着いたら、保育に参加させる。
○午睡中は上半身を高くする。
○食事は消化の良い、刺激の少ないものにする。　【参照：「別添3③下痢の時の対応」→p. 258】

※呼吸が苦しい時の観察のポイント

- 呼吸が速い（多呼吸）
- 肩を上下させる（肩呼吸）
- 胸やのどが呼吸のたびに引っ込む（陥没呼吸）
- 息苦しくて横になることができない（起坐呼吸）
- 小鼻をピクピクさせる呼吸（鼻翼呼吸）
- 吸気に比べて呼気が2倍近く長くなる（呼気の延長）
- 呼吸のたびにゼイゼイ音、ヒューヒュー音がある（喘鳴）

- 走ったり、動いたりするだけでも咳込む
- 会話が減る、意識がもうろうとする

※正常呼吸数（1分あたり）

呼吸の様子が気になる時は、下記回数をめやすにする。
- 新生児40〜50回
- 乳児30〜40回
- 幼児20〜30回

⑥発しんの時の対応

〈保育中の対応について〉

保護者に連絡し、受診が必要と考えられる場合
○発しんが時間とともに増えたとき発しんの状況から、以下の感染症の可能性を念頭におき、対応すること ・かぜのような症状を伴う発熱後、一旦熱がやや下がった後に再度発熱し、赤い発しんが全身に広がった（麻しん） ・微熱程度の熱が出た後に、手の平、足の裏、口の中に水疱が出た（手足口病）。 　※膝やおしりに発しんが出ることもある ・38℃以上の熱が3〜4日続き下がった後、全身に赤い発しんが出た（突発性発しん） ・発熱と同時に発しんが出た（風しん、溶連菌感染症） ・微熱と同時に両頬にりんごのような紅斑が出た（伝染性紅斑） ・水疱状の発しんが出た（水痘） 　※発熱やかゆみには個人差がある ※食物摂取後に発しんが出現し、その後、腹痛や嘔吐などの消化器症状や、息苦しさなどの呼吸器症状が出現してきた場合は、食物アレルギーによるアナフィラキシーの可能性があり、至急受診が必要となります。 【参照】 「保育所におけるアレルギー対応ガイドライン」http://www.mhlw.go.jp/bunya/kodomo/pdf/hoiku03.pdf 「保育所におけるアレルギー対応ガイドラインQ＆A」http://www.mhlw.go.jp/bunya/kodomo/pdf/hoiku04.pdf

〈登園前に保護者から相談を受けた場合の対応について〉

以下の表に該当する場合には、登園を控えるよう保護者に伝えるなどの対応が必要。

登園を控えるのが望ましい場合
○発熱とともに発しんのある場合。 ○感染症による発しんが疑われ、医師より登園を控えるよう指示された場合。 ○口内炎がひどく食事や水分が摂れない場合。 ○発しんが顔面等にあり、患部を覆えない場合。 ○浸出液が多く他児への感染のおそれがある場合。 ○かゆみが強く手で患部を掻いてしまう場合。

〈発しんの対応・ケアについて〉
○発熱を伴う時、また、複数の子どもに類似の発しんがみられる場合には、別室で保育する。
○体温が高くなったり、汗をかいたりするとかゆみが増すので、部屋の環境や寝具に気をつ
　ける。室温が高い時は換気を行ったり、空調等で調整を行ったりする。

【参照：適切な室内環境のめやすについては「別添3②発熱時の対応」→p. 257】

○爪が伸びている場合は短く切り（ヤスリをかけて）皮膚を傷つけないようにする。
○皮膚に刺激の少ない木綿等の材質の下着を着せる。
○口の中に水疱や潰瘍ができている時は痛みで食欲が落ちるため、おかゆ等の水分の多いも
　のやのど越しの良いもの（プリン、ヨーグルト、ゼリー等）を与える。酸っぱいもの、辛い
　ものなど刺激の強いものは避けて、薄味のものを与える。

※発しんが出ている時の観察のポイント

- 時間とともに増えていかないか
- 出ている場所はどこか（どこから出始めて、どうひろがったか）
- 発しんの形はどうなっていのか（盛り上がっているか、どんな形か）
- かゆがるか
- 痛がるか
- 他の症状はないか

※発しんの種類

発しんは皮膚に見られる色や形の病的な変化で、以下のようなものがある。

紅斑	盛り上がりの無い赤色のもの。色は血管が拡張したため。
紫斑	盛り上がりの無い紫～赤紫色のもの。色は皮膚内で出血したため。
白斑	盛り上がりの無い白色のもの。色は色素が脱失したため。
丘しん	5mm程度までの半球状に皮膚から盛り上がったもの（ぶつぶつ）。
結節	丘しんより大きく、皮膚から盛り上がったもの（しこり）。
水疱	水様のものを含んで皮膚から盛り上がったもの（水ぶくれ）。
膿疱	膿み様のものを含んで皮膚から盛り上がったもの（うみ）。
びらん	皮膚が薄くはがれたもの（ただれ）。液が染み出て、表面が浸潤している。
潰瘍	びらんよりも深く皮膚が傷ついたもの。
痂疲	膿みや皮膚が乾燥して固まったもの（かさぶた）。

別添4　医師の意見書及び保護者の登園届

　保育所では、感染症に罹患した子どもの体調ができるだけ速やかに回復するよう迅速かつ適切に対応するとともに、乳幼児が長時間にわたり集団で生活する保育所内で周囲への感染拡大を防止する観点から、学校保健安全法施行規則に規定する出席停止の期間の基準に準じて、あらかじめ登園のめやすを確認しておく必要があります。

　罹患した子どもが登園を再開する際の取扱いについては、子どもの負担や医療機関の状況も考慮して、各保育所において、市区町村の支援の下、地域の医療機関等と協議して、その取扱いを決めることが大切になります。協議の結果、登園を再開する際には、疾患の種類に応じて、「意見書（医師が記入）」又は「登園届（保護者が記入）」を保護者から保育所に提出するという取扱いをすることが考えられます。

　なお、意見書及び登園届については、一律に作成・提出が必要となるものではありませんが、協議の結果、各保育所において、意見書及び登園届の作成・提出が必要となった場合には、事前に保護者に対して十分に周知することが重要です。

別添4では、「医師が意見書を記入することが考えられる感染症」と「医師の診断を受け、保護者が登園届を記入することが考えられる感染症」について、意見書及び登園届の参考様式を示すとともに、それぞれについて、感染症名、感染しやすい期間及び登園のめやすを示します（表8・9）。

【参照：「3（3）罹患した子どもが登園する際の対応」→p.223】

<意見書（医師記入）〉〈参考様式〉

※意見書は、一律に作成・提出する必要があるものではありません。

意　見　書（医師記入）　　参考様式

　　　　　　　　　保育所施設長　殿

　　　　　　　　　　　　　入所児童氏名　＿＿＿＿＿＿＿＿＿

　　　　　　　　　　　　　　　　　年　　　月　　　日　生

（病名）　　（該当疾患に☑をお願いします）

| 麻しん（はしか）※ |
| インフルエンザ※ |
| 風しん |
| 水痘（水ぼうそう） |
| 流行性耳下腺炎　（おたふくかぜ） |
| 結核 |
| 咽頭結膜熱（プール熱）※ |
| 流行性角結膜炎 |
| 百日咳 |
| 腸管出血性大腸菌感染症（O157、O26、O111等） |
| 急性出血性結膜炎 |
| 侵襲性髄膜炎菌感染症（髄膜炎菌性髄膜炎） |

　　　症状も回復し、集団生活に支障がない状態になりました。
　　　　年　　　月　　　日から登園可能と判断します。

　　　　　　　　　　　　　　　　　＿＿＿＿年　　　月　　　日

　　　　　　　　　　　医療機関名　＿＿＿＿＿＿＿＿＿＿＿

　　　　　　　　　　　医師名　＿＿＿＿＿＿＿＿＿＿＿＿＿

※必ずしも治癒の確認は必要ありません。意見書は症状の改善が認められた段階で
記入することが可能です。

> **※かかりつけ医の皆さまへ**
> 　保育所は乳幼児が集団で長時間生活を共にする場です。感染症の集団発症や流行をで
> きるだけ防ぐことで、一人一人の子どもが一日快適に生活できるよう、上記の感染症に
> ついて意見書の記入をお願いします。
>
> **※保護者の皆さまへ**
> 　上記の感染症について、子どもの病状が回復し、かかりつけ医により集団生活に支障
> がないと判断され、登園を再開する際には、この「意見書」を保育所に提出して下さい。

表8 医師が意見書を記入することが考えられる感染症

感染症名	感染しやすい期間（※）	登園のめやす
麻しん（はしか）	発症1日前から発しん出現後の4日後まで	解熱後3日を経過していること
インフルエンザ	症状が有る期間（発症前24時間から発病後3日程度までが最も感染力が強い）	発症した後5日経過し、かつ解熱した後2日経過していること（乳幼児にあっては、3日経過していること）
風しん	発しん出現の7日前から7日後くらい	発しんが消失していること
水痘（水ぼうそう）	発しん出現1〜2日前から痂皮（かさぶた）形成まで	すべての発しんが痂皮（かさぶた）化していること
流行性耳下腺炎（おたふくかぜ）	発症3日前から耳下腺腫脹後4日	耳下腺、顎下腺、舌下腺の腫脹が発現してから5日経過し、かつ全身状態が良好になっていること
結核	−	医師により感染の恐れがないと認められていること
咽頭結膜熱（プール熱）	発熱、充血等の症状が出現した数日間	発熱、充血等の主な症状が消失した後2日経過していること
流行性角結膜炎	充血、目やに等の症状が出現した数日間	結膜炎の症状が消失していること
百日咳	抗菌薬を服用しない場合、咳出現後3週間を経過するまで	特有の咳が消失していること又は適正な抗菌性物質製剤による5日間の治療が終了していること
腸管出血性大腸菌感染症（O157、O26、O111等）	−	医師により感染のおそれがないと認められていること（無症状病原体保有者の場合、トイレでの排泄習慣が確立している5歳以上の小児については出席停止の必要はなく、また、5歳未満の子どもについては、2回以上連続で便から菌が検出されなければ登園可能である）。
急性出血性結膜炎	−	医師により感染の恐れがないと認められていること
侵襲性髄膜炎菌感染症（髄膜炎菌性髄膜炎）	−	医師により感染の恐れがないと認められていること

※感染しやすい期間を明確に提示できない感染症については（−）としている。

〈登園届（保護者記入）〉（参考様式）

※登園届は、一律に作成・提出する必要があるものではありません。

登 園 届 （保護者記入）

保育所施設長殿

入所児童名 _____

_____ 年　　　月　　　日 生

（病名）　　（該当疾患に☑をお願いします）

溶連菌感染症
マイコプラズマ肺炎
手足口病
伝染性紅斑（りんご病）
ウイルス性胃腸炎 （ノロウイルス、ロタウイルス、アデノウイルス等）
ヘルパンギーナ
ＲＳウイルス感染症
帯状疱しん
突発性発しん

（医療機関名）_____（　　年 月　日受診）において
病状が回復し、集団生活に支障がない状態と判断されましたので　　年　月　日
より登園いたします。

年　　　月　　　日

保護者名 _____

※保護者の皆さまへ
　保育所は、乳幼児が集団で長時間生活を共にする場です。感染症の集団での発症や流行をできるだけ防ぐことで、一人一人の子どもが一日快適に生活できるよう、上記の感染症については、登園のめやすを参考に、かかりつけ医の診断に従い、登園届の記入及び提出をお願いします。

表9　医師の診断を受け、保護者が登園届を記入することが考えられる感染症

感染症名	感染しやすい期間	登園のめやす
溶連菌感染症	適切な抗菌薬治療を開始する前と開始後1日間	抗菌薬内服後24〜48時間が経過していること
マイコプラズマ肺炎	適切な抗菌薬治療を開始する前と開始後数日間	発熱や激しい咳が治まっていること
手足口病	手足や口腔内に水疱・潰瘍が発症した数日間	発熱や口腔内の水疱・潰瘍の影響がなく、普段の食事がとれること
伝染性紅斑（りんご病）	発しん出現前の1週間	全身状態が良いこと
ウイルス性胃腸炎（ノロウイルス、ロタウイルス、アデノウイルス等）	症状のある間と、症状消失後1週間（量は減少していくが数週間ウイルスを排出しているので注意が必要）	嘔吐、下痢等の症状が治まり、普段の食事がとれること
ヘルパンギーナ	急性期の数日間（便の中に1か月程度ウイルスを排出しているので注意が必要）	発熱や口腔内の水疱・潰瘍の影響がなく、普段の食事がとれること
RSウイルス感染症	呼吸器症状のある間	呼吸器症状が消失し、全身状態が良いこと
帯状疱しん	水疱を形成している間	すべての発しんが痂皮（かさぶた）化していること
突発性発しん	−	解熱し機嫌が良く全身状態が良いこと

※感染しやすい期間を明確に提示できない感染症については（−）としている。

（参考）感染症対策に資する公表情報

1. 感染症全般

・厚生労働省（感染症情報）

　http://www.mhlw.go.jp/stf/seisakunitsuite/bunya/kenkou_iryou/kenkou/kekkaku-kansenshou/index.html

・国立感染症研究所

（トップページ）

　https://www.niid.go.jp/niid/ja/

（疾患名で探す感染症の情報）

　http://www.nih.go.jp/niid/ja/diseases.html

・厚生労働省検疫所（FORTH）

　http://www.forth.go.jp/index.html

・国立医薬品食品衛生研究所

　http://www.nihs.go.jp/kanren/shokuhin.html

2. 具体的な感染症に関するＱ＆Ａ等

・腸管出血性大腸菌感染症

　http://www.mhlw.go.jp/stf/seisakunitsuite/bunya/0000177609.html

・マイコプラズマ肺炎

　http://www.mhlw.go.jp/bunya/kenkou/kekkaku-kansenshou30/index.html

・RSウイルス感染症

　http://www.mhlw.go.jp/bunya/kenkou/kekkaku-kansenshou19/rs_qa.html

・感染性胃腸炎（ノロウイルス）

　http://www.mhlw.go.jp/topics/syokuchu/kanren/yobou/040204-1.html

・感染性胃腸炎（ロタウイルス）

　http://www.mhlw.go.jp/bunya/kenkou/kekkaku-kansenshou19/Rotavirus/index.html

・手足口病

　http://www.mhlw.go.jp/bunya/kenkou/kekkaku-kansenshou19/hfmd.html

・咽頭結膜熱

　http://www.mhlw.go.jp/bunya/kenkou/kekkaku-kansenshou17/01.html

・インフルエンザ

　http://www.mhlw.go.jp/bunya/kenkou/kekkaku-kansenshou01/qa.html

・結核とBCGワクチン

　http://www.mhlw.go.jp/seisakunitsuite/bunya/kenkou_iryou/kenkou/kekkakukansenshou/bcg/

・ポリオとポリオワクチン

　http://www.mhlw.go.jp/bunya/kenkou/polio/qa.html

・日本脳炎

http://www.mhlw.go.jp/bunya/kenkou/kekkaku-kansenshou21/dl/nouen_qa.pdf

・風しん

http://www.mhlw.go.jp/seisakunitsuite/bunya/kenkou_iryou/kenkou/kekkakukansenshou/rubella/

・麻しん

http://www.mhlw.go.jp/seisakunitsuite/bunya/kenkou_iryou/kenkou/kekkakukansenshou/measles/index.html

・水痘

http://www.mhlw.go.jp/stf/seisakunitsuite/bunya/kenkou_iryou/kenkou/kekkaku-kansenshou/varicella/index.html

・Ｂ型肝炎

http://www.mhlw.go.jp/file/06-Seisakujouhou-10900000-Kenkoukyoku/0000137554.pdf

・デング熱

http://www.mhlw.go.jp/bunya/kenkou/kekkaku-kansenshou19/dengue_fever_qa.html

・動物由来感染症

http://www.mhlw.go.jp/stf/seisakunitsuite/bunya/kenkou_iryou/kenkou/kekkaku-kansenshou18/index.html

３．感染症発生動向

・国立感染症研究所ホームページ（感染症発生動向調査週報（IDWR））

https://www.niid.go.jp/niid/ja/idwr.html

・学校等欠席者・感染症情報システムについて（（公財）日本学校保健会）

http://www.gakkohoken.jp/system_info

４．感染症対策に関するお知らせ（ポスター等）

・咳エチケット

http://www.mhlw.go.jp/stf/seisakunitsuite/bunya/0000187997.html

・インフルエンザ予防対策

http://www.mhlw.go.jp/bunya/kenkou/kekkaku-kansenshou01/keihatu.html

・麻しん

http://www.mhlw.go.jp/seisakunitsuite/bunya/kenkou_iryou/kenkou/kekkakukansenshou/measles/dl/leaf_z.pdf

・風しん

http://www.mhlw.go.jp/seisakunitsuite/bunya/kenkou_iryou/kenkou/kekkakukansenshou/rubella/dl/poster09.pdf

・感染症に関する啓発ツール（ポスター（風しん、麻しん）、リーフレット（定期の予防接種）等）

http://www.mhlw.go.jp/stf/seisakunitsuite/bunya/kenkou_iryou/kenkou/kekkaku-kansenshou/keihatsu_tool/index.html

・予防接種スケジュール（国立感染症研究所）

http://www.nih.go.jp/niid/ja/component/content/article/320-infectious-diseases/vaccine/2525-v-schedule.html

5．その他（感染症に関する解説書等）

・学校において予防すべき感染症の解説（文部科学省）

http://www.mext.go.jp/a_menu/kenko/hoken/1334054.htm

・学校、幼稚園、保育所において予防すべき感染症の解説（（公財）日本小児科学会）

http://www.jpeds.or.jp/uploads/files/yobo_kansensho_20170528.pdf

・保育所等における感染症対策に関する研究（平成28年度研究報告書）

http://www.fmu.ac.jp/home/pediatrics/resources/%E4%BF%9D%E8%82%B2%E6%89%80%E7%AD%89%E3%81%AB%E3%81%8A%E3%81%91%E3%82%8B%E6%84%9F%E6%9F%93%E7%97%87%E5%AF%BE%E7%AD%96.pdf

教育・保育施設等における事故防止及び事故発生時の対応のためのガイドライン【事故防止のための取組み】施設・事業者向け〈抜粋〉

（内閣府、文部科学省、厚生労働省、平成28年3月）

1 事故の発生防止（予防）のための取組み

（1）安全な教育・保育環境を確保するための配慮点等

安全な教育・保育環境を確保するため、子どもの年齢（発達とそれに伴う危険等）、場所（保育室、園庭、トイレ、廊下などにおける危険等）、活動内容（遊具遊びや活動に伴う危険等）に留意し、事故の発生防止に取り組む。特に、以下の①で示すア～オの場面（睡眠中、プール活動・水遊び中、食事中等の場面）については、重大事故が発生しやすいため注意事項を踏まえて対応する。

①重大事故が発生しやすい場面ごとの注意事項について

ア　睡眠中

○乳児の窒息リスクの除去

以下の点を含む乳児の窒息リスクの除去を、睡眠前及び睡眠中に行う。

Point! 窒息リスクの除去の方法

- 医学的な理由で医師からうつぶせ寝をすすめられている場合以外は、乳児の顔が見える仰向けに寝かせることが重要。何よりも、一人にしないこと、寝かせ方に配慮を行うこと、安全な睡眠環境を整えることは、窒息や誤飲、けがなどの事故を未然に防ぐことにつながる。
- やわらかい布団やぬいぐるみ等を使用しない。
- ヒモ、またはヒモ状のもの（例：よだれかけのヒモ、ふとんカバーの内側のヒモ、ベッドまわりのコード等）を置かない。
- 口の中に異物がないか確認する。
- ミルクや食べたもの等の嘔吐物がないか確認する。
- 子どもの数、職員の数に合わせ、定期的に子どもの呼吸・体位、睡眠状態を点検すること等により、呼吸停止等の異常が発生した場合の早期発見、重大事故の予防のための工夫をする。

※他にも窒息のリスクがあることに気づいた場合には、留意点として記録し、施設・事業所内で共有する。

イ　プール活動・水遊び

○プール活動・水遊びを行う場合は、監視体制の空白が生じないように専ら監視を行う者とプール指導等を行う者を分けて配置し、また、その役割分担を明確にする。

○事故を未然に防止するため、プール活動に関わる職員に対して、子どものプール活動・水遊びの監視を行う際に見落としがちなリスクや注意すべきポイントについて事前教育を十分に行う。

Point! プール活動・水遊びの際に注意すべきポイント

- 監視者は監視に専念する。
- 監視エリア全域をくまなく監視する。
- 動かない子どもや不自然な動きをしている子どもを見つける。
- 規則的に目線を動かしながら監視する。
- 十分な監視体制の確保ができない場合については、プール活動の中止も選択肢と

する。
- 時間的余裕をもってプール活動を行う。
等

○施設・事業者は、職員等に対し、心肺蘇生法を始めとした応急手当等及び119番通報を含めた緊急事態への対応について教育の場を設け、緊急時の体制を整理し共有しておくとともに、緊急時にこれらの知識や技術を活用することができるように日常において実践的な訓練を行う。

ウ　誤嚥（食事中）
○職員は、子どもの食事に関する情報（咀嚼・嚥下機能や食行動の発達状況、喫食状況）について共有する。また、食事の前には、保護者から聞き取った内容も含めた当日の子どもの健康状態等について情報を共有する。
○子どもの年齢月齢によらず、普段食べている食材が窒息につながる可能性があることを認識して、食事の介助及び観察をする。
○食事の介助をする際の注意としては、以下のことなどが挙げられる。
- ゆっくり落ち着いて食べることができるよう子どもの意志に合ったタイミングで与える。
- 子どもの口に合った量で与える（一回で多くの量を詰めすぎない）。
- 食べ物を飲み込んだことを確認する（口の中に残っていないか注意する）。
- 汁物などの水分を適切に与える。
- 食事の提供中に驚かせない。
- 食事中に眠くなっていないか注意する。
- 正しく座っているか注意する。
○食事中に誤嚥が発生した場合、迅速な気付きと観察、救急対応が不可欠であることに留意し、施設・事業者の状況に応じた方法で、子ども（特に乳児）の食事の様子を観察する。特に食べている時には

継続的に観察する。
○過去に、誤嚥、窒息などの事故が起きた食材（例：白玉風のだんご、丸のままのミニトマト等）は、誤嚥を引き起こす可能性について保護者に説明し、使用しないことが望ましい。

【参照:〈参考例１〉→p. 280】

エ　誤嚥（玩具、小物等）
○口に入れると咽頭部や気管が詰まる等窒息の可能性のある大きさ、形状の玩具や物については、乳児のいる室内に置かないことや、手に触れない場所に置くこと等を徹底する。
○手先を使う遊びには、部品が外れない工夫をしたものを使用するとともに、その子どもの行動に合わせたものを与える。
○子どもが、誤嚥につながる物（例：髪ゴムの飾り、キーホルダー、ビー玉や石など）を身につけている場合もあり、これらの除去については、保護者を含めた協力を求める。
○窒息の危険性があった玩具やこれまでに窒息事例があるものと類似の形状の玩具等については、施設・事業所内で情報を共有し、除去することが望ましい。

オ　食物アレルギー
○アレルギーについて施設・事業所での配慮が必要な場合、保護者から申し出てもらい、幼稚園等の学校においては学校生活管理指導表を、保育所においてはアレルギー疾患生活管理指導表を配付し、提出してもらう。食物の除去については、医師の診断に基づいた同表を基に対応を行い、完全除去を基本とする。
○主要原因食物である鶏卵、牛乳、小麦は安価で重要な栄養源であるため、食事の献立に組み込まれる傾向にあることから、主要原因食物に対する食物アレルギーの子どもが施設・事業所にいる場合、除去

食又は代替食による対応が必要。

○施設・事業所では、家庭で摂ったことのない食物は基本的に与えないことが望ましい。また、家で摂ったことがある食物を与えたときであっても、新規に症状を誘発する場合があることから、食事後に子どもがぐったりしている等の場合、アナフィラキシーショックの可能性を疑い、必要に応じて救急搬送を行うことが望ましい。

○除去食、代替食の提供の際には、食事提供のプロセスである献立、調理、配膳①（調理室から食事を出すときの配膳）、配膳②（保育室等での食事を準備するときの配膳）、食事の提供という一連の行動において、どこで人的エラーが起きても誤食につながることに注意する。

○自らの施設・事業所において、人的エラーが発生する可能性がある場面を明らかにし、人的エラーを減らす方法や気づく方法のマニュアル化を図ることが望ましい。

　（ア）食事提供の全過程の中で人的エラーが発生しそうになった事例、人的エラーが発生したがチェック体制により防ぐことができた事例を報告し、自らの施設・事業所で人的エラーが発生する可能性がある場面を明らかにする仕組みを作る。

　　　　　　　　【参照：〈参考例２〉→p. 290】

　（イ）上記（ア）で明らかになった「人的エラーが発生する可能性がある場面」の情報をもとに、それぞれの場面における人的エラーを減らす方法を共有する。

Point! 人的エラーを減らす方法の例

・材料等の置き場所、調理する場所が紛らわしくないようにする。

・食物アレルギーの子どもの食事を調理す

る担当者を明確にする。

・材料を入れる容器、食物アレルギーの子どもに食事を提供する食器、トレイの色や形を明確に変える。

・除去食、代替食は普通食と形や見た目が明らかに違うものにする。

・食事内容を記載した配膳カードを作成し、食物アレルギーの子どもの調理、配膳、食事の提供までの間に２重、３重のチェック体制をとる。

　（ウ）上記（ア）で明らかになった場面のうち、特に重要な場面（例：調理室で代替食を調理する時、取り分けする時、ワゴンで調理室から他の職員に受け渡す時、保育室等で配膳する時）を決め、アレルギー表と現物等との突き合わせによる確認を行う。

○施設・事業者における食物アレルギーへの対応については、「保育所におけるアレルギー対応ガイドライン」（平成23年３月厚生労働省）及び「学校給食における食物アレルギー対応指針」（平成27年３月文部科学省）を参考に取り組む。

・保育所におけるアレルギー対応ガイドライン
　▶ http://www.mhlw.go.jp/bunya/kodomo/pdf/hoiku03.pdf

・学校給食における食物アレルギー対応指針
　▶ http://www.mext.go.jp/component/a_menu/education/detail/__icsFiles/afieldfile/2015/03/26/1355518_1.pdf

※食物アレルギーの子どもの食事提供の際の確認行動時、プール活動の際の監視時、子どもの移動等の際の人数確認時、睡眠の際の点検時などには、効果的な事故防止のために、声に出して指差し確認するなど確実な確認を実践する。

②事故の発生防止に関する留意点

本ガイドラインを参考に、以下について留意の上点検等を実施する。

○事故の発生防止の活動

　子どもの特性を十分に理解した上で、事故の発生防止に係る行動の確認や事故に発展する可能性のある問題点を把握し、事故の発生防止に取り組む。

○事故の発生防止に向けた環境づくり

　事故の発生防止に向けた環境づくりには、職員間のコミュニケーション、情報の共有化、苦情（意見・要望）解決への取組み、安全教育が不可欠であることに留意する。

○日常的な点検

　施設・事業者は、あらかじめ点検項目を明確にし、定期的に点検を実施した上で、文書として記録するとともに、その結果に基づいて、問題のあるか所の改善を行い、また、その結果を職員に周知して情報の共有化を図る。

○教育・保育中の安全管理について

　教育・保育中の安全管理には、施設・事業所の環境整備が不可欠であることから、施設・事業者は随時環境整備に取り組む。

【参照：〈参考例3〉→p. 291】

○重大事故の発生防止、予防のための組織的な取組みについて重大事故の発生防止、予防については、ヒヤリハット報告の収集及び分析が活用できる場合もあるため、以下の取組みを行うことが考えられる。

　ア　職員は、重大事故が発生するリスクがあった場面に関わった場合には、ヒヤリハット報告を作成し、施設・事業者に提出する。

　イ　施設・事業者は、集められたヒヤリハット報告の中から、上記①のア〜オの重大事故が発生しやすい場面において、重大事故が発生するリスクに対しての要因分析を行い、事故防止対策を講じる。

　ウ　施設・事業者は、事故防止対策について、下記（2）における研修を通じて職員に周知し、職員は、研修を踏まえて教育・保育の実施に当たる。

（2）職員の資質の向上

　各施設・事業者においては、子どもの安全確保に関する研修に参加することを基本とするとともに、全ての職員は、救急対応（心肺蘇生法、気道内異物除去、AED・エピペン®の使用等）の実技講習、事故発生時の対処方法を身につける実践的な研修を通じて、事故防止に係る職員の資質の向上に努める。

　施設・事業所での研修や職員会議などの機会に、子どもの発育・発達と事故との関係、事故の生じやすい場所等を共有することで、事故への認識、危険に対する予知能力の向上を図る。

①研修や訓練の内容

○施設・事業者自らが企画、立案し、消防等の関係機関、保護者等の協力を得ながら、各種訓練を計画的に実施する。

○上記「（1）安全な教育・保育環境を確保するための配慮点等」について、自らの施設等の保育環境を考慮して施設・事業所内で研修を実施する。

○その際、「ガイドライン【事故防止のための取組み】〜施設・事業者向け〜」や国及び地方自治体が行う再発防止に関する取組みを参考に、自らに適した取組みを行う。

○救急対応（心肺蘇生法、気道内異物除去、AED・エピペン®の使用等）について、実技講習を定期的に受講し、施設・事業者においても訓練を計画的に行う。

○119番通報が円滑に行われるよう通報訓練を行う。その際、園庭での活動中、園外活動中、プールでの活動中等、場所や場面、職員の配置の状況を変え、実践的なものとなるよう工夫して実施する。

※119番通報のポイントと伝えるべきことや役割分担については、下記「（3）緊急時の対応体制の確認」を参照する。

②研修への参加の促進

○地方自治体等が実施する研修への参加については、積極的に対応する。

　※公定価格には、代替要員等に係る経費が含まれていることを踏まえ、積極的に参加する。

　※研修の参加費用について、地方自治体から補助が行われている場合があることも踏まえ、積極的に参加する。

○インターネットで共有等されている事故予防に関する研修の動画等を活用する。

（3）緊急時の対応体制の確認

　緊急時の対応体制として、以下のような準備をしておくことが望ましい。

①緊急時の役割分担を決め、掲示する。

○事故発生時に他の職員に指示を出す役割について、施設長・事業所長、副施設長・副事業所長、主任保育士など、順位を付け明確にするとともに、事故発生時の役割ごとに分担と担当する順番・順位を決め、事務室の見やすい場所に掲示する。

○緊急時の役割分担の主なものは、以下が考えられる。

Point!　緊急時の役割分担の例

- 心肺蘇生、応急処置を行う。
- 救急車を呼ぶ。
- 病院に同行する。
- 事故直後、事故に遭った子どもの保護者、地方自治体関係部署に連絡する。
- 事故当日、事故に遭った子ども以外の子どもの教育・保育を行う。
- 事故直後、交代で事故の記録を書くよう職員に指示する。
- 施設・事業所全体の状況を把握しつつ、病院に同行している職員など、それぞれ

の役割の職員間の連絡をとる。

- 事故当日、必要に応じて、事故に遭った子ども以外の子どもの保護者に事故の概要について説明をする。
- 翌日以降の教育・保育の実施体制の確認を行う。

【参照：〈参考例4〉→p.296】

②日常に準備しておくこと（受診医療機関のリスト、救急車の呼び方、受診時の持ち物、通報先の順番・連絡先等を示した図等）について

○施設・事業者は、各職員の緊急連絡網、医療機関・関係機関（地方自治体、警察等）の一覧、保護者への連絡に関する緊急連絡先を事前に整理しておく。

○119番通報のポイントと伝えるべきことを施設・事業者で作成し、事務室の見やすい場所に掲示、園外活動等の際に使用するかばんに携帯、プールでの活動中に見やすい場所等に掲示する。

【参照：〈参考例5〉→p.297】

（4）保護者や地域住民等、関係機関との連携

　事故発生時の協力体制や連絡体制を整えるとともに関係づくりの必要性について日頃から認識しておく。

○地域の人など職員以外の力を借り、子どもの安全を守る必要が生じる場合もあり、常日頃から地域とのコミュニケーションを積極的にとる。あわせて、いざという時の協力・援助を依頼しておくことについて検討する。

【参照：〈参考例6〉→p.298】

（5）子どもや保護者への安全教育

　子どもや保護者に対する安全教育にも取り組むことが望ましい。

○子どもの発達や能力に応じた方法で、子

ども自身が安全や危険を認識すること、事故発生時の約束事や行動の仕方について理解させるよう努める。

○家庭における保護者の行動や教育により、子どもが安全な生活習慣を身に付けることができるよう保護者と連携を図る。特に、上記「(1) 安全な教育・保育環境を確保するための配慮点等」のうち①のプール活動・水遊び、誤嚥等の対応については、保護者の理解と連携が必要になることに留意する。

【参照:〈参考例7〉→p. 299】

(6) 設備等の安全確保に関する
チェックリスト

施設内の設備について、年齢別のチェックリスト等を作成する等により定期的にチェックし、その結果に基づいて問題のあるか所の改善を行い、また、その結果を職員に周知して情報の共有化を図る。

【参照:〈参考例8〉→p. 300】

(7) 事故の発生防止のための
体制整備

事故の発生防止は組織で対応することが重要であり、施設・事業所の長等のリーダーシップの下、組織的に対応できる体制を整備することとし、上記(1)～(6)の取組みに加え以下に取り組む。

①重大事故の防止のための指針等を整備し、実践的な研修等を通じて全ての職員に周知する。

②睡眠中、水遊び、食事中等の活動における危険の有無の確認や、万が一事故が発生した場合の検証ができるよう、必要に応じてビデオ等の記録機器の活用を検討する。

③以下の通知等(＊)を参考に、事故の発生防止に取り組む。

 Point! 事故防止に係る通知等

＊「教育・保育施設等における事故防止及び事故発生時の対応のためのガイドライン」(平成28年3月)

＊「特定教育・保育施設等における事故の報告等について」(平成27年2月16日付け府政共生96号、26初幼教第30号、雇児保発0216第1号)

＊「水泳等の事故防止について」(平成27年5月1日付け27文科ス第119号)

＊「認定こども園においてプール活動・水遊びを行う場合の事故の防止について」(平成27年6月8日付け府子本第157号)

＊「児童福祉施設等においてプール活動・水遊びを行う場合の事故の防止について」(平成26年6月20日付け雇児総発0620第1号)

＊「保育所及び認可外保育施設における事故防止の徹底等について」(平成25年1月18日付け事務連絡)

＊「保育所保育指針」(平成20年3月28日厚生労働省告示第141号) 及び平成20年3月「保育所保育指針解説書」(第5章健康及び安全)

＊「保育所における感染症対策ガイドライン」(平成24年11月厚生労働省)

＊「保育所における食事の提供ガイドライン」(平成24年3月厚生労働省)

＊「保育所におけるアレルギー対応ガイドライン」(平成23年3月厚生労働省)

＊「教育・保育施設等における重大事故防止策を考える有識者会議(仮称)」による再発防止の取組み

2 事故の再発防止のための取組み

施設・事業者及び地方自治体は、死亡事故等の重大事故が発生した場合に事故後の検証を行った上で、これまでの取組みについて改善すべき点を検討し、重大事故の再

発防止の取組みについて、以下に留意し実施する。

（1）再発防止策の策定

○「ガイドライン【事故発生時の対応】」の（8）の事故後の検証を踏まえて、既に発生した事故が防げるものだったのか、今後、類似事故の発生防止のために何をすべきか、という視点で具体的に再発防止策の検討を行う。
○策定した再発防止策については、既存の指針等に確実に反映させるとともに、その後の取り組み状況に応じて、随時見直しを図る。

（2）職員等への周知徹底

○発生した事故について、再発防止策を職員全員に周知するとともに必要に応じて保護者とも共有を行う。

〈参考例1〉 誤嚥・窒息事故の防止

「誤嚥・窒息事故防止マニュアル〜安全に食べるためには〜（浦安市作成）」

はじめに

　消費者庁の調べでは、日本人の不慮の事故による死因をみますと、2010年は「窒息」が97
27人で、「交通事故」の7144人を超えています。

　また、窒息事故による死亡者の大半は、65歳以上の高齢者が占めていますが、0歳から4
歳の乳幼児の死亡も年間20〜30人発生しています。

　平成24年度には、栃木市や東京都あきる野市等の保育園でも窒息事故が起きています。

　食べ物による窒息事故のリスクを低減させるために、保育園職員が事故の実態やその要因
を正しく理解し、万が一事故が発生した時には迅速に対応できるよう緊急時の対応を整え、
応急処置の方法を知っておくことも大切です。

　また、安全な食べ方を園児が身につけるためには、保育園職員の摂食指導はもちろん、家
庭への働きかけや関係機関との連携も不可欠です。

　幸い、浦安市では、重篤な事故は起きていませんが、今後も「重篤な事故は起きない」と
いう保証はどこにもありません。

　このマニュアルが、自分たちの保育や子どもたちの食習慣を今一度見直すきっかけとなり、
また組織編成の点検、事故防止や緊急時の対応等の参考として、保育園職員一人一人の危機
管理意識を高める一助となれば幸いです。

1．食品による窒息事故の実態について

　食品による窒息事故の背景には、誤嚥又は嚥下困難となる事例が日常的に発生しており、
厚生労働省の統計によれば、食べ物による窒息の死亡者数は毎年4千名を超え年々増加の傾
向にある。年代的に乳幼児、高齢者に窒息が起こりやすい。

　　＊誤嚥……飲食物が食道ではなく気管に入ってしまうこと

　　＊嚥下……飲み込むこと

2．窒息事故の多い食品

　原因食品として餅、米飯及びパン等の穀物類の頻度が高い。食品安全委員会によるリスク
評価によると、一口当たり窒息事故頻度（注1）は餅が最も高く、次いでミニカップゼリー、
あめ類、パン、肉類、魚介類、果実類、米飯類となっている。

　　注1

$$\frac{【一口あたり窒息事故死亡症例数】}{【平均一日摂取量】 ÷ 【一口量】 × 【人口】}$$

　　一口あたり窒息事故頻度の数値は、仮に日本全国で一億人の人がその食品を一口、口に入れる
として、その一億口あたりで窒息事故がおこる頻度を意味する。

3．窒息事故の要因について

（1）食品以外の要因について

高齢者では、加齢による咀嚼力の低下、歯の欠損、脳血管障害等の疾患、嚥下機能障害等が、窒息事故につながる。

小児では、歯の発育、摂食機能の発達の程度、あわてて食べるなどの行動が関連する。乳幼児では、臼歯（奥歯）がなく食べ物を噛んですりつぶすことができないため窒息が起こりやすいが、食べる時に遊んだり泣いたりすることも窒息の要因と指摘されている。また、保護者や職員の窒息危険性の認識、応急処置の知識の有無、食事の介助方法なども事故に関わる要因と推測される。

（2）食品側の要因について

食品表面の滑らかさ、弾力性、固さ、噛み切りにくさといった食感や、大きさ、形状などが窒息事故に関連すると推測される。窒息事例で最も多かった餅の物性は口に入る時の50〜60℃では軟らかく、付着性が小さい（伸びやすい）が、餅の温度が体温に近い40℃程度に低下すると固くなり、付着性も増加する特性が窒息原因になりやすい。

こんにゃく入りミニカップゼリーは、上を向いたり吸い込んで食べたりすると気道に吸い込まれやすくなる。また、冷やすとさらに固さを増すため、十分に噛み切れないまま飲み込もうとして気道を塞ぐことがある。水分の少ない部分に張り付くと、はがれにくく壊れにくいことなどから、いったん気道につまるとなかなか吐き出しにくいものとなる。

4．安全に食べるための嚥下のしくみ

食事をおいしく安全に食べるには、歯・嚥下のしくみを理解し、健康な食生活を支援することが大切である。

（1）気管と食道のしくみ

気管は鼻と口から吸った空気の通り道であり、食道は食べ物・飲み物の通り道である。両者はのど部分で交差している。

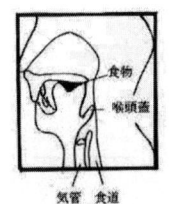

気管　食道

（2）嚥下のしくみ

嚥下とは、食べ物を口から胃へ送るための一連の運動をいう。食べ物を飲み込む際は、喉頭蓋が下向きになり気管の門が閉じて食道が開き、食べ物が食道から胃へと入っていく。

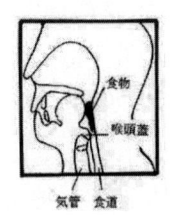

気管　食道

（3）誤嚥とは

誤嚥とは、食べ物が食道へ送り込まれず、誤って気管から肺に入ること。乳幼児の気管の径は1cm未満、大人は2cm程度のため、これより大きいと気管の入り口を塞ぎ、窒息の原因となる。

（参考）誤飲：食物以外の物を誤って口から摂取することを誤飲といい、誤嚥と区別する。

（4）歯の生え方

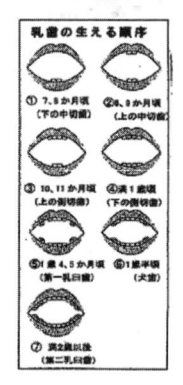

新生児の口は哺乳に適した形になっている。

7、8か月ごろ乳歯が生え始める。9〜11か月頃、乳前歯が上下4本ずつ8本の歯が生えそろう。

1歳前後に前歯が8本生えそろうようになる。1歳〜1歳6か月頃、第一乳臼歯（一番初めに生える乳歯の奥歯）が生え始める。3歳6か月頃までには乳歯（20本）が生えそろう。

5〜6歳頃から乳歯より大きな永久歯が生えてくるのに備え、顎が成長する。歯並びが良くなるようにすき間ができる。

6歳前後になると乳歯の一番奥に第一大臼歯（一番初めに生える永久歯の奥歯）が生えてくる。

5．窒息事故を防ぐための安全な食べさせ方

（1）0歳児

チェックポイント

○子どもの正面に座り、「あーん」「おいしいね」「もぐもぐ」などと声をかけ、口の動きを促す。

○目を離さず、一人一人の嚥下の様子をしっかり見ていく。

○食事の途中で、眠くなってしまったら無理に食べさせない。

○腰がしっかり安定するように、椅子の工夫をしていく。

離乳期の区分	形態	特徴	子どもの姿	配慮
離乳開始	液状の物	・母乳やミルク以外の物に慣れる。	・大人の食べる様子を見て欲しがる。 ・手にした物をなめたり、指しゃぶりをしたりする。	・初めての食材は、家庭で試してもらう。 ・家庭での様子を把握していく。
5〜6か月頃	なめらかにすりつぶした状態	・唇を閉じてごっくんと飲み込める。	・スプーンから食べ物を唇で取り込む。 ・「お口あーん」と声をかけられると自分で口を開ける。	・スプーンは浅く、口角の1／2〜2／3の大きさとする。 ・口に入る量は、スプーン半分を目安とする。 ・開いた口の舌先にスプーンを置き、口が閉じるのを待ちスプーンを抜く。

		子どもの姿		配慮
7〜8か月頃	舌でつぶせる固さ	・舌と上あごで食べ物をすりつぶして食べられるようになる。	・舌の使い方が上手になり、唇を閉じて口の中に食べ物を送ろうとする。 ・肉や魚など、舌ですりつぶしにくい物は口の中に残ったり出したりする。	・唇を閉じたら水平にスプーンを抜く。 ・飲み込めず口の中に残っている時は口から出す。 ・次の食べ物を口に入れる時には量を加減する。
9〜11か月頃	歯茎でつぶせる固さ	・舌で食べ物を片側に寄せ、奥の歯茎で噛む動作ができるようになる。	・形ある食べ物を歯茎の方に送り、上下の歯茎でつぶす。 ・手づかみで食べる。 ・手のひらで押し込む。 ・コップを使って飲もうとする。	・「もぐもぐ、ごっくん」など声かけをしながらつめすぎや、まる飲みしないようにする。 ・のどを潤しながら食事をする。 ・別皿を使うなどして、手づかみ食べをしやすくする。 ・コップの使い始めは量を加減し、そばで見守る。
12〜18か月頃	歯茎で噛める固さ	・前歯を使って食べ物を噛み切ったり奥歯で噛んだりするようになる。	・前歯でかじり、舌を上下左右に動かして移動させる。 ・歯の生えていない奥の方の歯茎でつぶして食べる。 ・スプーンやフォークを使って食べようとする。 ・食べる量や好き嫌いなど、個人差が出てくる。	・固い食材はしっかり噛んでいるか確認する。 ・スプーンやフォークで食べられる物を取り入れていく。 （子ども用と介助用スプーンを用意する） ・大きさや量を調節したり、「おいしいね」などの声かけをしたりすることで楽しい雰囲気をつくる。

（2） 1・2歳児

チェックポイント

　○食の自立とともに、窒息事故が起こりやすくなることを把握しておく。

　○保育者は、子どもの食べ方や様子が見えるようそばにつき、できるだけ立ち上がらず、
　　落ち着いて安全に食べられるよう見守る。

特徴	子どもの姿	配慮
・歯の生え方や咀嚼力には個人差がある。 ・一口で食べられる適量がわかるようになり、食べ物の大きさや固さに適した食べ方が身に付いてくる。 ・唇を閉じたまま咀嚼するようになる。	・「いただきます」の挨拶をする。 ・スプーンやフォークを使って食べる。 ・手の機能が未発達のため、上手くすくえず、かき込んで食べてしまう。 ・噛まずに飲み込もうとする。 ・苦手な物や食べにくい食材を口の中にため込む。 ・おしゃべりや遊び食べをする。 ・食事中眠くなる。 ・「ごちそうさま」の挨拶をする。	・挨拶をすることで、食べ始めと食べ終わりの区切りをつけ、落ち着いて食事ができる環境をつくる。 ・一口の適量を知らせていく。 ・のどを潤しながら食事をする。 ・口の中の食べ物がなくなったことを確認してから、次の食べ物を口に入れる。 ・スプーンにのせる量や口の奥まで入れすぎないように、注意していく。 ・器の中が少なくなるとスプーンですくいづらくなり、かき込みやすくなるので保育者がスプーンにのせる等、配慮をする。 ・食べやすい大きさにして、「もぐもぐ」「かみかみ」などと声かけをし、よく噛んで食べることを知らせる。 ・飲み込みにくい様子が見られた時には、一度口の中から取り出す。 ・口の中に食べ物がある時は誤嚥の危険性が高くなるので、おしゃべりなどしないよう声かけをする。 ・食事を終わりにする時は、口の中に物が入っていないか確認する。 ・麦茶を飲んだりタオルで口を拭いたりした後、口の中に物が入っていないことを確認する。 ・年齢、発達によりブクブクうがいをして口の中を綺麗にすることを促す。

（3）3・4・5歳児

○保育者は子どもの状況が把握できる位置につき、安全な食べ方をしているか確認する（姿勢、口に入れる量、水分など）。
○食事に集中できる環境をつくる（テーブルに座る人数、食事後の過ごし方など）。
○ゆとりある時間を確保する。

特徴	子どもの姿	配慮
・乳歯が生えそろい固さ、大きさ、粘度等に合わせしっかり噛んで食べることができる。 ・安全な食べ方の基礎が身に付いてくる。	・食べ物をかき込んだり、急いで食べたりする。 ・前歯や奥歯を使い分け、固い食材も食べられるようになる。 ・食べ物を口に入れた状態で話をしたり、立ち歩いたりする。 ・一品食べをする。	・ゆとりある時間を確保する。 ・早食いにならないように、集中してよく噛む時間をつくる。 ・前歯が抜けている時は、小さくちぎり奥歯でしっかり噛むように声をかけていく。 ・食べ物が急に気管に入ってしまうことがあるので、その都度危険につながることを伝えていく。 ・のどにつまりやすいので、食べ物と水分（汁物）がバランスよくとれるように声かけしていく。

（4）時間外おやつ

保護者の出入りの多い時間ではあるが、安全に食べているかしっかり見守る。
※水分をとっているか？
※つめ込みすぎていないか？
※職員は子どもの表情が見える位置にいるか？
☆窒息事故を防ぐための安全な食べさせ方（1）～（3）各年齢参照

（5）職員間の連携

＊子どものそばを離れる時は、近くの職員に声をかけてから離れる。
＊担任以外の職員が食べさせる時は、子どもの食べ方の特徴を伝える（つめ込みすぎ、早食い、噛まずに飲み込むなど）。

（6）食事提供などのポイント

　本マニュアルの4ページ～6ページでは、乳児期、幼児期の発達段階に合わせ安全な食べ方を明記したが、ここでは、食事中の見守りや安全に食べるための環境づくりについてのポイントを紹介する。

①姿勢のポイント

＊5、6か月（嚥下を促す姿勢）
- 介助しながら摂食・嚥下機能を上手に獲得させていく。
- 子どもの発育・発達には個人差があるので、子どもの様子をよく見ながら離乳食を進めていき、食べる姿勢に配慮していく。

＊7、8か月〜幼児期（顎や舌に力が入る姿勢）
- 椅子の場合は、足の裏が床につく高さにして深く座る。
- テーブルに向かってまっすぐに座り、肘がつく高さにする。

②見守りポイント
- 子どもの食べ方の特徴を理解し、年齢発達や個人差に合った食事指導をしているか？
- 安全に食べているか、子どもの表情が見える位置にいるか？
- 常に食事中の見守りを怠らないようにする。
- 食べ方に注意が必要な食材は、食べる前に説明をする。

③安全な「食べ方」のポイント
＊安全な「食べ方」を身に付けて、窒息事故を予防する。
- 食べることに集中する。
- 姿勢を整える。
- 水分を取ってのどを潤してから食べる。
- 遊びながら食べない。
- 食べやすい大きさにする。
- つめ込みすぎない。
- 口の中に食べ物がある時は、話をしない。
- よく噛んで食べる（※参照）。

※「よく噛んで食べる」
乳幼児期から学童期は、食べ方を育てる時期となる。
口腔機能が発達し歯の生え変わる時期でもある。
また、五感を育て咀嚼習慣を育成する大切な時期となる。

「よく噛むことのメリット」
- 食べ物が栄養分として消化吸収されやすくなる。
- 素材の味や歯ごたえ、噛む音等五感を使って楽しむことができる。
- 唾液がたくさん出て、口の中がきれいになる。
- 満腹感を得ることができる。

6．食材＆調理の仕方について

（1）歯と咀嚼について

　咀嚼機能の発達には、子どもの歯の生える時期が深くかかわっている。
1歳頃には奥歯が生える前段階として歯茎の膨隆がでてくるため、奥の歯茎で食べ物をつぶすことができるようになる。歯茎で食べ物をつぶすためには舌と顎の連動が必要となり、咀嚼の基本的な動きが獲得されてくる。歯茎でつぶせるようになると、やや固さのあるものも食べられるようになり、乳前歯が上下4本ずつ生えそろうと噛み切ることが可能になる。

1歳8か月頃には、上下の第一乳臼歯が生えそろい、嚙み合わせができあがって、嚙みつぶしも上達するが、まだうまくはできない。その後、第二乳臼歯が生え始め、2歳半過ぎには上下が嚙み合って、食べ物のすりつぶしが可能になるとともに、咀嚼力も増大する。

　そこで、第二乳臼歯が生えそろう前の0,1歳児クラスと2～5歳児クラスとを区別して、食材の提供をすることとした。

（2）誤嚥・窒息につながりやすい食べ物の形状や性質

　どんな食べ物でも誤嚥、窒息の可能性はあるが、特に誤嚥、窒息につながりやすい食材は以下のようなものである。

　①弾力があるもの　　　→　こんにゃく、きのこ、練り製品など
　②なめらかなもの　　　→　熟れた柿やメロン、豆類など
　③球形のもの　　　　　→　プチトマト、乾いた豆類など
　④粘着性が高いもの　　→　餅、白玉団子、ごはんなど
　⑤固いもの　　　　　　→　かたまり肉、えび、いかなど
　⑥唾液を吸うもの　　　→　パン、ゆで卵、さつま芋など
　⑦口の中でばらばらに
　　なりやすいもの　　　→　ブロッコリー、ひき肉など

　また、大きさとしては、球形の場合は直径4.5cm以下、球形でない場合は直径3.8cm以下の食物が危険とされている。しかし大きさが1cm程度のものであっても、臼歯の状態によって、十分に食品をすりつぶすことができない年齢においては危険が大きく、注意が必要である。

（3）誤嚥・窒息につながりやすい食べ物の調理について

①給食での使用を避ける食材

食品の形態、特性	食材	備考
球形という形状が危険な食材 （吸い込みにより気道をふさぐことがあるので危険）	プチトマト	四等分すれば提供可であるが、保育園では他のものに代替え
	乾いたナッツ、豆類 （節分の鬼打ち豆）	
	うずらの卵	
	あめ類、ラムネ	
	球形の個装チーズ	加熱すれば使用可
	ぶどう、さくらんぼ	球形というだけでなく皮も口に残るので危険
粘着性が高い食材 （含まれるでんぷん質が唾液と混ざることによって粘着性が高まるので危険）	餅	
	白玉団子	つるつるしているため、嚙む前に誤嚥してしまう危険が高い
固すぎる食材 （嚙み切れずそのまま気道に入ることがあるので危険）	いか	小さく切って加熱すると固くなってしまう

②０、１歳児クラスは提供を避ける食材（咀嚼機能が未熟なため）

食品の形態、特性	食材	備考
固く噛み切れない食材	えび、貝類	除いて別に調理する。 例：クラムチャウダーの時は、0,1歳児クラスはツナシチューにする
噛みちぎりにくい食材	おにぎりの焼き海苔	きざみのりをつける

③調理や切り方を工夫する

食材食品の形態、特性	食材	備考
弾力性や繊維が固い食材	糸こんにゃく、白滝	1cmに切る（こんにゃくはすべて糸こんにゃくにする）
	ソーセージ	縦半分に切って使用
	えのき、しめじ、まいたけ	1cmに切る
	エリンギ	繊維に逆らい、1cmに切る
	水菜	1cmから1.5cmに切る
	わかめ	細かく切る
唾液を吸収して飲み込みづらい食材	鶏ひき肉のそぼろ煮	豚肉との合いびきで使用する または片栗粉でとろみをつける
	ゆで卵	細かくし、なにかと混ぜて使用する
	煮魚	味をしみ込ませ、やわらかくしっかり煮込む
	のりごはん（きざみのり）	きざみのりを、かける前にもみほぐし細かくする

④食べさせる時に特に配慮が必要な食材

食品の形態、特性	食材	備考
特に配慮が必要な食材 （粘着性が高く、唾液を吸収して飲み込みづらい食材）	ごはん	水分を取ってのどを潤してから食べること つめ込みすぎないこと よく噛むことなど （5（6）食事提供などのポイント②と③参照）
	パン類	
	ふかし芋、焼き芋	
	カステラ	

⑤果物について

食品の形態、特性	食材	備考
咀嚼により細かくなったとしても食塊の固さ、切り方によってはつまりやすい食材	りんご	完了期までは加熱して提供する
	梨	完了期までは加熱して提供する
	柿	完了期まではりんごで代用する

《家庭へのよびかけ》

　プチトマト、カップゼリー、ぶどう等は、誤嚥を防ぐために保育園給食で使用していないことを家庭へも伝えていく。配慮が必要であることは家庭でも同じであるので、危険性について情報提供をしていく必要性がある。

　遠足時のお弁当持参の時に配慮してほしいことを、クラスだよりや給食だよりで伝えていくことが、重要である。

7．窒息時の対応について

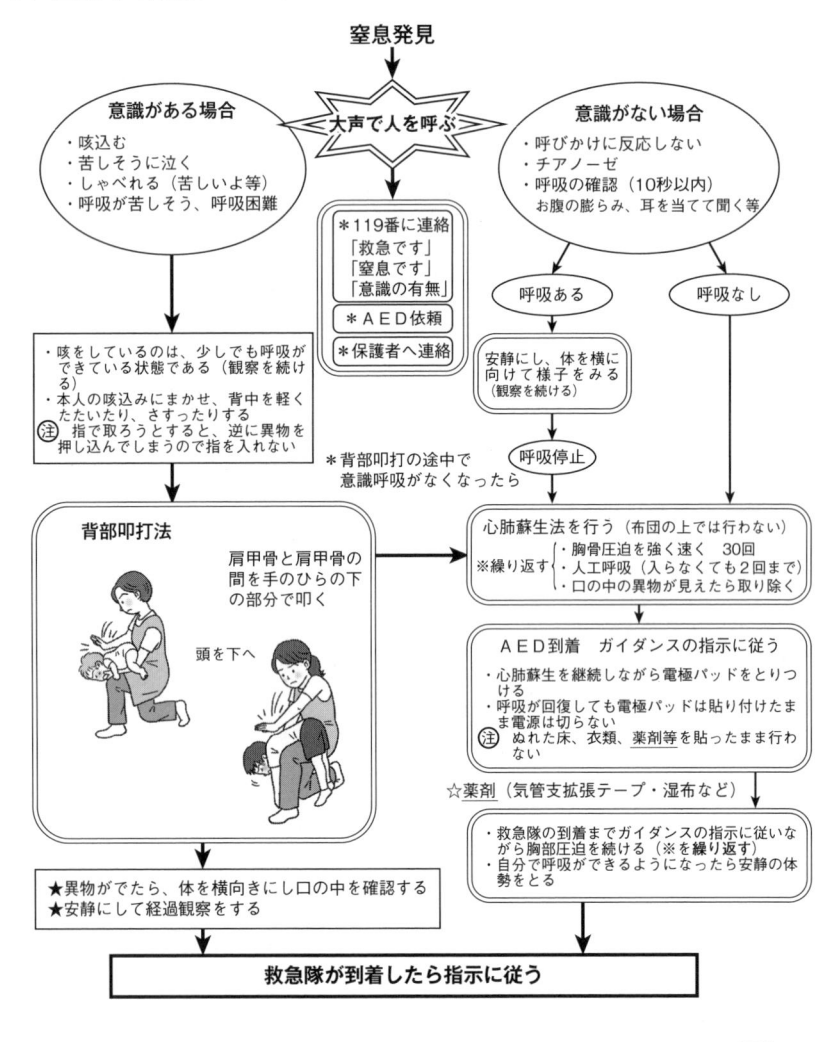

窒息発見

大声で人を呼ぶ

意識がある場合
・咳込む
・苦しそうに泣く
・しゃべれる（苦しいよ等）
・呼吸が苦しそう、呼吸困難

*119番に連絡
「救急です」
「窒息です」
「意識の有無」
＊ＡＥＤ依頼
＊保護者へ連絡

意識がない場合
・呼びかけに反応しない
・チアノーゼ
・呼吸の確認（10秒以内）
お腹の膨らみ、耳を当てて聞く等

呼吸ある　／　呼吸なし

安静にし、体を横に向けて様子をみる（観察を続ける）

・咳をしているのは、少しでも呼吸ができている状態である（観察を続ける）
・本人の咳込みにまかせ、背中を軽くたたいたり、さすったりする
注　指で取ろうとすると、逆に異物を押し込んでしまうので指を入れない

＊背部叩打の途中で意識呼吸がなくなったら

呼吸停止

背部叩打法
肩甲骨と肩甲骨の間を手のひらの下の部分で叩く
頭を下へ

心肺蘇生法を行う（布団の上では行わない）
※繰り返す
・胸骨圧迫を強く速く　30回
・人工呼吸（入らなくても2回まで）
・口の中の異物が見えたら取り除く

ＡＥＤ到着　ガイダンスの指示に従う
・心肺蘇生を継続しながら電極パッドをとりつける
・呼吸が回復しても電極パッドは貼り付けたまま電源は切らない
注　ぬれた床、衣類、薬剤等を貼ったまま行わない

☆薬剤（気管支拡張テープ・湿布など）

・救急隊の到着までガイダンスの指示に従いながら胸部圧迫を続ける（※を繰り返す）
・自分で呼吸ができるようになったら安静の体勢をとる

★異物がでたら、体を横向きにし口の中を確認する
★安静にして経過観察をする

救急隊が到着したら指示に従う

○症状　□観察　□処置

8．緊急時の役割分担

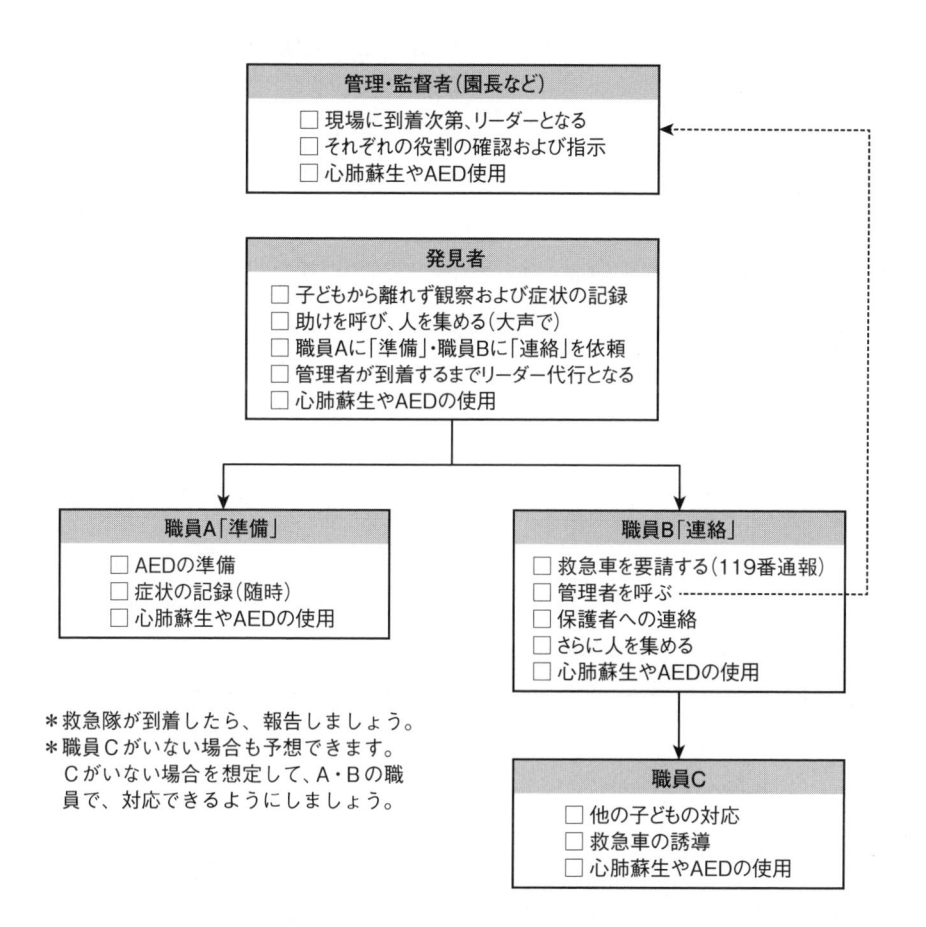

管理・監督者（園長など）
- ☐ 現場に到着次第、リーダーとなる
- ☐ それぞれの役割の確認および指示
- ☐ 心肺蘇生やAED使用

発見者
- ☐ 子どもから離れず観察および症状の記録
- ☐ 助けを呼び、人を集める（大声で）
- ☐ 職員Aに「準備」・職員Bに「連絡」を依頼
- ☐ 管理者が到着するまでリーダー代行となる
- ☐ 心肺蘇生やAEDの使用

職員A「準備」
- ☐ AEDの準備
- ☐ 症状の記録（随時）
- ☐ 心肺蘇生やAEDの使用

職員B「連絡」
- ☐ 救急車を要請する（119番通報）
- ☐ 管理者を呼ぶ
- ☐ 保護者への連絡
- ☐ さらに人を集める
- ☐ 心肺蘇生やAEDの使用

職員C
- ☐ 他の子どもの対応
- ☐ 救急車の誘導
- ☐ 心肺蘇生やAEDの使用

＊救急隊が到着したら、報告しましょう。
＊職員Cがいない場合も予想できます。
　Cがいない場合を想定して、A・Bの職
　員で、対応できるようにしましょう。

※各々の役割分担を確認し、年２〜３回は訓練しましょう!!

食物アレルギーに関するマニュアル作成の例（法人保育園の食物アレルギーマニュアルの作成の際の実践例）

（NPO 法人保育の安全研究・教育センター提供）

例１：調理途中の工程で除去食を取り分ける時は、声に出して確認する。

→（アドバイザーコメント）
「声に出して確認する」とは、どうやって？　一人で？

→（修正後）
調理途中の工程で除去食を取り分ける時は、調理している人が、他の２人に声に出して知らせる。他の２名は取り分けたことを目で見て確認し復唱する。

例２：おかわり時。カウンターに置き（蓋をつけ、食品が混ざらないように）大人が入れる。アレルギー対応のおかわりは、配膳時と同じ色のお盆に乗せ、お皿にラップをかけ、名前を記入。「○○くんの△△（献立）のおかわり、もらいます」と声をかけ、給食職員から職員へ手渡し。

→（アドバイザーコメント）
どこへ置く？　手渡し時には声をかけるだけ？　返事は要らない？

→（修正後）
おかわりを配膳時と同じお盆に乗せ（アレルギーの子どもの名前とその子どものトレイの色がここに書いてある）、お皿にラップをかけ、名前を記入してカウンターの南側に置く。他のおかわりは、食品が混ざらないように蓋をつけ、カウンターの北側に置き、おとなが入れる。
「○○くんの△△のおかわり、もらいにきました」「○○くんの△△のおかわりはこれです。」「はい、○○くんの△△のおかわりはこれですね」と職員が給食職員に声をかけ手渡しをする。

例３：献立表どおり作る。もし変更した場合は、その日の給食閲覧メッセージカードに変更を記入し、保護者にもわかるようにする。

→（アドバイザーコメント）
「変更しない」と言ったら徹底する。「変更するな」と言っておいて「もし変更したら」では、ルールにならない。

→（変更後）
献立どおりに作る。
発注者側のミスで違うものが届いた時などで変更せざるを得ない場合は、その日の給食閲覧メッセージカードに変更を記入し、保護者にもわかるようにし、口頭でも変更部分を保護者に伝える（変更の基準を明確化）。

〈参考例３－１－①〉

日常的な点検「上尾市立保育所危機対応要領（上尾市作成）」P15

３．保育中の安全管理について

３）日常の安全点検

　保育所は、日頃から保育環境の整備を行い、児童が安全に遊べるよう常に努めなければならない。そこで、環境への細かい配慮をした上で、あらかじめ点検項目を明確にしておき、全職員で分担して、安全点検チェックリストをもとに定期的に点検を実施する。リスクマネジャーは点検結果を集約・整理して、所長及び担当職員と不適項目について協議し、改善に努め、またその結果を職員に周知して、情報の共有化を図る。

①点検項目

チェックリスト		点検頻度	点検者	承認者	資料管理
a	施設内設備・環境上の点検事項	月１回	各職員 （分担）	リスクマネジャー →所長	リスクマネジャー
b	固定遊具の安全点検事項				

②点検の方法

　保育所は、年度当初にリスクマネジャーが中心となって、チェックリストの各項目に、各保育所の特徴を加えた点検表を作成し、点検を行う（全職員が係れるように配慮する）。
　　↓
　リスクマネジャーが点検の実施及び管理を担当し、各点検項目においての不適事項については、リスクマネジャーを中心に所長及び点検者等と協議して改善を行う。
　　↓
　リスクマネジャーは、各点検項目の不適事項、改善事項を集約し、ヒヤリ・ハットマップ等の修正等を行うとともに、職員会議等により職員に周知することで、情報の共有化を図る。

<参考例3－1－②> 日常的な点検

「家庭的保育の安全ガイドライン（NPO 法人家庭的保育全国連絡協議会作成）」 P 7

8 記録の重要性

- 家庭的保育者の安全管理に対する取り組みが実際に行われていることを証明するのは文書です。さまざまな取り組みを文書化（記録に残す）することにより、他の人にどういう取り組みをしているかということを知ってもらうことができます。
- 計画、対応マニュアル、記録、報告などを作成し、保存しておくことにより、保育補助者や家庭的保育支援者などと情報を共有することができます。また、保護者にもどのように保育を進めているか、知ってもらうための資料となります。
- 子どもの健康観察チェック表や連絡帳の写しを保存することは、平常時からの子どもの様子を把握するためにも役立ちます。特に問題なく一日を終えた日の記録を保存しておくことで、どういう保育や安全管理をしているかを示す資料とすることもできます。
- また、報告を書くことは自分自身の保育や取り組みを振り返るためにも役立ちます。うまくいかなかった場合はどういうところに問題があったか、どういう対応が取れるかを考え、保育内容や安全対策を改善していくことにつなげていきましょう。

<参考例3－2－①> 保育中の安全管理について

「上尾市立保育所危機対応要領（上尾市作成）」 P 16

3 保育中の安全管理について

4）年齢別のチェック項目

児童は、発達により行動パターンが大きく異なる。そこで、保育士は児童の年齢に応じた特徴、発達状態、動静など常に実態をよく把握し、その個人差に応じた安全指導を行い、各クラスの保育・指導計画に基づいて安全管理に対するチェック項目を明確にし、毎月確認を行う。

（点検項目）

チェックリスト	点検頻度	点検者	承認者	資料管理
年齢別事故防止チェックリスト	月1回	担任	リスクマネジャー→所長	リスクマネジャー

（点検の方法）

担任保育士は、年度当初に、各年齢における児童の特徴を捉えたうえで、保育・指導計画

を実施する中で予想されるリスクについてのチェックリストを作成し、点検を行う。

↓

担任は、点検を実施し、その結果をリスクマネジャーに報告する。各点検項目においての不適事項については、リスクマネジャー及び所長と協議して改善を行う。

↓

リスクマネジャーは、各点検項目の不適事項、改善事項を集約し、ヒヤリ・ハットマップ等の修正等を行うとともに、職員会議等により職員への周知を行う。また、必要に応じて所長またはリスクマネジャーが、担当への適切な指導を行う。

〈参考例３－２－②〉保育中の安全管理について

「安全保育（三鷹市作成）」P 26〜28

2　保育環境

（1）安全な環境

日頃から環境整備を行うことは勿論であるが、危険と思われる個所は、適宜対策を講じる必要がある。子どもの年齢や発達を踏まえて、保育環境を整備し安全に遊べるように努める。

ア　室内の安全

①出入り口
- 災害時の避難口、避難経路が確保されているか、常に意識する。非常口の近辺には物を置かない。
- ドアの開閉に気をつける。開閉の際は子どもがドアに手や身体をつけていないか、戸袋付近にいないかを注意確認する。
- 必要なときに施錠されているか、不審者の侵入に対し防御の用意はあるか点検する。

②家具
- 家具類には、ストッパー、転倒防止の設置を行う。
- 家具の上に物を置いていないか、引出しは閉まっているか、落下してくるものはないかを確認する。
- 死角をつくらないようコーナーの配置に気をつける。
- 家具の角にぶつかってケガをしないよう、ガードテープを貼る、または、バーをつけて安全対策を行う。
- 棚などにかけるクロスは子どもが引っ張ることが出来ないようにする。

③壁面
- 釘や鋭利な突起物が残っていないか、落下の危険はないか確認する。
- 園舎内では原則として画鋲は使用しない。
- 子どもの手が届く高さにあるコンセントには、コンセントカバーをつけ、または家具で隠す等配慮する。

- カーテン、装飾などに使う布や置物などは、防炎加工してあるもの、または有毒ガスなどが発生しないものを使用する（1㎡以上の布は防炎工が必要）。

④床面
- 水濡れ等滑って転ぶ危険がないか、汚れていないかを確認し清潔を保つ。
- 絨毯にごみや糸くず等落ちていないかよく確認する。絨毯のめくれや小さい物、つまずきやすい物が歩行の妨げになっていないか注意する。

⑤ベランダ
- ベランダに出るサッシの溝は、マットなどで覆い段差に気をつける。
- 水濡れ等滑って転ぶ危険がないか、汚れていないかを確認する。
- ベランダに足がかりになるような遊具などは置かない。
- スノコのささくれ、釘、隙間の間隔などに注意する。

⑥トイレ
- 水はねにより床が滑らないか確認する。
- 個室内の安全が確認できるようにする。
- 手洗いの流しの周りに陶器・ガラス物等割れる物は置かない。
- おむつ交換台に子どもを乗せている時は、絶対に目を離さない。

⑦調乳スペース
- 毎日清掃を行う。汚れた時はすぐ清掃し清潔を保つ。
- 調乳、湯冷ましは所定の位置で行う。
- ポットの転倒、転落に注意し、子どもから離れて使用する。

イ　場所による注意点（室内）

①保育室
- 保育室内の整理整頓をする。
- 子どもの手の届くところには、重い玩具・危険な物を置かない。
- 高いところにある重いもの、倒れやすいものは固定する。
- 針箱は保育室には持ち込まない。
- 絨毯の端がめくれてつまずいたりしないよう固定する。
- 子どもの動線に配慮した環境を設定し、死角をつくらない。
- ロッカーの上に子どもを乗せない。

②事務室
- 職員がいない時には子どもを自由に出入りさせない。
- 事務用品（特にカッター、ナイフ、千枚通し、ボンド等）は戸棚または引き出しの中に片付ける。

③廊下
- 物を置かない（避難通路になっている）。

④保健室
- 原則として出入り口及び薬品庫の鍵は常に閉めておく。
- 薬品は子どもの手の届かない所に置く。

⑤洗濯室
- 出入り口の扉は常に閉めておく。

- 原則として子どもを出入りさせない。
⑥調理室
- 子どもの入室は禁止する。
- 職員が不在になる時は施錠する。

ウ　園庭

①固定遊具や砂場、乗り物、植物や飼育物等の扱い方について職員間で情報の共有化をはかっておく。

②飼育物と触れ合う時は、保育士が側に付き添い、かまれる、引っかかれることのないように気をつける。その後の手洗いを励行する。動物アレルギー反応のある子どもへは個別配慮する。

③常に人数把握し、特に遊び場所が変わるときや保育士がその場を離れるときは、声を掛け合い危険防止の確認を行う。

④不審者の侵入や子どもの飛び出しに注意し、出入り口を施錠し管理する。

⑤毎朝、危険なものが落ちていないか、犬猫の糞など不衛生なものがないか、点検を怠らない。常に清潔を保つよう、随時取り除く・掃く・洗い流す等、環境への配慮に努める（休み明けは、特に念入りに行う）。

⑥転倒時の安全と、陽射しを避けるため、常時帽子を着用させる。

⑦園庭倉庫の管理には、十分注意する（子どもは中に入らない等）。

⑧植物（樹木）に突起物や害虫がいないか点検、確認する。

⑨植物（樹木）や花は毒性のないものを選ぶ。

⑩倉庫や用具入れの戸は子どもが自由に開閉できないようにする。

⑪フェンスネットがはずれて引っかかる危険のないよう、整備点検する。

⑫門扉の鍵は子どもが簡単に開けられないものにする。

〈参考例4〉 緊急時の役割分担表の書式例

「保育現場の「深刻事故」対応ハンドブック」の書式例を元に作成

緊急時の役割分担表（順序）の書式例

緊急時の役割分担表（順序）

心肺蘇生	施設・事業所内外にいる全職員、管理者の動向把握と連絡（＝事故後の現場責任者）	直後の外部連絡（当該子どもの保護者、地方自治体の担当者など）	保護者や近隣への説明（求められたとき）※	残った職員による継続保育を監督※※	事実の記録を促す

【役割分担表の記入・活用のポイント】

〈準備段階〉
- 左側の列（心肺蘇生の欄）から順番に、そして上の欄から順番に「今、施設・事業所にいない人」を×で消していき、今、施設・事業所にいる職員のうち一番上の欄に書かれている職員がその役割を担当する。不在の職員の動向については、下の余白に記入する。

○役割分担表の記入・活用のポイント
- ※の役割は、内容を冷静に伝えることができる者とする。
- ※※の役割は、子どもが不安にならないよう、職員を落ち着かせることができ、かつ、保育上の安全について特に配慮できる者とする。
- 施設・事業所の長がいない組織、施設・事業所の副長がいる組織など、施設・事業者の組織はさまざまなので、自らの組織に合わせて記入する。
- 「心配蘇生」は、できる人から順に名前を記入する。
- 「心肺蘇生」以外は、すべて同じ順番でもかまわない。
- 施設のリーダー層（理事長〜主任、クラス・リーダー）は、危機に際して率先して動く。

〈土曜保育、休日保育、遅番早番時の役割分担〉
- 分担表を特別に作る必要はない。
- 深刻事故が発生した場合には、左（心肺蘇生）から順に、上の欄から「いない人」に×をつけていき、いる人だけで対応する。
- 今後、施設・事業所に来る職員がいる場合は、下の余白に記入する。

〈施設・事業所外保育（お散歩、遠足、宿泊活動など）の場合〉
- 施設・事業所外保育の場合も土曜保育等と同様に対応する。
- 出発前に、施設・事業所外にいる職員と施設・事業所に残っている職員の両方において、「動向把握と連絡の担当」を決めること。

〈参考例5〉 119番通報のポイントと伝えるべきことの書式例

「保育現場の「深刻事故」対応ハンドブック」の書式例を元に作成

119番通報のポイントと伝えるべきことの例

119番通報のポイントと伝えるべきこと

1．「救急です」
119番につながったら、まずはっきり
「救急です」と言います（＝火事ではない）。

住所：
目印：

2．場所（住所）を告げる
　施設・事業所の敷地内で起きた場合は、施設・事業所の住所を言います。施設・事業所は住宅地の中のわかりにくい場所にあることも多いので、救急車が来るときに目印となる公園や交差点名なども告げましょう（住所、目印は電話の横に書き出しておきます）。
　散歩や施設・事業所外の活動のときも、公園や施設の名前や住所、通過する大きな交差点や目立つ建物などの名前を言えるよう地図を作って携帯します。

3．事故の状況を説明する
　「誰が」「どうしたのか」を正確にわかりやすく伝えます。たとえば、「〇時〇分ごろ、×歳児が1人、高さ1.5メートルの滑り台から落ちました。動きません。泣いてもいません。どこを打ったかはわかりません」「〇時〇分ごろ、×歳児が給食中に〇〇を（何かを）喉に詰まらせました。唇が青くなってきました」。
　基本は、「いつ、どこで、誰が、何を（何から、何に）、どうした」と「今、〜な状態である」です。こうした情報は救急を要請するときだけでなく、ヒヤリハットや事故の情報を共有するときにも重要です。

4．通報者の氏名と連絡先を告げる
　「私の名前は、〇〇です。電話番号は〜」と告げます。施設・事業所外におり、携帯電話から通報している場合には、携帯電話であることも告げます。

5．通報後は、しばらく電源を切らない
　通報を処理するセンターから確認の電話がくる場合もあるので、通報後しばらくは電源を切らないこと。

6．救急車を迎える
　道路などに出て、救急車に合図をしましょう。すでに暗くなっていたら懐中電灯を持って出て、救急車に合図をしましょう。
　※「正しい119番通報の方法」（総務省消防庁防災情報室）の内容を保育施設向けに改変しました。http://www.fdma.go.jp/ugoki/h1610/19.pdf

〈参考例6〉 保護者や地域住民等、関係機関との連携

「家庭的保育の安全ガイドライン（NPO 法人家庭的保育全国連絡協議会作成）」P 5

4 地域との関わりの重要性

- 家庭的保育は1人または保育補助者などと少人数の保育者により保育が行われています。保育補助者とともに保育をしている場合も、1人で保育する時間帯もあります。家族や地域の人など保育者以外の力を借り、子どもの安全を守る必要が生じることがあります。そのため、常日頃から地域とのコミュニケーションを積極的にとるようにし、いざという時の協力・援助を依頼しておきましょう。
- まずは家庭的保育という保育を行っていることを地域の方に知っておいていただくことが必要です。特に、保育室開設時の挨拶や日々の挨拶を欠かさないようにしましょう。
- いざという時に、いち早く駆けつけてもらえるのは地域の人です。日中どこの家に人がいるか、どこの家なら助けが求められるかということも把握しておくとよいでしょう。
- 地域の人とのコミュニケーションは、いざという時に助けてもらえるだけでなく、日常的に様々な情報が得られ、防犯・防災に備えることにつながります。
- 地域の関係機関はもとより、警察、交番、自治会長、民生委員などともコミュニケーションを図り、特に災害時など気にかけてもらえるようにしておきましょう。
- 子どもを連れて散歩や公園へ出かける時に、子どもと共に近所の方々に挨拶をし、顔を覚えてもらう、公園で地域の子ども達と遊ぶ時には保護者たちとも仲良く付き合う、町内会の避難訓練の行事にも参加する、などにより、家庭的保育者が媒介となって、子どもが育つ地域作りをしていきます。
- 地域の人々に見守られる家庭的保育は保護者の安心にもつながるでしょう。

〈参考例７〉安全教育

「安全保育（三鷹市作成）」P５～６

イ　安全保育

①子ども

　子どもが小さいうちは、子どもの特性の理解と周囲の環境整備により大部分の事故は防止可能である。しかし、子どもの成長に伴って、子ども自身が安全や危険を認識し対応することが必要である。そのために、健康教育や交通安全指導などの機会を利用して、子どもたちに安全教育を行う。

- 園内の危険な場所を教えておく。また、子どもが遊ぶ際は、配慮しなければならないことなども指導する（急に保育室内から飛び出さない、廊下では走らないなど）。
- 保育園内の遊具や、園庭・プールなどでの遊び方を指導する。
- ヒヤリ・ハット事例や事故が発生したときは、予防策について、子どもたちに指導する（鼻にものをつめない、頭は大事など）。
- 散歩や遠足など戸外活動を行うときは、道路の歩き方、渡り方、公園など現地での遊び方を指導する。

②職員

　保育園での事故防止にあたっては、事故を防ぐための方策について学習し知識を得ること、および現場に潜む危険を鋭く予測するための危険予知力を高め、瞬時に介する問題解決能力を身につけることが必要である。

　安全保育などのマニュアルや「医療機関を受診した負傷事故」（保健部会統計）等を活用し、子どもの発育・発達と事故の関係、事故の生じやすい場所等を、職員会議や年度末などに機会を設けて職員間で共有することで、事故への認識、危険に対する予知能力の向上を図る。具体的には園庭遊び、遊具の使い方、異年齢合同保育の留意点について確認し、プールの安全管理など、季節に応じた安全面の配慮を職員会議などで共有する。

- 資料１「年齢ごとの事故防止チェックリスト」を活用する。
- 過去の事例を事故直後や年度末などに振り返り、再発防止策を学ぶ。
- 交通安全指導や消防署・警察署による避難訓練・防犯訓練などを実施する。
- 救命研修などを活用し、応急処置の仕方を身に付ける。
- 園内研修などを活用し、学習する。

③保護者

　子どもへの安全教育や職員の配慮により、ある程度事故を減らすことは可能であるが、それだけでは十分ではない。一日のうちの長い時間を過ごす保育園では、子どもの心身の状態が日々の活動に与える影響も大きいことから、保護者と連携して子どもの毎日の生活リズムを整え、規則正しい生活を送ることにより、情緒や体調を整えておくことが必要である。また、家庭における保護者の行動や教育により、子どもが安全な生活習慣を身につけることが不可欠である。やけどの防止や衣類・靴の選び方、ヘルメット・チャイルドシートの推進など、子どもの事故防止策について、園だより、保護者会などを活用し保護者に周知する。

〈参考例8－1〉 施設内設備のチェックリスト

「上尾市立保育所危機対応要領 資料編（上尾市作成）」 P 12～13

○施設内設備（環境上の点検事項）

	所長	リスク マネージャー	担当

正門	きちんと開閉する。	
	ストッパーがついている。	
	鍵がきちんとかかる。	
	子どもが一人で開けられないようになっている。	
	外部から不審者が入れないように工夫してある。	
出入口	きちんと開閉する。	
	障害物がない。	
	指詰め防止の器具がついている。	
	鍵がきちんとかかる。	
	延長保育時の保護者の出入りの工夫をするなど、不審者対策を行っている。	
保育室	保育室・職員室が整理整頓されている。	
	ロッカー・棚及び上においてあるものが固定されている・角が危なくない。	
	くぎが出ていたり、壁・床等破損しているところがない。	
	画鋲でとめてある所にセロハンテープがついている。	
	子どもが触れる位置にある電気プラグは防止策をしている。	
プールサイド	柵・床が破損したり滑ったりしない。	
	水をためたり、排水がスムーズに流れる。	
	プール内外がきちんと清掃されている。	
	プール内外に危険なもの不要なものが置かれていない。	
階段	破損部分がない。	
	すべり止めがついている。	
	手すりがきちんとついている。	
	妨げになるものが置いていない。	
	死角になるところがない。	
	2階の柵がきちんと設置されている。	
園庭	危険なものが落ちていない（煙草の吸殻・犬猫のふん他）。	
	木の剪定がされている。	
	砂場が清潔に保たれている。	
	柵・外壁・固定遊具などの破損がない。	
	死角になるところがない。	
	雨上がりの始末はきちんとされている。	

テラス	床・壁・柵等の破損部分がない。	
	水たまりができないように清掃されている。	
	滑らないように工夫されている。	
	避難は確保されているか。	
	柵の扉の鍵がきちんとかかる。	
	外部からの不審者が入れないように工夫してある。	
	転んでも頭が切らないように角がとれている。	

○施設内設備（指導上の配慮事項）

所長	リスク マネージャー	担当

正門	園児が門を開閉して遊ばないよう注意している。	
	門の安全を確認して開閉している。	
	お迎えの人が通常と違う時は連絡をもらっている。	
	来園者の出入りを確認し、知らない人が入って来たら声をかけている。	
出入口	園児に開閉で遊ばないように注意している。	
	門の安全を確認して開閉している。	
	来園者の出入りを確認している。	
	保護者に延長時の対応を知らせている。	
保育室・プール	ロッカー・棚の上に乗らないように伝えている。	
	室内で走らないよう知らせている。	
	プール内でのマナーを知らせている。	
階段	昇り方降り方を知らせている。	
	階段で遊ばない、勝手に登らないなど約束している。	
園庭	来園者の出入りを確認している。	
	園庭遊びの約束事を決め知らせている。	
	倉庫の中では遊ばないようにしている。	
	知らない人に声を掛けられてもついて行かないよう注意している。	
	園児がどこで遊んでいるか把握し、見えにくいところや危険が予測されるところは保育者がついている。	
テラス	危険な遊びをしないよう知らせている（2階から玩具を落とす、柵に上がるなど）。	
	テラス、ベランダでは走らないようにしている。	

〈参考例8−2〉遊具のチェックリスト

「上尾市立保育所危機対応要領 資料編（上尾市作成）」P 14〜15

○固定遊具（環境上の点検事項）

		所長	リスク マネージャー	担当

すべり台	さびや金属劣化で手すり等がグラグラしていない。	
鉄棒	さびや金属劣化等で本体部分にぐらつきがない。	
	基礎部分にぐらつきがない。	
のぼり棒	さびや金属劣化で本体部分に傷んでいる箇所はない。	
	上り棒が本体部分からはずれやすくなっていない。	
	下が固い場合、クッションになる物を設置している。	
ジャング ルジム	さびや金属劣化で本体部分に傷んでいる箇所はない。	
うんてい	さびや金属劣化で本体部分に傷んでいる箇所はない。	
砂場	犬や猫の糞対策等衛生面の具体的配慮がある。	
	砂場に石・ガラス片・釘等先の尖った物などが混ざっていないように チェックしている。	

○固定遊具（指導上の注意事項）

		所長	リスク マネージャー	担当

滑り台	順序よく滑るよう指導している。	
	最上部で子ども達がふざけ合っていない。	
	他児を押している子どもがいない。	
	頭から滑り降りている子どもがいない。	
鉄棒	鉄棒の正しい握り方の指導をしている。	
	鉄棒をしている子の前後に他の子がいない。	
	鉄棒に縄跳び等を縛り付けて遊んでいない。	
	上手にできない子に正しく指導している。	

ブランコ	遊んでいるブランコの前後に他の子はいない。	
	周りに他児がいないことを確認して遊ぶように指導している。	
	必要以上にブランコの勢いをつけてこいでいない。	
	ブランコから手を離して飛び出したりしていない。	
	ひとつのブランコに沢山の子ども達が乗って遊んでいない。	
のぼり棒	最上部で立ち上がっている子どもはいない。	
	上り棒や本体部分をわざと揺らしてる子はいない。	
	下に他児がいないことを確認して降りるよう子どもに指導している。	
	上り棒から樹木をつかんだり乗り移ったりしていない。	
ジャングルジム	上でふざけて合っている子どもはいない。	
	下に三輪車等の遊具を置かないよう注意している。	
	上から物を投げないように指導している。	
うんてい	下に他児がいないことを確認して遊ぶよう指導している。	
	うんていの上で立ち上がったり歩いたりしている子はいない。	
砂　場	他児に砂を投げたりしていないか。砂が目に入ると危険であるということを子どもに指導している。	
	スコップ等砂場遊具の安全な使用方法を指導している。	
	砂を口に入れないよう、注意している。	
	砂の付いた手で目等こすらないように指導している。	
その他	上記の遊具で遊んでいる時は、目を離さずに側に行き見守っている。	
	公園にある遊具についても、安全点検し遊ばせている。	
	全体を見わたせる位置に保育士がいて子供を把握している（全体把握）。	

〈参考例8－3〉 年齢別のチェックリスト

「上尾市立保育所危機対応要領 資料編（上尾市作成）」P16～25

○チェックリスト（0歳児）

	所長	リスク マネージャー	担当

1	子どもの周囲に鋭い家具、玩具、箱などがないかを必ず確認し、危険な物はすぐに片付けている	
2	ベビーベッドの棚とマットレス、敷き布団の間に隙間のないことを確認している。	
3	ドアのちょうつがいに、子どもの指が入らないように注意している。	
4	子どもの周りに、角やふちの鋭いものはないようにしている。	
5	床に損傷、凹凸がないか確認している。	
6	口の中に入ってしまう小さなおもちゃを手の届くところに置かない。	
7	ビニール袋、紙、紐、ゴム風船は、子どもの手の届かない所にしまってある。	
8	園庭の玩具に損傷や不具合がないか確認し、危険な物は片付けている。	
9	子どもが入っている時は、ベビーベッドの棚を必ず上げる。棚には物を置かない。	
10	寝ている子どもの上に、物が落ちてこないよう安全を確認している。	
11	敷居や段差のあるところを歩くときは、つまずかないようにする。	
12	子どもが、暖房器具のそばに行かないように気をつけている。	
13	沐浴やシャワー中の子どものそばから離れないようにしている。事前に温度確認をしている。	
14	ミルクを飲ませた後は、ゲップをさせてから寝かせる。	
15	よだれかけを外してから、子どもを寝かせている。	
16	子どもを寝かせるときには仰向けに寝かせ、常にそばについて子どもの状態を観察している。	
17	換気および室温などに注意し測定している。	
18	子どもの足にあっている靴か、身体にあったサイズの衣類か、ボタン、装飾品など口に入りやすいものがあるかどうか確認している。	
19	オムツの取替えなどで、子どもを寝かせたままにしてそばを離れることはない。	
20	子どもを抱いているとき、自分の足元に注意している。	
21	子どもを抱いているとき、あわてて階段を下りることはない。	
22	いすに座っていて急に立ち上がったり、倒れることがないように注意している。	
23	つかまり立ちをしたり、つたい歩きをし始め不安定なとき、そばについて注意をしている。	
24	口に物をくわえて歩かないようにしている。	
25	子どもは保育士を後追いをすることがあるので、保育者の近くに子どもがいないか注意している。	

26	バケツや子供用プールに、水をためて放置することはない。	
27	遊びの中で、転倒することがあるので、周囲の玩具などに注意している。	
28	砂を口に入れたり、誤って砂が目に入ってしまうことがないよう気をつける。	
29	午睡時チエックを15分ごとに行っている。	
30	連絡ノートで家庭での健康上の様子を知り、視診をしっかりして、健康チエックをしている。	
31	感染防止のため手洗いを充分に行っている	
32	食事時誤飲のないようゆっくり対応している。	
33	人数確認のチエック	
34	園で使用するベビー用品は、子どもの年齢や使用目的にあったものを選び、取り扱い説明書をよく読んでいる。	
35	子どもが直接触れて火傷をする様な暖房器具は使用しない。暖房器具のそばに行かないように気をつける。	
36	敷き布団は、固めのものを使用している。	
37	室内を清潔に保ち衛生面に気をつける。	

○チェックリスト（1歳児）

	所長	リスクマネージャー	担当

1	子どもの遊んでいる位置や人数を確認している。	
2	固定遊具を使用する時は、そばについている。	
3	おもちゃを持ったり、カバン等を身体にかけたまま、固定遊具で遊ばせることはない。	
4	子どもが敷居や段差のあるところを歩く時には、つまずかないように注意している。	
5	教室からベランダや玄関等の段差のあるところに、子どもが一人で行くことはない。	
6	子どもが大きなものを持って移動する時は、付き添う。	
7	子どもの腕を強く引っ張らないように注意している。	
8	肘内障を起こしやすい子ども、アレルギーや家庭事情など配慮を要する子どもを全職員が把握している。	
9	椅子に立ち上がったり、椅子をおもちゃにして遊ばないよう注意している。	
10	午睡中はある程度の明るさを確保し、子どもの眠っている様子や表情の変化に注意している。	
11	ドアを開閉する時、子どもの手や足の位置を確認している。	
12	子どもが引き出しやドアを開け閉めして遊ばないよう注意している。	
13	室内は整理整頓を行い、使用したものはすぐに収納場所にかたづけている。	
14	ハサミやカッターなどの刃物は、使用したら必ずかたづけている。	
15	コンセントなどにさわらないように注意している。	
16	口の中に入ってしまう小さなおもちゃを手の届くところに置いていない。	

17	ネジや玩具の破片など誤飲の原因となるものが落ちていないか確認している。	
18	食べ物の硬さや大きさ、量などを考えて食べさせている。	
19	ビニール袋などは、子どもの手の届かない所にしまっている。	
20	紐などを首にかけないよう注意している。	
21	子どもが鼻や耳に小物を入れて遊ばないように注意している。	
22	遊具などをくわえて走り回ることがないようにしている。	
23	床が濡れたらすぐに拭き取るようにしている。	
24	トイレのレバーを操作する時は、手助けをしている。	
25	落ち着いて便器に座るように補助している。	
26	子どもの足にあった靴か、身体にあったサイズの衣類かを確認している。また、靴を正しく履いているか確認している。	
27	公園は年齢にあった公園を選び、遊ばせる際には安全に十分気をつけている。	
28	砂を口に入れたり、誤って砂が目に入ってしまうことがないように、気をつけている。	
29	避難散歩車を使用する時は、きちんとつかまって立ち、手や身体を乗り出さないよう注意している。	
30	ウサギなどの小動物と遊ぶ時は、そばについて怪我をしないように気をつけている。	
31	散歩の時は人数確認している（出発前・散歩先・到着後）。	
32	道路では、子どもが飛び出さないよう十分注意している。	
33	散歩中、動物・危険物（自動車、バイク、自転車、看板等）に触らないよう気をつけている。	
34	バケツや子ども用プールの中に、水をためて放置することはない。	
35	水遊びをする時は、必ず保育者が付き添い、ケガや事故のないよう十分注意している。	
36	毎朝視診を行う（連絡ノートなどにより、職員が体調を把握する）。	
37	水分補給は努めて行っている。	
38	高いところに重いものを置かない（落下防止）。	
39	常に保護者との連絡手段を確保している。	
40	室内外で角や鋭い部分にはガードがしてある。	
41	ロッカーや棚は倒れないよう転倒防止策を講じている。	
42	画鋲などの危険物が落ちていないか点検している。	
43	床は滑りやすくなっていないか注意している。	
44	室内遊具に破損はないか点検している。	
45	室内の換気・温度・湿度は適切か気をつけている。	
46	本の破損がないか点検している。	
47	十分な保育空間が確保されているか気をつけている。	
48	窓ガラスにひび割れがないか点検している。	
49	出入り口の戸の開閉がスムーズに出来るか、外れやすくなっていないか点検している。	
50	雨の後など、テラスや園庭の固定遊具が濡れて滑りやすくなっていないか確認している。	

○チェックリスト（2歳児）

	所長	リスク マネージャー	担当

1	子どもの遊んでいる位置を確認している。	
2	遊具の安全を確認している。	
3	固定遊具を使用するときは、そばについている。	
4	おもちゃを持ったり、カバンをかけたまま、固定遊具で遊ぶことがないように注意している。	
5	すべり台の正しい遊び方を指導し、上でふざけたり、危険な遊びをさせないようにしている。	
6	砂場では砂の汚染や量、周りの枠について注意・点検している。	
7	砂が目に入らないよう、また人にかからないよう砂の扱い方について知らせている。	
8	固定遊具の近くで遊ぶ際、勢いあまって衝突することがないよう注意している。	
9	子どもが敷居や段差のあるところを歩くときや、外遊びをするときは、つまずかないように注意している。	
10	子どもが大きなものを持つときは、段差がないか床や地面の状態に注意している。	
11	階段や玄関などの段差のあるところに、子どもがひとりで行かないように注意している。	
12	階段を上り下りするときは、子どもの下側を歩くか、手をつないでいる。	
13	室内では衝突を起こしやすいので走らないようにし、人数や遊ばせ方を考えている。	
14	おもちゃの取り合いなどの機会をとらえて、安全な遊び方を指導している。	
15	午睡中は、ある程度の明るさを確保し、子どもの眠っているようすや表情の変化に注意している。	
16	午睡後、十分に覚醒しているか、個々の状態を十分に把握している。	
17	子どもの腕を強く引っぱらないよう注意している。	
18	肘内障を起こしやすい子ども、アレルギーや家庭事情など配慮を要する子どもを全職員が把握している。	
19	手に怪我をしていたり、手がふさがっているときは、特にバランスが取りにくく、転びやすいので注意している。	
20	室内・室外で角や鋭い部分にはガードがしてある。	
21	保育者が見守っているときを除き、いすに立ち上がったり、いすをおもちゃにして遊ぶことはない。	
22	ロッカーや棚は倒れないよう転倒防止策を講じている。	
23	ドアを開閉するとき、子どもの手や足の位置を確認し、必要によりストッパーを使用している。	
24	子どもが引き出しやドアを開け閉めして、遊んでいることがないように注意している。	

25	室内は整理整頓を行い、使用したものはすぐに収納場所にかたづけている。	
26	ハサミやカッターなどの刃物は、使用したら必ずかたづけている。	
27	遊具などをくわえて走り回ることがないようにしている。	
28	口の中に入ってしまう小さなおもちゃを手の届くところに置いていない。	
29	食べもののかたさや、大きさ、量などを考えて食べさせている。また、魚には骨があることも伝え、注意している。	
30	ビニール袋などは、子どもの手の届かない所にしまってある。	
31	子どもが鼻や耳に小物を入れて遊んでいないか注意している。	
32	先の尖ったものを持たせないようにしている。	
33	子どもが直接ふれてやけどをするような暖房器具は使用していない。また、子どもが暖房器具のそばに行かないよう気をつけている。	
34	床が濡れたらすぐに拭きとるようにしている。	
35	トイレには必ず保育者が付き添っている。	
36	バケツや子ども用プールなどに、水をためて放置することはない。	
37	水遊びをするときは、必ず保育者が付き添っている。	
38	ウサギなどの小動物と遊ぶときは、そばについて注意している。	
39	火は熱いことを教え、気をつけるように指導している。	
40	子どもの足にあった靴か、体にあったサイズの衣類かを確認している。また、靴を正しく履いているか確認している。	
41	散歩のときは人数確認している。	
42	道路では飛び出しに注意し、指導している。	
43	散歩のときは、動物、危険物(自動車、バイク、自転車、看板等)に触らないよう気をつけている。	
44	手をつないで走ると転びやすいこと、転んだときに手がつきにくいことを保育者は理解し、指導している。	
45	散歩のとき、園が近づくと早く帰園しようとして、走ったり早足になると危険であることを、保育者が理解している。	
46	公園は年齢にあった公園を選び、遊ばせる際には安全に十分気をつけている。	
47	年齢にあった固定遊具であるか、雨などで滑りやすくなっていないかなど点検して遊ばせている。	
48	ジュースの空き缶やタバコなどの危険な物があるときには、口にしないように指導し、危険な物に気がついたらかたづけるようにしている。	
49	犬や動物はかんだり、鶏はつつくことがあることを子どもに教え、注意している。	
50	子ども一人一人の個性や発達を把握し、子どもの行動を読み取るよう気をつけている。	

○チェックリスト（3歳児）

	所長	リスク マネージャー	担当

1	子どもの遊んでいる遊具やまわりの安全を確認している。	
2	固定遊具の遊び方の決まりを守らせるようにしている。	
3	おもちゃを持ったり、カバンをかけたまま、固定遊具で遊ぶことがないように注意している。	
4	砂場は、砂の汚染や量、周りの枠について注意点検している。	
5	園庭の状況にあった遊び方を選び、保育者は子どもの行動を常に確認できる状況である。	
6	室内では衝突を起こしやすいので走らないようにし、人数や遊ばせ方を考えている。	
7	おもちゃの取り合いなどの機会をとらえて、安全な遊び方を指導している。	
8	午睡中はある程度の明るさを確保し、子どもの眠っているようすや表情の変化に注意している。	
9	午睡後、十分に覚醒しているか、個々の状態を十分に把握している。	
10	子どもの腕を強く引っぱらないように注意している。	
11	既往症のある子どもや家庭事情など配慮を要する子どもを全職員が把握している。	
12	室内・室外で角や鋭い部分にはガードがしてある。	
13	保育者が見守っているときを除き、いすに立ち上がったり、いすをおもちゃにして遊ぶことはない。	
14	ロッカーや棚は倒れないよう転倒防止策を講じている。	
15	室内は整理整頓を行い、使用したものはすぐに収納場所にかたづけている。	
16	ハサミやカッターなどの刃物は、使用したら必ずかたづけている。	
17	おはしなどを持って歩き回ることがないように注意している。	
18	食べもののかたさや、大きさ、量などを考えて食べさせている。	
19	先の尖ったものを持ち歩いたり、振り回したりしないように指導している。	
20	子どもが直接ふれてやけどをするような暖房器具は使用していない。また、子どもが暖房器具のそばに行かないよう気をつけている。	
21	床が濡れていたらすぐに拭き取るようにしている。	
22	子ども同士のトラブルにも注意深く見守っている。	
23	おもちゃを投げたり、ふりまわしたりしないよう指導している。	

○チェックリスト（4歳児）

	所長	リスク マネージャー	担当

1	子どもの遊んでいる遊具や周りの子どもの安全を確認している。	
2	滑り台や登り棒、ジャングルジムなど固定遊具の遊び方の決まりを守らせるようにしている。	
3	おもちゃを持ったり、滑り台の上でふざけたり危険な遊びをさせないようにしている。	
4	登り棒の登り方、降り方を指導し、下には遊具のないように気をつけ、必ず付き添うようにしている。	
5	砂場では砂の汚染や量、周りの枠について注意点検している。	
6	固定遊具の近くで遊ぶ時は勢いあまって衝突することがないよう注意している。	
7	鉄棒で遊ぶ時は下に遊具などが無いように気をつけ、必ず付き添うようにしている。	
8	園庭の状況にあった遊び方を選び、保育士は子どもの行動を常に確認できる状況である。	
9	子どもの足にあった靴や体にあったサイズの衣類かを確認している。また、靴を正しく履いているか確認している。	
10	フェンスや門など危険な高い場所に上らないように指導している。	
11	おもちゃの取り合いなどの機会をとらえて、安全な遊び方を指導している。	
12	午睡後、十分に覚醒しているか、個々の状態を十分に把握している。	
13	子どもの腕を強く引っ張らないようにしている。	
14	肘内障を起こしやすい子どもや、家庭事情など配慮を要する子どもを全職員が把握している。	
15	テーブルやイスに立ち上がったり、逆さにしたり、揺らして遊ぶことがないように指導している。	
16	ロッカーや棚は倒れないように転倒防止策を講じている。	
17	室内は整理整頓を行い、使用したものはすぐに収納場所に片付けている。	
18	ハサミなど正しい使い方をさせ、使用したら必ず片付けている。	
19	お箸などを持って歩き回ることがないよう注意している。	
20	給食の魚を食べる時は、骨に注意し、食べ方を指導している。	
21	子どもが鼻や耳にどんぐりや小物を入れて遊んでいないかを注意している。	
22	先の尖ったものを持っているときは、人に向けたり、振り回したりしないように指導している。	
23	子どもが暖房器具のそばに行かないように気をつけている。	
24	床が濡れていたら、すぐに拭き取るように気をつけている。	
25	トイレや手洗い場、室内、廊下、テラスでは走らせない。	

26	トイレ用の洗剤や、消毒液は子どもの手の届かない所に置いている。	
27	水遊びをする時は、必ず保育士が付き添っている。	
28	散歩の時、園庭においても人数を確認している。	
29	道路では飛び出しに注意をしている。また交通ルールなどの安全指導をしている。	
30	歩道に危険なものがないか注意している。	
31	散歩の時は、動物、危険物(自動車・バイク・自転車・看板等)に触らないように気をつけている。	
32	信号を渡る時は、列を短くし、安全に迅速に渡るようにしている。	
33	手をつないで走ったり、階段の上り下りをしたりすると、転倒時に手がつきにくいことを話し指導している。	
34	散歩時に、枝・棒切れ・BB弾などを拾ったり、保育所に持ち込まないように指導している。	
35	前を見て歩かせ、列全体のスピードを考え誘導している。	
36	公園は年齢にあった公園を選び、遊ばせる際には十分に気をつけている。	
37	年齢にあった固定遊具であるか、雨などで滑りやすくなっていないかなど点検して遊ばせている。	
38	石や砂を投げてはいけないことを指導している。	
39	犬や動物はかんだり、鶏はつつくことがあることを子どもに教え、注意している。	
40	蜂の巣がないか点検している。	
41	蜂の嫌がることをすると刺されることを教えている。	
42	カエルを触った手で目をこすらないように注意している。	

○チェックリスト（5歳児）

	所長	リスク マネージャー	担当

1	子どもの遊んでいる遊具や周りの安全を確認している。	
2	滑り台やブランコなど、固定遊具の遊び方の決まりを守らせるようにしている。	
3	滑り台の上でふざけたり、危険な遊びをさせないようにしている。	
4	園庭の状況にあった遊び方を選び、保育者は子どもの行動を常に確認できる状況である。	
5	子どもの足にあった靴か、体にあったサイズの衣類かを確認している。また、靴を正しく履いているか確認している。	
6	縄跳びの安全な遊び方やロープの正しい使い方を指導している。	
7	フェンス、門など、危険な高い所には登らないように指導している。	
8	ロッカーや棚は倒れないよう転倒防止策を講じている。また、ロッカーの上など落下物がないかチェックしている。	
9	室内は、整理整頓を行い、使用したものはすぐに収納場所へ片付けている。	
10	ハサミなどの器具は正しい使い方をさせ、安全な所に片付けている。	
11	調理活動中に、包丁・ピーラーを使用するときは、常に付き添い指導を行うようにしている。	
12	先の尖ったものを持つときは、人に向けたり、振り回したりしないように指導している。	
13	床が濡れていたらすぐに拭き取るようにしている。	
14	散歩のときは、人数確認をしている。	
15	道路では、飛び出しに注意をしている。また、交通ルールなどの安全指導をしている。	
16	手をつないで走ったり、階段の上り下りをしたりすると、転倒時に手がつきにくいことを話し指導している。	
17	前を見て歩かせ、列全体のスピードを考え誘導している。	
18	坂道は、勢いがつくことを保育者は理解し、指導している。	
19	公園は年齢にあった公園を選び、遊ばせる際には安全に十分気をつけている。	
20	石や砂を投げてはいけないことを指導している。	
21	犬や動物はかんだり、鶏はつつくことがあることを子どもに教え、注意している。	
22	蜂の嫌がることをすると刺されることを教えている。	
23	小動物(カエル・カナヘビなどを含む)を触った後は、手洗いをさせる。	
24	遊びでの危険を知らせ、自分でも判断できるよう指導している。	
25	散歩から帰った後のうがい、手洗い、水分補給を指導している。	
26	滑り台や鉄棒、登り棒は付近で指導し、保育士がいない時はやらないよう指導している。	

教育・保育施設等における事故防止及び事故発生時の対応のためのガイドライン【事故発生時の対応】施設・事業者、地方自治体共通〈抜粋〉

（内閣府、文部科学省、平成28年3月）

（1）事故発生直後の対応
（応急処置及び状況把握）

〈施設・事業者〉

事故直後について、まずは事故に遭った子どもの応急処置を行う。施設・事業所の長、他の職員と連絡をとり、緊急時の役割分担表等に基づき各職員について事故対応に係る役割を分担する。

なお、重大事故（重大事故と考えられる事故を含む）が起きた時、以下の①〜③について迅速に対応する。

参考　迅速な対応の手順

①心肺蘇生・応急処置、119番通報をする必要と判断した場合には、直ちに119番通報をする。

②事故の状況を的確に把握する（けが人、現場・周囲の状況等）。対応に遅れが生じないようにする。

③保護者に事故の発生について連絡し、現在分かっている事実を説明する。

あわせて、以下の点に留意すること。

- 子どもの生命と健康を優先し、応急処置は迅速に行う。
- 受診の判断に迷う場合には受診する。
- 職員は事故の状況や子どもの様子に動揺せず、また子どもの不安を軽減するように対応する。

（2）事故直後以降の対応
（関係者への連絡、地方自治体の支援による事故対応、教育・保育の継続等）

①施設・事業者は、地方自治体、法人本部等に適切に連絡し、連絡を受けた地方自治体は施設・事業者の支援を行う。

〈施設・事業者〉

○地方自治体、法人本部へ迅速に連絡する。

- 教育・保育施設、地域型保育事業、地域子ども・子育て支援事業（子どもを預かる事業に限る）は市町村に連絡する。
- 認可外保育施設・事業は都道府県、指定都市、中核市に連絡する。

○事故の状況について報告するとともに、教育・保育を継続するために必要な体制（事故対応に必要な職員、教育・保育の実施に当たる職員等）を確保できるようにする。

②事故が発生した現場を、現状のまま保存しておく。

〈施設・事業者〉

○教育・保育中の事故の場合、事故に遭った子ども以外の子どもを事故が発生した場所と別の保育室等に移す。事故発生場所については、二次的な事故が発生する可能性がある場合を除き、片付け、物の移動等を行わない。

③教育・保育を継続するために必要な体制を確保し、事故に遭った子ども以外の子どもの教育・保育を継続する。

〈施設・事業者〉

○事故に対応する職員と教育・保育の実施に当たる職員は、可能な限り分けて配置することとし、それぞれの対応に専念できるようにする。

（3）事故状況の記録

〈施設・事業者〉

事故後速やかに、事故の発生状況を記録する。

○職員は、その日のうちにできる限り早く事実を記録する。

①ボールペンなどの、修正できない筆記用具で、紙に、手書きで記録する。

②一人ひとりが個別に記録する。

③記録する前や記録している最中には、他の職員と相談しない。

④書き終わったものを他の職員に見せない。他の職員が書いたものを見ない。書いた内容について話をしない。

⑤書き終わったものは、施設・事業所による保管の他、地方自治体との情報共有を図る。

⑥書いた後、本人が「間違った」「書き忘れた」場合には、元の記録用紙を加筆、修正するとともに、地方自治体との情報共有を図る。

○記録の内容については、後日、地方自治体の職員等が施設・事業者の職員に聞き取りを行い、その上で事実関係を整理するために活用されることが考えられる。

（4）保護者等への対応

〈施設・事業者〉

保護者の心理を踏まえた対応に留意するとともに、職員に対しても精神面でのフォローが必要な場合がある。特に死亡事故等の重大事故については、事故に遭った子どもの保護者の意向を丁寧に確認しながら対応をすることとし、関係者（事故に遭った子どもの保護者、事故に遭った子ども以外の保護者、施設・事業者の職員、その他の子ども）の心のケアが必要な場合、本項における対応を行うことが望ましい。

なお、死亡事故等の重大事故以外の場合にも、必要と判断される場合には、当該事故に準じた対応を行うよう留意する。

①死亡事故等の重大事故に遭った子どもの保護者への対応について

〈施設・事業者〉

○事故の発生状況等について的確な報告及び必要な情報提供を行い、保護者の意向を丁寧に確認しながら誠意をもって対応する。

○事故の発生状況、医療機関の診察・検査結果、今後の受診等について報告する際は、以下の点に留意して的確に報告し、誠意をもって対応する。

参考　保護者への報告に関する留意点

- 電話で報告する場合、電話の前に伝える内容を整理等し、事故の概要を的確に伝える。なお、電話の内容は記録する。
- 子どもの事故の概況（事故発生の経緯、事故発生時の様子、受診結果等）については、具体的、かつ、客観的に説明するように心がける。
- 保護者からの質問には、状況を踏まえ、確認できた内容の範囲内において説明する。不明な点や確認中の点については、その旨を伝える。

参考　Ai（Autopsyimaging：死亡時画像診断）の保護者への紹介

○死因不明のまま、結果として死亡と

なった場合は、死因解明のためAiの活用が考えられる。保護者がAiを活用するためには、Aiを導入している医療機関等に相談することになる。このため、施設・事業者や保護者に対し、死亡事故が起こった場合のAiの活用や管内のAi導入の医療機関等について周知する。詳しくは、一般財団法人Ai情報センター（http://autopsyimaging.com/）を相談先として紹介する。

【参考「Ａｉって何？」死因に疑問を残したくない〜死亡時画像診断のすすめ（一般財団法人Ａｉ情報センター）】

▶ http://autopsyimaging.com/wp-content/themes/ai/files/whatisai.pdf

②死亡事故等の重大事故に遭った子ども以外の保護者への対応について
〈施設・事業者〉
○正確な情報を伝える。不明な点や確認中の点については、その旨を伝える。

③施設・事業者の職員への対応について
〈施設・事業者〉
○職員もサポートを必要としている場合もあることから、心のケアの専門職への相談ができるよう配慮する。

④その他の子どもへの対応について
〈施設・事業者〉
○施設・事業者の職員同士で十分打ち合わせをしてから対応する。

⑤死亡事故等の重大事故の場合、必要に応じて、保護者説明会を開催する。
〈施設・事業者〉
○保護者説明会は早めに準備する。死亡事故等の重大事故の説明については、あらかじめ事故に遭った子どもの保護者に意向を確認し、説明会の開催の有無も含め保護者の意向を尊重した対応をする。

（5）報道機関への対応

　報道機関への対応が求められる場合、施設・事業者は、個人情報の保護と以下の項目に留意し、事実関係や事故の再発防止への取組み（事実関係の説明、再発防止の考え方等）を整理しておくことが望ましい。

　また、地方自治体は、報道機関への対応に当たっての留意点について施設・事業者に助言・指導する。

〈施設・事業所、地方自治体〉
○報道機関などの外部への対応については、地方自治体と施設・事業者で調整の上、窓口を一本化し、情報の混乱が生じないようする。

（6）国、地方自治体への事故報告

　「特定教育・保育施設等における事故の報告等について」（平成27年2月16日府政共生96号、26初幼教第30号、雇児保発0216第1号）に基づき、施設・事業者は地方自治体に報告を行う。報告を受けた地方自治体は、原則事故発生当日（遅くとも事故発生翌日）に国へ報告する。

〈施設・事業者、地方自治体〉

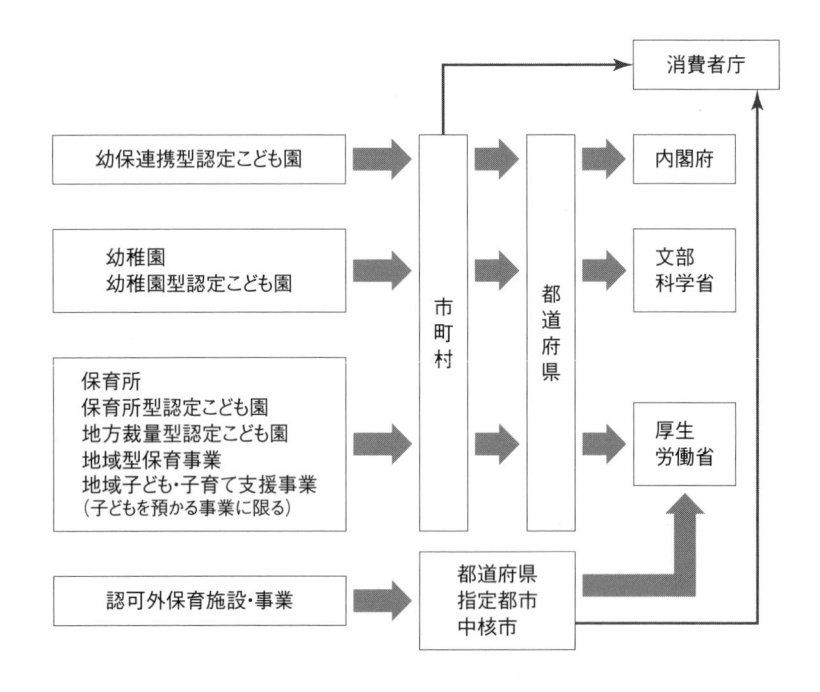

報告の対象となる重大事故の範囲
- 死亡事故
- 治療に要する期間が30日以上の負傷や疾病を伴う重篤な事故等（意識不明〔人工呼吸器を付ける、ICUに入る等〕の事故を含み、意識不明の事故についてはその後の経緯にかかわらず、事案が生じた時点で報告すること）

○事故報告については、以下のとおり、事故発生の要因分析について地方自治体も支援する。

第1報
　施設・事業者からの報告について、地方自治体において確認の上、国へ報告する。
- 市町村の取組み…都道府県を経由して国に報告することから、重大事故の発生の事実を把握した場合、事故報告を提出する前に都道府県に事故発生の事実について報告する等、事故報告が円滑に行われるよう留意する。

第2報
　事故発生の要因分析については施設・事業者のみで行うことが困難なため、地方自治体の支援を受けた上で報告。なお、施設・事業者と地方自治体の間での事実関係の整理により、第1報の内容に修正が必要な場合、要因分析等とあわせて修正した内容を報告する。

（7）明らかな危険要因への対応

〈施設・事業者、地方自治体〉
○地方自治体における検証の対象となる死亡事故等の重大事故であっても、速やかに対応できる対策については、検証結果が出る前に施設・事業者において具体的対策を取るとともに、地方自治体は管内の全ての施設・事業者に注意喚起する。

参考　速やかに対応できる具体的対策、注意喚起の例
- 危険性のある食材の除去
- 危険性のある玩具の除去等

（8）事故後の検証

〈施設・事業者〉
○死亡事故等の重大事故以外の事故（地方自治体で検証を行わない重大事故、重大事故以外の事故）については、地方自治体で検証を行わない場合であっても、「教育・保育施設等における重大事故の再発防止策に関する検討会最終取りまとめ」を踏まえた検証に係る通知を参考に、施設・事業者が自ら検証を実施する。

〈参考例（施・事）1〉

事故発生時の基本的な流れ
「上尾市立保育所危機対応要領（上尾市作成）」P 30～31

3　事故

1）事故発生時の基本的な流れ

	対応	説明
1	事故発生	
2	事故の状況把握・応急処置	①事故の状況を的確に把握する（けが人、現場・周囲の状況等）。 ②けがの程度等を見極め、救急の処置をする。 ③事故現場からの移動が可能な場合は、医務室等に連れて行く。 ④他の児童は別室等で保育を行い、落ち着かせる。
3	所長又は副所長に連絡する	①看護師が配置されている保育所は、看護師にも連絡する。
4	処置の決定	①所長、副所長を交えて処置を決定する（担当保育士のみで判断しない）。 　a. 救急車を要請する。 　b. 保育所で付近の医療機関に連れて行く。 　c. 保育所内で安静にさせ経過を見る。 　d. 応急手当を行い、保育を続行する。 ※「事故の程度の判断基準」 ②事故の経過および児童の状況を、「事故発生時および受診時チェックリスト」に記入して、状況を整理する。
5	保護者への連絡	①次頁の「保護者への連絡するときの注意事項」を参考に、速やかに電話連絡する。 ※所内で処置したごく軽度なけがについても、降所の際には必ず口頭で説明する。
6	子ども家庭課への連絡	①「4 処置の決定」で記入した「事故発生時および受診時チェックリスト」を子ども家庭課にファックスする。 ※救急車を要請した場合には、事前に電話連絡する。
7	降所後の経過確認	①小さな事故でも電話をし、保護者の信頼を裏切らないようにする。
8	事後処理	①「事故報告書兼事故記録簿」に事故・けがの状況、受診結果および再発防止策をまとめ、決裁を受ける。 ②医療機関等で診断を受けた場合は、（独）日本スポーツ振興センター等への医療等の請求事務を行う。

一次救命処置（BLS）
「JRC蘇生ガイドライン2015オンライン版（一般社団法人日本蘇生協議会作成）」pp. 6〜10

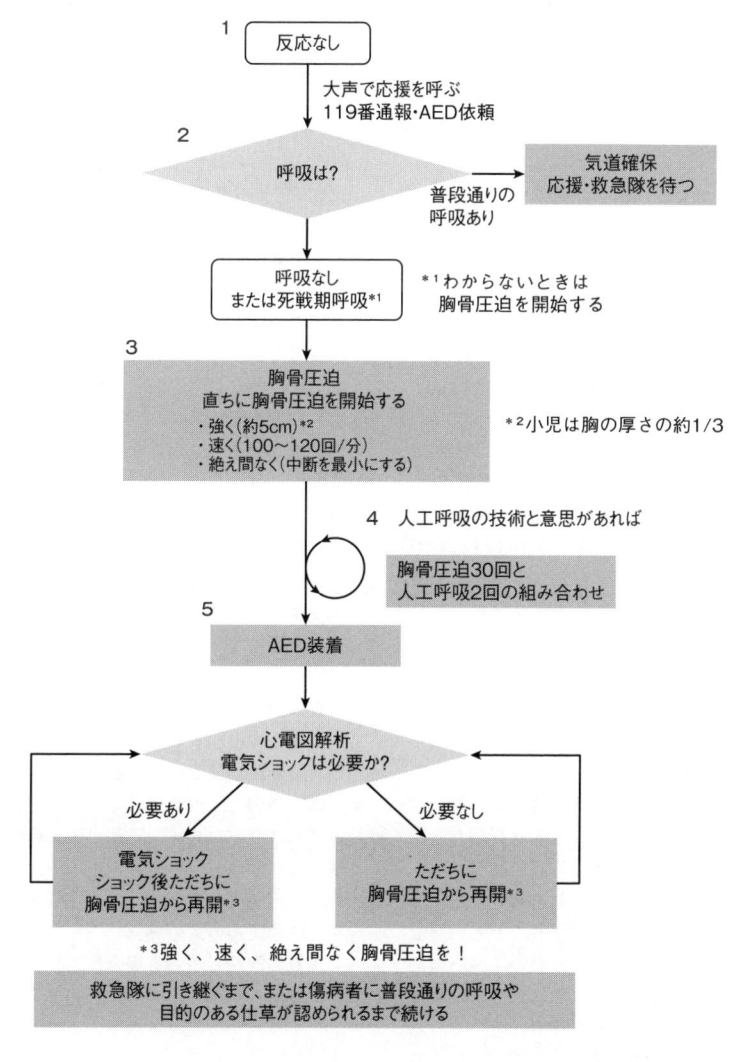

図1 市民におけるBLSアルゴリズム

2 BLSのアルゴリズム

1．反応の確認と救急通報〔ボックス1〕

誰かが倒れるのを目撃した、あるいは倒れている傷病者を発見したときの手順（通報とCPR開始の優先順位）は以下のとおりである。

- 周囲の安全を確認する。
- 次に、肩を軽くたたきながら大声で呼びかける。何らかの応答や仕草がなければ「反応なし」とみなす。
- 反応がなければその場で大声で叫んで周囲の注意を喚起する。
- 周囲の者に救急通報（119番通報）とAEDの手配（近くにある場合）を依頼する。
- なお、反応の有無について迷った場合も119番通報して通信指令員に相談する。

※119番通報を受けた通信指令員は救助者との通話の間も通報内容から心停止を疑った時点でただちに救急車の手配を行うことになっている。119番通報をした救助者は、通信指令員から心停止の判断とCPRについて口頭指導を受けることができる。

2．呼吸の確認と心停止の判断〔ボックス2〕

傷病者に反応がなく、呼吸がないか異常な呼吸（死戦期呼吸）が認められる場合、あるいはその判断に自信が持てない場合は心停止、すなわちCPRの適応と判断し、ただちに胸骨圧迫を開始する。

市民救助者が呼吸の有無を確認するときには、医療従事者や救急隊員などとは異なり、気道確保を行う必要はない。胸と腹部の動きを観察し、動きがなければ「呼吸なし」と判断する。死戦期呼吸はしゃくりあげるような不規則な呼吸であり、心停止直後の傷病者でしばしば認められる。死戦期呼吸であれば、胸と腹部の動きがあっても「呼吸なし」すなわち心停止と判断する。なお、呼吸の確認には10秒以上かけないようにする。

なお、CPRに熟練した医療従事者が心停止を判断する際には呼吸の確認と同時に頸動脈の脈拍を確認することがあるが、市民救助者の場合、その必要はない。

傷病者に普段どおりの呼吸を認めるときは、気道確保を行い、救急隊の到着を待つ。この間、傷病者の呼吸状態を継続観察し、呼吸が認められなくなった場合にはただちにCPRを開始する。

3．胸骨圧迫〔ボックス3〕

すべての救助者は、訓練されていてもそうでなくても、心停止の傷病者に胸骨圧迫を実施するべきである。質の高い胸骨圧迫を行うことが重要である。

1）CPRの開始手順

CPRは胸骨圧迫から開始する。傷病者を仰臥位に寝かせて、救助者は傷病者の胸の横にひざまずく。

2）胸骨圧迫の部位・深さ・テンポ

胸骨圧迫の部位は胸骨の下半分とする。深さは胸が約5cm沈むように圧迫するが、6cmを超えないようにする。1分間あたり100〜120回のテンポで圧迫する。

なお、小児における深さは胸の厚さの約1／3とする。

3）胸骨圧迫解除時の除圧

毎回の胸骨圧迫の後には、胸を完全に元の位置に戻すために、圧迫と圧迫の間に胸壁に力がかからないようにする。ただし、胸骨圧迫が浅くならないよう注意する。

4）胸骨圧迫の質の確認

複数の救助者がいる場合は、救助者が互いに注意しあって、胸骨圧迫の部位や深さ、テンポが適切に維持されていることを確認する。

5）CPR中の胸骨圧迫の中断

CPR中の胸骨圧迫の中断は最小にすべき

である。人工呼吸や電気ショック（後述）を行うときに胸骨圧迫を中断するのはやむを得ないが、これらの場合でも胸骨圧迫の中断は最小にすべきである。

6）救助者の交代

疲労による胸骨圧迫の質の低下を最小とするために、救助者が複数いる場合には、1〜2分ごとを目安に胸骨圧迫の役割を交代する。交代に要する時間は最小にする。

4．胸骨圧迫と人工呼吸〔ボックス4〕

1）胸骨圧迫のみのCPR

訓練を受けていない市民救助者は、胸骨圧迫のみのCPRを行う。訓練を受けたことがある市民救助者であっても、気道を確保し人工呼吸をする技術または意思がない場合には、胸骨圧迫のみのCPRを行う。

2）気道確保と人工呼吸

救助者が人工呼吸の訓練を受けており、それを行う技術と意思がある場合は、胸骨圧迫と人工呼吸を30：2の比で行う。とくに小児の心停止では、人工呼吸を組み合わせたCPRを行うことが望ましい。

人工呼吸を行う際には気道確保を行う必要がある。気道確保は頭部後屈あご先挙上法で行う。

1回換気量の目安は人工呼吸によって傷病者の胸の上がりを確認できる程度とする。CPR中の過大な換気量は避ける。送気（呼気吹き込み）は約1秒かけて行う。

3）感染防護具

口対口人工呼吸による感染の危険性はきわめて低いので、感染防護具なしで人工呼吸を実施してもよいが、可能であれば感染防護具の使用を考慮する。ただし、傷病者に危険な感染症があることが判明している場合や血液などによる汚染がある場合は、感染防護具を使用すべきである。

5．AED〔ボックス5〕

AEDが到着したら、すみやかに装着する。AEDには蓋を開けると自動的に電源が入るタイプと救助者が電源ボタンを押す必要のあるタイプとがある。後者では電源ボタンを最初に押す。

1）パッドの貼付

右前胸部と左側胸部に電極パッドを貼付する。未就学の小児に対しては、小児用パッドを用いる。小児用パッドがない場合には、成人用パッドで代用する。成人に対して小児用パッドを用いてはならない。

2）電気ショックと胸骨圧迫の再開

AEDによるECG解析が開始されたら、傷病者に触れないようにする。AEDの音声メッセージに従って、ショックボタンを押し電気ショックを行う。電気ショック後は直ちに胸骨圧迫を再開する。

6．BLSの継続

BLSは、救急隊など、二次救命処置（ALS）を行うことができる救助者に引き継ぐまで続ける。明らかにROSCと判断できる反応（呼びかけへの応答、普段通りの呼吸や目的のある仕草）が出現した場合には、十分な循環が回復したと判断してCPRをいったん中止してよい。ただし、AEDを装着している場合は電源を切らず、パッドは貼付したままにしておく。

事故状況の記録の様式例

「保育現場の「深刻事故」対応ハンドブック」の書式例を元に作成

【事故状況の記録の様式例】

〔おもて面＝記録面〕

事故の前・事故の時・事故後に自分がいた場所と他の職員がいた場所（位置）、見たこと、聞いた声や音、言われたこと、自らの行動、言ったことを、覚えている限り、すべて記載してください（くわしくは裏）。記載については、加筆修正も含め、黒色のボールペンを使ってください。

★記載の内容については、他の職員と調整をせず、自らの記憶に基づき記載してください。

事故の直前

自分の名前（手書きで）

事故の時（瞬間）

事故の直後

紙のスペースは自由に使ってください。記述は時間に沿っていなくてもかまいませんが、覚えている限り、時間も書いてください。

事故の時（直前、瞬間、直後）、〇〇児が見える場所に私は・・・

● いた　→「〇〇児が見える場所に私がいた」のは、事故の前？瞬間？直後？
それとも、事故の前〜瞬間〜直後（一部始終）？

私が見た〇〇児の様子。私と他の先生の位置や行動、全体の状況、聞いた音や
声、嗅いだにおい等は・・・（事故の前、瞬間、直後に分けて書く）。
直接、見聞きしたこと。

〔例〕A先生は部屋の〜で〜をしていた。B先生は〜で〜をしていた。
私は部屋の〜で〜をしていた。他の子どもたちは〜をしていた。
大きな声（誰の声？）がしたのでそちらを見たら、〇〇児が〜。
A先生が〜した。私は〜した。　・・・等々。

● いなかった　→私は〜にいた。事故の直前、瞬間、直後に私がしていたこと、見
た状況、聞いた音や声、嗅いだにおい等は・・・。

事故の発生後に・・・

私がしたことは・・・

私が見た〇〇児の様子は・・・

私が見た、施設・事業所にいたそれぞれの職員の様子は・・・

私が聞いた話は・・・
〔例〕〇〇先生から「〜〜」と聞いた。△△先生が「〜〜」と話している（電話
をしている）のを耳にした。他の児（××児）が「〜〜」と言っているのを聞い
た。

---

1) 思い出した順、印象に残っている順に書いていってください。
2) 全体を書き終えたら、できごとの順番と覚えている時間（時間を覚えていたら）を文章の余白に
書き加えてください。
3) 全体を書き終えたら、「ここは、人から聞いた話」「ここは、私が推測した話」という部分に波線
をひいてください。自分が明らかに覚えている事には、波線をひかないでください。

最初に書いた日時	月　日　時　分			
1度目の加筆修正	月　日　時　分			
2度目の加筆修正	月　日　時　分			
3度目の加筆修正	月　日　時　分			
その後の加筆修正	月　日　時　分			

保護者への対応の仕方「上尾市立保育所危機対応要領（上尾市作成）」pp. 31～32

3　事故

２）保護者への対応

事故の発生状況、医療機関の診察・検査結果、今後の受診等について的確に報告し、誠意をもって対応する。

なお、対応にあたっては、「トラブル防止のためのチェックリスト」により確認を行う。

【事故発生後に電話連絡をする際の注意事項】

①最初に事故をおこしてしまったお詫びを言う。

②事故の概要を要領よく伝える（電話をかける前に伝える状況を整理しておく。できれば内容をメモしておく）。

③保護者は、児童の事故の概況、ケガの程度を知らないので、具体的に、また客観的に説明するように心がける。

④こちらから「大丈夫です。」「たいしたことはありません。」などの安易な判断をくだすような言葉はさける。

⑤保護者からケガの程度を聞かれたら、けがをした児童の状況を踏まえ、確認できる範囲内において説明をする。

⑥最後に、改めてお詫びを申し上げる。

３）事故報告

事故の発生に際しては、事故の程度にかかわらず、必ず状況を時系列に記録しておく。一定の処置が終わった段階で、事故の経緯、児童の状況および今後の改善策を所内で協議した上で、速やかに「事故報告書兼事故記録簿」を作成し、子ども家庭課に報告する。

〈参考例（施・事）４－２〉

遺族への関わり、保護者への説明等「子どもの自殺が起きたときの緊急対応の手引き（文部科学省作成）」pp. 4,7

２　遺族へのかかわり

何よりも大切なことは、子どもを亡くした遺族に対して心からの弔意を示すこと。そして、遺族の意向を丁寧に確認しながら、学校の対応を進めてください。

（遺族へのかかわり）

○遺族へのコンタクトを急いでください。校長は校長として、担任は担任としての対応が必要ですが、連絡窓口となる教職員（個別担当）を別に置くことが望ましいです。

○自殺の事実を子どもや保護者、マスコミに伝えるにあたっては、遺族から了解をとるよう努めてください。特に、死亡の事実を文書で保護者にお知らせする場合には、あらかじめ遺族に文案を見せて了解をとるようにしてください。

○遺族が事故死として扱うと言われればそれを尊重しますが、学校が“嘘をつく”と子どもや保護者の信頼を失いかねませんから、「家族からは○○と聞いています」という表現に留めるなど工夫してください。子どもが自殺であることを知ってしまった場合は対応が難しくなります。引き続き遺族と話し合いを続けてください。

○亡くなった子どものきょうだいへのサポートは学校の大切な役割です。きょうだいが他校にいれば他校との連携が必要になります。息の長いサポートをしてください。

（通夜、葬儀について）

〇遺族の意向を確認し、その上で、学校として通夜や葬儀にどう対応するか方針を定めます。ただし、葬儀への子どもの参列についても、遺族は遠慮することがあります。要望が変わった場合でも柔軟に対応できるようにしておいてください。

〇学校の方針に基づいて、通夜や葬儀について保護者や子どもに知らせます。ただし、通夜は通常夜間に行われるため、保護者の判断で参列してもらうことになります。

（葬儀後のかかわり）

〇葬儀が終わってからも遺族へのかかわりを続けてください。亡くなった子どものことを話題にしてはいけないと思うかもしれませんが、その子どものことを誰も話さなくなることのほうが遺族にとってつらいことではないでしょうか。

〇遺族はショックで呆然としていたり、自責感や怒りなど日々変化する感情によって大きく揺れたりします。しっかりと受けとめてください。専門的なケアの希望が出た場合には、スクールカウンセラーなどと相談の上で、専門機関等を紹介または情報提供してください。

〇学校にある遺品については遺族と話し合ってください。もちろん、返却しますが、子どもたちとも話し合った上で、記念になる物をいくつか教室に置かせて欲しいと申し出てみるのも１つの方法です。クラスでの子どもへのかかわりは６で解説します。

〇同級生が亡くなった子どものことを大切にしてくれることは、遺族にとって意味のあることではないでしょうか。たとえば、卒業アルバムのことで子ども達から前向きな提案があれば遺族に伝えてみてはどうでしょうか。

4　保護者への説明（保護者への情報提供）

〇保護者に正確な情報を伝えることで、憶測に基づく噂が広がるのを防ぎます。また、学校と保護者との協力関係を維持してください。

〇当初は保護者向け文書を発行し、今回の事実や学校の対応、今後の予定、また、保護者が子どもに適切に接することができるように、子どもへの接し方や校内のカウンセリング、外部の医療機関や相談先の情報などを適宜お知らせします。

〇PTAとの関係ですが、日頃からの信頼関係に基づき、保護者の代表としての立場から言うべきことは言ってもらい、その上で、協力できるところは協力してもうらことが重要です。

（保護者会）

〇保護者会（全校か当該学年だけか）を開くつもりで早めに準備してください。ただし、事実の説明についてはあらかじめ遺族の意向を確認してください。

〇スクールカウンセラーなどの協力が得られる場合、保護者会でスクールカウンセラーなどから心のケアについて20分※ぐらいの講話（心理教育）をお願いします。こういった場合に使うリーフレットが公開されていますので活用してください。状況に応じてスクールカウンセラーなどが修正する場合もあります。
http://www.h7.dion.ne.jp/~crt/

〇保護者の不安に対応できるよう、保護者会終了後には教師やスクールカウンセラーなどは出口に待機しておきます。

◆著者紹介◆

田村美由紀（たむら・みゆき）

淑徳大学短期大学部こども学科准教授

［専攻］幼児教育学、保育学、学校保健学、発達心理学
［経歴］北海道出身。北海道教育大学教育学部卒業。大阪大学大学院医学
　　　　系研究科博士後期課程修了。博士（医学）。国立精神・神経セン
　　　　ター（現、国立精神・神経医療研究センター）精神保健研究所研究
　　　　員、人間総合科学大学人間科学部助教、山村学園短期大学保育学
　　　　科講師などを経て、現職。
［著書］『〈領域〉人間関係ワークブック』（共著、萌文書林、2017）、『乳児
　　　　保育』（共著、一藝社、2015）

資料提供：宮崎真紀（札幌市立幼稚園　養護教諭）

本書は、淑徳大学短期大学部の出版助成を受けて刊行いたしました。

※本書記載の電子資料URLは、すべて2018年9月1日動作確認した。

装幀・本文レイアウト	aica
DTP制作	本薗直美・aica
イラスト	西田ヒロコ

やさしく学ぶ
子どもの保健ハンドブック

2018年10月11日　初版第1刷発行

著　者　　田村美由紀

発行者　　服部　直人

発行所　　㈱萌文書林

　　　　　〒113-0021　東京都文京区本駒込6-25-6

　　　　　Tel. 03-3943-0576　Fax. 03-3943-0567

　　　　　http://www.houbun.com

　　　　　info@houbun.com

印刷・製本　シナノ印刷株式会社　　　　　　　　　　　　〈検印省略〉